Hohenheim

● ● ●

Günter Scheinpflug

Erwin Staudt
Der rote Netzwerker

Hohenheim Verlag
Stuttgart · Leipzig

Für Regine, Katharina und Valerie

Bildnachweis
Baumann-Foto, S. XV, XVIII unten
Hade-Foto, Frankfurt , S. XII unten
Hüdig, Burghard, Stuttgart, S. IX
Knoth, Kai-Uwe, Hannover, S. VIII
Rudel, Horst, Stuttgart, S. XII unten
Stampe, Ulrich, Sindelfingen, S. V

© 2008 Hohenheim Verlag GmbH, Stuttgart · Leipzig
Alle Rechte vorbehalten
Satz: Satz & mehr, Besigheim
Druck und Bindearbeiten:
Friedrich Pustet, Regensburg
Printed in Germany

ISBN 978-3-89850-168-2

Inhalt

Euphorie und Ernüchterung beim Deutschen Fußballmeister

Großer Bahnhof für die Meisterelf

In der Stuttgarter Porsche-Arena ist es dunkel, auf einer riesigen Leinwand leuchtet eine Digitaluhr. Die Sekunden pulsieren im Rückwärtsgang. Der Countdown läuft. Eine aufgeregte Reporterstimme ruft: „Noch ein Angriff über Roberto Hilbert und Sami Khedira. Gleich ist das Spiel aus." Zwei Minuten noch. Es sind die letzten Momente der Radioübertragung des Spiels VfB Stuttgart gegen den FC Energie Cottbus am 19. Mai 2007. Dann der Schlußpfiff – die Uhr steht auf 0.00. Auf der Projektionsfläche erscheinen plötzlich farbige Bilder. Szenen, die in den Köpfen der Spieler, der Fans und der VfB-Manager haften bleiben. Es gibt kein Halten mehr, sie stürmen den Rasen des Gottlieb-Daimler-Stadions. Die Ersatzspieler, die Betreuer, Armin Veh, Horst Heldt und die Reporter. „Der VfB Stuttgart ist Deutscher Fußballmeister", brüllt die Radiostimme. Ein einziger Knäuel aus Spielern mit dem Brustring hat sich gebildet: Sie liegen sich in den Armen, tanzen, singen, jubeln, ballen die Fäuste, schreien und recken die Arme in den Stadionhimmel. Ein überwältigender Freudentaumel im weiten Rund. Das Daimler-Stadion bebt. In der Porsche-Arena herrscht atemlose Stille. Zum Auftakt der Mitgliederversammlung am 23. Juli 2007 wird der Titelgewinn in der Porsche-Arena noch einmal gefeiert. Triumphale Fanfarenklänge begleiten die Aufnahmen des letzten Bundesligaspiels der Saison 2006/2007. Die Fans in der Halle klatschen, pfeifen, johlen. Der VfB hat mit 2:1 gewonnen und griff – nach 1950, 1952, 1984 und 1992 – zum fünften Mal zur Meisterschale.

Die Roten hatten die Partie nervös begonnen und die Cottbuser in der 19. Minute das 0:1 markiert. Dann war Thomas

Hitzlsperger in der 27. Minute mit einem fulminanten Weitschuß der Ausgleichstreffer gelungen. Die Fans mußten lange zittern, ehe sie Sami Khedira in der 63. Minute mit einem Kopfballtor erlöste. Danach agierte der VfB wie in Trance – und hielt den Sieg bis zum Schlußpfiff fest.

Das Spiel war in mehr als hundert Ländern der Erde übertragen worden, auf dem Stuttgarter Schloßplatz hatten 80 000 Menschen die Partie verfolgt. Unter unbeschreiblichem Jubel überreichte VfB-Idol Guido Buchwald die Schale an Fernando Meira, den Kapitän. Jeder VfB-Spieler war um eine stolze Prämie reicher, und im Falle eines Pokalsieges in Berlin gegen den 1. FC Nürnberg hatten sie ein weiteres Sahnehäubchen in Aussicht. Doch das Double sollte verpaßt werden. Wenn in Berlin auch noch der Pokal gewonnen worden wäre, die Fans in Stuttgart wären wohl völlig ausgerastet.

Der Ausnahmezustand sollte allerdings nicht lange anhalten. Manche Spieler hatten offenkundig ein mentales Problem. Sie mußten das Erlebte erst noch verarbeiten, mit dem Ruhm und dem Erfolg erst noch fertig werden, wie der Saisonstart 2007/ 2008 zeigen sollte.

In der Porsche-Arena hatten sich nach dem Titelgewinn 1321 Mitglieder des VfB zur Mitgliederversammlung eingefunden. Für das Meister-Zeremoniell mit der Ton- und Filmeinspielung wäre das eigene Vereinsdomizil zu klein gewesen. Zwei Monate nach der Deutschen Meisterschaft mochte kaum jemand an diesem Abend zur Tagesordnung übergehen. Auch wenn die Wiederwahl des Präsidenten Erwin Staudt als quasi letzter Akt der Meisterfeier anstand.

Die Inszenierung war dem Ereignis angemessen. An der Kopfseite der Arena, unweit des Tisches, an dem die VfB-Granden saßen, erstrahlte in gleißendem Licht die Meisterschale. Nach den Jubelszenen im Stadion marschierte die Mannschaft mitsamt dem Trainerteam in die Porsche-Arena ein – ein Defilee der Gladiatoren in schwarzen Anzügen. Trainer Armin Veh und seine strahlenden Helden erhielten minutenlangen Beifall. Auch die neuverpflichteten Balltreter waren mit von der Partie. „Der VfB hat in der vergangenen Saison die Liga und auch mich beeindruckt. Ich will dazu beitragen, daß der Verein weiter attraktiv und erfolgreich spielt", erklärte Yildiray Bastürk, der Neuzugang von Hertha BSC, der als künftiger Spielmacher vorgesehen war.

VfB-Präsident Erwin Staudt trat an das Rednerpult und ließ die entscheidenden Siege der vergangenen Saison Revue passieren. Jedem der Fans waren die Szenen im letzten Auswärtsspiel beim VfL Bochum vor Augen, als Mario Gomez das 2:2 für den VfB köpfte und Cacau der Treffer zum 3:2-Sieg gelang. Auch die Bilder des Autokorsos nach dem Sieg gegen Cottbus haben sich im kollektiven Gedächtnis eingebrannt. Auf dem Weg zwischen dem Stadion und dem Schloßplatz hatten 250 000 enthusiastisch feiernde Menschen die Straßen gesäumt. Viereinhalb Stunden benötigten sie, um die knapp sieben Kilometer lange Strecke zurückzulegen. Frenetischer Jubel herrschte an jenem Abend in der Stuttgarter Innenstadt, so einen Gefühlsausbruch, solche Gesänge und so ein Fahnenmeer hatte es in diesen Ausmaßen noch nie gegeben. Die Siegesfahrer fanden kaum ein Durchkommen – aus Stuttgarts City war eine gigantische Fanmeile geworden.

Im ersten Wagen saß der Präsident mit Kapitän Fernando Meira. So viel Zeit zum Reden hatten die beiden vorher noch nie. Sie sprachen über die zurückliegende Saison und über das, was nun kommen würde. In der Euphorie vergaß man leicht die Begehrlichkeiten anderer Spitzenclubs, die nun gewachsen waren. Vor allem Mario Gomez war in Europa ins Blickfeld der Topvereine gerückt. Die Verantwortlichen des VfB, besonders der Chefdenker Erwin Staudt, waren sich dessen bewußt. Der Manager Horst Heldt sagte später, er habe sich dieser Feierstimmung nicht völlig hingegeben, weil er aus Erfahrung wisse, daß es bei allen Erfolgen auch eine Kehrseite gebe. Der Meistertitel der Schwaben galt als eine Sensation. Der Durchmarsch des VfB an die Tabellenspitze war wohl die größte Überraschung seit dem Titelgewinn des 1. FC Kaiserslautern im Jahre 1998, der das Kunststück fertigbrachte, direkt nach dem Wiederaufstieg in die Bundesliga alle anderen Clubs in der Tabelle hinter sich zu lassen.

Während der Saison 2006/2007 hatte beim VfB auf eine nie für möglich gehaltene Art und Weise ein Rädchen ins andere gegriffen. Das Mannschaftsgefüge harmonierte mit der Zeit immer besser, die Elf auf dem Rasen agierte wie aus einem Guß, bot einen direkten, schnellen und wenn nötig aggressiven Angriffsfußball und spielte sich in vielen Partien in einen Rausch. Timo Hildebrand im Tor lief ein ums andere Mal zur Weltklasseform auf und parierte Bälle, die eigentlich unhaltbar waren. Das Team steigerte sich von Spiel zu Spiel, jeder kämpfte für den anderen. Am Wasen wehte ein neuer Geist, und dieser hatte viele Väter. Allen voran Armin Veh, Horst Heldt – und Erwin Staudt.

Zum Erfolg verdammt

Als der ehemalige IBM-Chef Deutschland im Jahre 2003 das Präsidentenamt beim VfB Stuttgart antrat, war der Verein finanziell nicht gerade auf Rosen gebettet. Man hatte sich erstmals für die Champions League qualifiziert und konnte sich dadurch selbst aus der finanziellen Misere befreien. Vier Jahre später spielten die Roten erneut in der europäischen Königsklasse und hatten ihren Schuldenberg abgetragen. Die Erfolgskurve zeigte nach oben. „Wir schreiben wieder schwarze Zahlen", verkündete Erwin Staudt dem roten Anhang während der Mitgliederversammlung im Sommer 2007. Nicht nur deshalb fiel die Bilanz des Clubchefs überaus positiv aus. „Wir haben Dinge realisiert, die absolut einmalig sind", resümierte Erwin Staudt. Stolz war man vor allem auf das Carl-Benz-Center, das ganz ohne Eigenmittel für 70 Millionen Euro errichtet wurde. Ein Domizil, um das den VfB viele Bundesligavereine beneideten.

Auch das Szenario in der Porsche-Arena war glamourös. Als der Vereinsboß beim VfB an das Rednerpult trat, erinnerte die Performance an eine Aktionärszusammenkunft eines Weltunternehmens. Professionell und im großen Stil. Das noble Ambiente zeigte deutlich, in welcher Liga der Präsident als vormaliger IBM-Chef gespielt hatte. Der VfB war wieder wer.

Nach der verkorksten Saison 2005/2006 hatte sich der Club vom Wasen nicht gescheut, weiter in den Spielerkader zu investieren. Für die beiden Mexikaner Pavel Pardo und Ricardo Osorio bezahlte man rund fünf Millionen Euro, und auch mit Roberto Hilbert, der für 1,3 Millionen Euro von der Spielvereinigung Fürth kam, machte der VfB einen hervorragenden Griff. Nach der Entlassung des italienischen Trainers Giovanni Trapattoni und dem neunten Platz in der Bundesligatabelle am Ende der Saison 2005/2006 standen die Roten blendend da. Der Meistertitel brachte ihnen in Deutschland einen erheblichen Imagegewinn, und auch finanziell würde sich der Erfolg auswirken. Mit 17 bis 18 Millionen Euro Einnahmen in der kommenden Champions-League-Saison, vielleicht sogar 20 Millionen Euro und mehr. Sollte sich der VfB für das Achtel- oder gar das Viertelfinale qualifizieren, so dachte man, könnten noch mehr Millionen sprudeln. Träume durften erlaubt sein – doch sie sollten leider nicht in Erfüllung gehen. Das aber ahnte an diesem Abend noch niemand.

Mit seinem Bilanzvortrag über den Geschäftsabschluß 2006 riß der erfahrene Finanzvorstand Ulrich Ruf niemanden zu großen Jubelstürmen hin. Zu sehr wirkten die Entscheidungen

der jüngsten Vergangenheit nach. Man hatte in der Saison 2005/
2006 nicht immer die richtigen Entscheidungen getroffen. Vor
allem die Verpflichtung des italienischen Startrainers Trapattoni
(„Habe fertig, Flasche leer") war ein Fehlgriff, bereits nach einer
halben Saison war er mit seinem Latein am Ende gewesen. Und
das mit einer für schwäbische Verhältnisse super-teuren Mannschaft. Der Maestro hatte Spieler wie Jesper Grönkjaer und Jon
Dahl Tomasson zum VfB gelotst. Der Däne kostete 3,5 Millionen Euro, der Schwede Tomasson strich ein Jahresgehalt von
gut drei Millionen Euro ein und wurde im Januar 2007 an den
spanischen Club Villareal ausgeliehen, weil er nicht zu jener
Form auflief, die er beim AC Mailand gezeigt hatte. Auch
Grönkjaer konnte nicht überzeugen und wurde oft auf die Er-
satzbank verbannt. Bei der Trennung strich „Trap" eine stattliche Abfindung ein. Auch dessen Trainerstab mit dem Assistenten Andreas Brehme, dem Konditions- sowie dem Torwarttrai-
ner kassierte zum Abschied kräftig ab.

Die Folgen des Millionenspiels lagen auf der Hand. Der VfB
hatte unter dem schwäbischen Kalkulierer Staudt drei Jahre
lang Schulden abbauen können, jetzt stand man wieder deutlich
in der Kreide. Ruf, der Herr der Zahlen, wirkte am Abend des
Mitgliedertreffens dennoch sehr aufgeräumt. Die Bilanz machte
ihn keineswegs bange, schließlich hatte er in seinen 25 Jahren
beim VfB schon viel magerere Zeiten erlebt. Um einiges knapper
war so manch anderer Club in der Bundesliga dran. Der Durchschnitt der Verbindlichkeiten bei den Vereinen betrug rund 30
Millionen Euro. Außerdem standen den Schwaben noch stille
Reserven zur Verfügung: Grundstücke, Gebäude und Spieler-
werte, deren Summe auf weit mehr als 15 Millionen Euro zu
beziffern war. Die Schulden konnte man also locker ausgleichen.
Der VfB war einer der finanziell gesündesten Clubs der Liga.

Mit der jungen, leistungsfähigen Mannschaft hatten die Roten zudem gute Perspektiven. Die Finanzchefs gingen davon

aus, daß der VfB 2007 erstmals in der Vereinshistorie die Umsatzgrenze von hundert Millionen Euro überschreiten würde. Damit sollte er zu den Top-20-Clubs in Europa gehören, zu denen der FC Bayern München mit 223 Millionen Euro Einnahmen, die er in der Saison 2006/2007 erzielte, längst schon zählte.

Daß sich der erwirtschaftete Jahresüberschuß eher bescheiden ausnahm, tat der positiven Einschätzung während des Mitgliedertreffens in der Porsche-Arena keinen Abbruch. Im Vergleich zum Vorjahr war der Gewinn von zwei Millionen auf 240 000 Euro gesunken. Das Ergebnis war durchaus respektabel für ein Jahr, in dem keine Einkünfte aus dem internationalen Geschäft hinzu kamen. Und daß der VfB-Umsatz im Jahr 2006 mit 77,3 Millionen Euro um 4,4 Millionen geringer ausfiel als noch vor zwölf Monaten, auch dafür gab es in der Versammlung eine plausible Erklärung: Das lag vor allem an den Spielerverkäufen von Kevin Kuranyi und Alexander Hleb. Im Vorjahr hatten sie das Bilanzvolumen noch deutlich erhöht.

Optimistisch ging auch der VfB-Chef über dieses nicht leichte Jahr 2006 hinweg und verkündete, der Verein befinde sich in einer sehr guten Lage. Man könne hochzufrieden sein: „Die sportliche Gegenwart ist überragend, die finanzielle Zukunft mit der Teilnahme an der Champions League vielversprechend." Der Motivator am Cannstatter Wasen nutzte seine öffentlichen Auftritte nach dem Titel aber auch dazu, vor dem Stillstand zu warnen. Sich auf den Lorbeeren auszuruhen, war noch nie sein Ding. Man müsse unter die ersten fünf der Liga kommen im nächsten Jahr, mahnte er, sonst könne man diese Mannschaft mittelfristig nicht halten. Diese Ambitionen mißfielen den Mitgliedern in der Porsche-Arena keineswegs – im Gegenteil, der ehrgeizige Präsident überzeugte mit seinen Statements die meisten VfB'ler. Mit ihm als Clubchef werde es weiterhin vorangehen, davon waren die allermeisten überzeugt.

Das Ergebnis seiner Wiederwahl war dann auch überwältigend. 1063 Vereinstreue bestätigten Erwin Staudt für vier weitere Jahre im Amt, 15 enthielten sich der Stimme. Lediglich sechs Mitglieder stimmten gegen ihn. Ein fulminantes Vertrauensvotum für einen VfB-Präsidenten, wie es davor wohl noch kaum ein Lenker am Wasen erhalten hatte. Und der Aufsichtsratschef Dieter Hundt sprach das höchste Lob aus, zu dem ein Schwabe wohl fähig ist: Erwin Staudt sei der Motor des Vereins, der alle antreibe. Daß der VfB einer verheißungsvollen Zukunft entgegenging, daran gab es in jenen Wochen auch in der Stuttgarter Presse keine Zweifel. Gefragt wurde sogar: „Sind die Roten 2007 der beste VfB aller Zeiten?"

Das Luxusproblem mit den Starspielern

Im Sommer 2007 herrschte in und um den Verein herum ein Glücksgefühl, das schon fast unheimlich war. Was konnte dem Club eigentlich passieren? Selbst die unverbesserlichen Bruddler, im Schwabenland eine alteingesessene Spezies, fanden keinen Ansatzpunkt der Kritik. Die Spieler schienen auf Wolken zu schweben, um so schmerzhafter sollte der Fall in die Tiefen der Tabelle werden, sowohl in der Bundesliga als auch in der Champions League.

An jenem Sommerabend in der Porsche-Arena herrschte eitel Freude, die Spieler traten in blütenweißen Hemden auf und ließen sich feiern. Nur der Torhüter Timo Hildebrand, der seiner Mannschaft durch seine Glanzparaden manchen Meisterschaftspunkt gerettet hatte, war nicht mehr unter ihnen. Er zog einen Platz an der spanischen Sonne vor. Der VfB hatte seinen Nationalkeeper nach Spanien zum FC Valencia ziehen lassen.

Bis es wieder richtig ernst wurde, vergingen noch rund zweieinhalb Wochen. Dann stand das Spiel gegen den FC Bayern

München um den Ligapokal an. Den Wettbewerb, den die besten deutschen Fußballclubs als deutschen Supercup vor jeder Bundesligasaison austragen, nutzen die Vereine, um die Fans so richtig heiß zu machen auf die kommende Saison und nebenbei auch noch ein paar Euro zusätzlich zu verdienen. Das Match gegen die Bayern ging allerdings mit 0:2 verloren, die Vorbereitungszeit der Mannschaft war zu kurz gewesen.

Im Training entbrannte der Kampf um die elf Stammplätze im Team, denn zu den Topstürmern Mario Gomez und Cacau waren noch zwei weitere verheißungsvolle Sturmkräfte dazu gekauft worden. Der Rumäne Ciprian Marica und der Brasilianer Ewerthon, die für die Abgänge des Schweizers Marco Streller und Benjamin Lauth verpflichtet wurden. Hatte der VfB nun ein Luxusproblem? Viele Beobachter betrachteten diese Transfers als geschickte Schachzüge, die die Qualität des Kaders entscheidend verbessern sollten. Sie irrten.

Die Misere begann, als sich Mario Gomez im Trainingslager im österreichischen Irdning verletzte und zunächst fünf Wochen ausfiel. Marica und Ewerthon fanden in der Mannschaft kaum Anschluß. Als die Bundesliga 2007 begann, war der VfB-Sturm völlig aus dem Tritt.

Die Verpflichtung Ewerthons von Real Saragossa war in der Presse als Meisterwerk des ehemaligen VfB-Spielers und jetzigen Spielerberaters Gerhard Poschner gefeiert worden. Der Poker um den ehemaligen Dortmunder Bundesligaspieler, der dort in vier Bundesligajahren 47 Tore erzielte, hatte sich über Wochen hingezogen. Poschner, für die Agentur Stars & Friends tätig, war zwischen Mailand, Saragossa und dem Trainingscamp in Irdning hin- und hergependelt und hatte den Deal vorbereitet. Er sorgte für den Ersatztransfer eines Stürmers vom AC Mailand und eiste damit Ewerthon los. Die Spanier wollten für den brasilianischen Stürmerstar, der mit 19 Jahren brasilianischer und mit 21 deutscher Fußballmeister geworden war, mindestens sieben Millionen Euro. Schließlich einigte man sich darauf, daß Ewerthon für rund 1,5 Millionen Euro ein Jahr lang auf Leihbasis nach Stuttgart kommen würde und sicherte sich eine Kaufoption für den Spieler. Der 26jährige Wunschstürmer des Trainers Armin Veh sollte dann weitere rund vier Millionen Euro kosten.

Ewerthon Henrique da Sousa sei ein Mann von internationalem Format, sagte Heldt, „er spricht Deutsch und besitzt Erfahrung in der Bundesliga". Allerdings habe Ewerthon noch keine hundertprozentige Bindung an sein neues Team gefunden, urteilte der Manager zwei Monate nach dem Start des Meisters in die neue Saison. Das sei das erste Mal in seiner Karriere, daß es nicht rund laufe", erklärte der frustrierte Ballzauberer aus Brasilien. Das sollte sich auch vor Weihnachten noch nicht geändert haben. In der Winterpause sortierte Trainer Veh den erfolglosen Balltreter aus, der die Roten wieder in Richtung Spanien verließ.

Auch die Verhandlungen um Ciprian Marica hatten viel Zeit in Anspruch genommen, bis der Sportmanager Jochen Schneider die Verpflichtung des jungen Stürmertalents melden konnte. Der junge Rumäne hatte in 17 Spielen für sein Land immerhin fünfmal ins Netz getroffen. Im Trikot mit dem Brustring jedoch hatte er Ladehemmung. Marica hatte vorher für den ukrainischen Club Schachtor Donezk gekickt und schoß sein erstes Tor für den VfB am 24. November 2007 im Auswärtsspiel gegen Eintracht Frankfurt. Drei Tage später brachte er den Ball dann noch einmal über die Torlinie, gegen die Glasgow Rangers in der Champions League. Ciprian Marica kostete etliche Millionen Euro und war im übrigen seit der Verpflichtung von Fernando Meira der teuerste Einkauf der Schwaben aller Zeiten. Ein Luxusproblem mit vier Stürmern, wie es anfangs geheißen hatte, schien der VfB also nur in finanzieller Hinsicht zu haben, weniger im Sinne eines personellen Überangebots. „Wir haben im Sturm vier Kandidaten auf einem hohen Niveau, aber wir brauchen auch alle vier", hatte Manager Horst Heldt zuerst erklärt.

Die Meistereuphorie klang im Herbst 2007 rasch ab. Das Team hatte im Frühjahr 2007 auch ohne Mario Gomez noch einige Spiele in Folge gewinnen können, als er nun verletzt fehlte, vermißte man ihn schmerzhafter denn je. Wenn im Sturm nicht viel lief, traute man am ehesten Super-Mario noch einen Treffer zu. 20 Tore in 64 Bundesligaspielen bis zum Saisonstart 2007/08 waren eine gute Trefferquote des Shooting Stars der Meistersaison gewesen – nicht umsonst wurde er zum Spieler des Jahres gekürt. Nur leider war er auch in den letzten Spielen vor Weihnachten 2007 nicht dabei, als es darum ging, nach einem ziemlich verkorksten Start den Anschluß an die Mannschaften des ersten Tabellendrittels zu halten.

Ähnlich problematisch verlief das Debüt des Nachfolgers von Timo Hildebrand. Erwin Staudt und Co. hatten „ihrem Timo" bereits im Sommer 2006 ein neues Vertragsangebot gemacht, doch kurz vor Weihnachten hatte er abgelehnt. Zwei Jahre zuvor war um die Vertragsverlängerung lange gepokert worden, bis der Zuschauerliebling zufrieden gewesen war. Diesmal aber konnte man sich nicht einigen. Das Kapitel Hildebrand fand ein Ende – nach dem Motto: „Reisende soll man nicht aufhalten." Wenngleich eine wertvolle Identifikationsfigur für den Verein verlorenging, schließlich war der Nationalkeeper aus dem eigenen Talentschuppen hervorgegangen.

Die VfB-Spitze war sich sicher, mit dem Schlußmann Raphael Schäfer vom 1.FC Nürnberg einen geeigneten Nachfolger gefunden zu haben. Beim Pokalfinale gegen den VfB hatte er noch zwischen den Pfosten der Franken gestanden und brauchte nach dem Bundesligastart einige Wochen, bis er selbst verkündete: jetzt sei auch er in Stuttgart angekommen. Seine Startprobleme hatte man ihm angemerkt, als letzter Mann strahlte er kaum Ruhe und Sicherheit aus. Im Block A des Daimler-Stadions, dort, wo die treuesten Fans des VfB stehen, übt man in der Regel lange Solidarität mit den Akteuren und neigt erst dann zu Mißfallenskundgebungen, wenn einige Spiele verlorengegangen sind.

Irgendwann aber im Herbst forderten sie dann doch den zweiten Torwart der Roten, Michael Langer, weil Schäfer oft nur dürftige Abwehrreaktionen gezeigt und einige Mal auch gepatzt hatte, wodurch bereits der eine oder andere Punkt verlorengegangen war.

Ein paar Begegnungen später schien sich der neue Torwart gefangen zu haben, doch nach unglücklichen Paraden im ersten Rückrundenspiel beim 1:4 in Gelsenkirchen stand der Ex-Nürnberger wieder in der Kritik. Die Trauer der Fans um den abgewanderten Hildebrand wurde dadurch nur größer. Ersatztorwart Langer hatte den VfB in der Winterpause verlassen, jetzt mußte der 19jährige Sven Ulreich aus dem Nachwuchskader in den Kasten.

Nichtsdestotrotz zählte Schäfer von Anfang an zu den Führungsspielern und wurde wie Fernando Meira, Matthieu Delpierre, Thomas Hitzlsperger, Ludovic Magnin und Pavel Pardo in den Mannschaftsrat gewählt. Doch auch unter ihnen machte sich zwischenzeitlich Ratlosigkeit breit. Der brasilianische Neuzugang in der Abwehr, Gledson, zuvor bei Hansa Rostock, war zunächst als robust und kopfballstark eingestuft worden. Nach einer roten Karte im DFB-Pokalspiel beim SV Wehen, der eine vierwöchige Sperre folgte, konnte er nicht wieder an seine vorherigen Leistungen anknüpfen. Es galt nun, den lange verletzten Matthieu Delpierre in der Innenverteidigung zu ersetzen, weshalb der 21jährige Marco Pischorn aus dem Reservoir der Nachwuchskräfte in den Kader geholt werden mußte. Ständig mußte Trainer Veh sein Personal auf dem Rasen wechseln. Nach den Glücksgefühlen im Sommer hatte nun eine Leidenszeit begonnen, die länger andauern sollte.

Im Meisterjahr waren Matthieu Delpierre und Serdar Tasci das Bollwerk in der Stuttgarter Abwehr gewesen, doch auch dieser Mannschaftsteil mußte erst wieder zu altgewohnter Stärke zurückfinden. Der junge Tasci zeigte sich überfordert und laborierte ebenfalls an Verletzungen herum. Und Kapitän Fernando Meira zeigte – wie hin und wieder schon in früheren Partien – Nerven. Während einer desolat geführten Begegnung vor heimischem Publikum gegen Hannover bekam er am 9. Spieltag schon nach wenigen Minuten wegen eines Handspiels im Strafraum die rote Karte. Eine Woche später wurde dann auch der VfB-Mexikaner Pavel Pardo beim 1:4 in Hamburg vom Platz gestellt – in einer entsetzlich schlechten Partie des Deutschen Meisters. Mit der Zeit stand den Balltretern mit dem Brustring das Wasser bis zum Hals. Dennoch übte sich die Vereinsspitze in Geduld. VfB-Chef Erwin Staudt glaubte hartnäckig an seine Spieler und den Trainer und verzichtete auf jegliche öffentliche Kritik.

Symptomatisch war auch die letzte Begegnung der Hinrunde 2007/08 im Daimler-Stadion gegen den VfL Wolfsburg. Felix Magath, Trainer und Manager in Personalunion, hatte seine Spieler zuvor ordentlich heiß gemacht. Als Gegner des amtierenden Deutschen Meisters zeigten „die Wölfe" die Zähne – wie schon in allen anderen Partien des VfB ging es für die Konkurrenten nicht nur um Punkte, sondern auch ums Prestige. Das Match war hart umkämpft, der Brasilianer Cacau verletzte sich im gegnerischen Strafraum schwer. Bei einem Sturz auf die Schulter handelte er sich eine Schultereckgelenksprengung ein. Das VfB-Team sicherte sich zwar mit einem 3:1 einen soliden Platz im Mittelfeld der Tabelle, doch hatte man für viele Wochen noch einen Verletzten mehr.

Die Tristesse nach dem Titel hatte damit aber noch immer kein Ende. Auch auf den Außenpositionen der Abwehr mußte Trainer Armin Veh permanent umbesetzen. Ludovic Magnin,

Arthur Boka und die Nachwuchshoffnung Andreas Beck mußten ebenfalls wegen Blessuren den Arzt und die Therapeuten aufsuchen. Und erschwerend kam hinzu, daß die mexikanischen Stützen der Meisterelf, Ricardo Osorio und Pavel Pardo, nur ein Schatten ihrer selbst waren. Nach der Titelfeier hatten sie ein Flugzeug nach Mexiko genommen, um in der Heimat einige Spiele für die Nationalmannschaft im Südamerikacup zu absolvieren. Der Urlaub danach war dann zur Erholung zu kurz gewesen. Nach einigen Tagen Pause kamen sie zu spät zum Trainingsbeginn und hinkten während der gesamten Vorrunde ihren gewohnten Leistungen hinterher.

Die Liste der verletzten und indisponierten Ballkünstler wollte kaum ein Ende nehmen, im Verein war man am Rande der Verzweiflung. Auch Yildiray Bastürk fiel einige Wochen aus und hielt dann, als er spielte, nicht das, was man sich von ihm versprochen hatte. Der türkische Nationalspieler war von Hertha BSC Berlin ablösefrei an den Neckar gewechselt und hatte einen Dreijahresvertrag mit der Option auf ein weiteres Jahr unterschrieben. Als Jahresgehalt wurden nach Presseangaben drei Millionen Euro vereinbart. Bastürk war in den ersten Monaten beim VfB nahezu ein Totalausfall. Zu selten ließ er sein Können aufblitzen, ein Spielgestalter jedenfalls war er in der Vorrunde nicht.

Viel Negatives kam zusammen. Die Unsicherheit dieser ersten Monate nach der Meisterschaft hatte sich auf die gesamte Mannschaft übertragen: Der VfB wurde als der schlechteste Titelträger aller Zeiten tituliert und in den Medien als Zufallsmeister verhöhnt. Wie immer überzogen die Medien beträchtlich, denn so schlecht war das Team um Armin Veh nun auch wieder nicht.

Auch andere Spieler wie die jungen Wilden Roberto Hilbert und Sami Khedira hatten sich mit körperlichen Problemen herumgeschlagen und enorme Formschwankungen gezeigt. Bei ihnen machte sich der Einbruch nach dem Meisterjahr vielleicht noch am deutlichsten bemerkbar. Die junge Mannschaft hatte aber auch fast Übermenschliches geleistet und am Limit ihrer Möglichkeiten agiert. Erst als der ebenfalls wochenlang verletzte Thomas Hitzlsperger in der Hinrunde in die Mannschaft zurückkehrte, ging es mit dem VfB wieder aufwärts, und die Roten gewannen vier Spiele in Folge.

Vor dem Saisonstart hatte Manager Heldt nicht umsonst gewarnt: Mit der Bundesliga, der Champions League, dem DFB-Pokal und dem Ligapokal müßten mindestens 42 Pflichtspiele bestritten werden. „Das wird knüppelhart für uns." Deshalb hatte man versucht den Kader zu verstärken – leider nahezu erfolglos, zumindest was die erste Hälfte der Spielzeit anbetraf. Der FC Bayern dagegen setzte auf ganz andere Kaliber, die Münchener kauften in ganz großem Stil ein. Manager Uli Hoeneß hatte nach der verpatzten Saison 2006/2007 angekündigt, daß es unter dem Weißwursthorizont eine völlig neue Mannschaft geben würde. Der FC Bayern war im Mai 2007 auf einem UEFA-Cup-Rang gelandet – für seine Verhältnisse ein sportliches Desaster. Nun öffnete man in München die Vereinsschatulle: Der Franzose Frank Ribéry kostete 25 Millionen Euro, der Italiener Luca Toni elf Millionen. Alles in allem ließ Hoeneß 60 Millionen Euro locker machen, um dem VfB Stuttgart und den anderen in der Liga Paroli zu bieten und endlich wieder selbst den deutschen Meistertitel zu erringen. Die Bayern bliesen zum Großangriff. Angesichts der angeblichen 160 Millionen Euro an Ersparnissen, die sie angehäuft hatten, eine vernünftige Investition.

Spitzenreiter in der Sympathietabelle, begeisterte Fans und starke Sponsoren

Nach der Begeisterungswelle Mitte 2007 war beim VfB Stuttgart wieder der graue Alltag eingekehrt. Allerdings mit einem gravierenden Unterschied gegenüber früheren Jahren. Der Club vom Cannstatter Wasen genoß gemessen an dem Zuspruch der Fans, Mitglieder, Sponsoren und der Freunde des Fußballs große Sympathien und einen Stellenwert wie wohl noch nie in der Vereinsgeschichte.

Der Grund dafür war nur vordergründig der Meistertitel. Den Unterschied zu früheren Jahren machte die engagierte Clubführung aus mit den ambitionierten Mitarbeitern bis hin zum sympathischen Trainer Armin Veh, der nach dem unglücklich wirkenden Startrainer Trapattoni zunächst für viele im Verein nur als eine Art B-Lösung gegolten hatte. Für den generellen Stimmungswandel sorgt die junge Mannschaft mit zahlreichen, verheißungsvollen Talenten, mit denen sich die Fans identifizieren können – ihnen allen im Club wird seit einiger Zeit eine große Anerkennung zuteil. Auch weil alle Beteiligten einen offenen, ehrlichen und menschlichen Umgang miteinander pflegen – selbst in Krisenzeiten oder in Phasen, in denen man sich sportlich bessere Ergebnisse wünschen würde. „You'll never walk alone", die Verse des traditionsreichen Kampfliedes der Fans, sind in Stuttgart keine Floskeln. Selbst als es in der Vorrunde 2007/2008 nicht so gut lief, war das Daimler-Stadion meist ausverkauft, und die Fans standen in der Regel „wie ein Mann" hinter der Elf von Armin Veh.

„Der Verein hat alles richtig gemacht", stellte der Marketingexperte Hartmut Zastrow kurz vor dem Start des Meisters in die neue Spielzeit fest. Zastrow ist Chef des renommierten Marktforschungsinstituts Sport und Markt, ein 1986 gegründetes und weltweit tätiges Beratungs- und Forschungsunternehmen mit 500 Mitarbeitern. Laut einer Umfrage seines Instituts im Frühjahr 2007 war der VfB Stuttgart die Nummer eins in der deutschen Sympathietabelle. Demnach lagen die Roten mit 84 Prozentpunkten an der Spitze, gefolgt von Werder Bremen (82 Punkte). Weit abgeschlagen waren der FC Schalke (54 Punkte) und als Vierter in der bundesweiten Wahrnehmung der noch weniger geliebte, polarisierende FC Bayern (42 Punkte). Der VfB habe bei den Umfragewerten mit Kriterien wie „dynamisch, jung, emotional, traditionsreich, mit der Region verbunden und wirtschaftlich erfolgreich" besonders gut abgeschnitten. Einen solchen Aufschwung erlebt man selten.

Als Sympathieträger gelten neben den Spielern freilich auch Trainer Armin Veh und Teammanager Horst Heldt. Mit ihnen, zeigte sich der VfB-Marketinggeschäftsführer Jochen Röttgermann optimistisch, sei eine positive Außenwirkung zu erzielen. Er sollte recht behalten. Selbst der schwäbische Autobauer Daimler kann sich inzwischen mit dem VfB so weit identifizieren, daß die Firma als Sponsor und Partner eingestiegen ist. Der Abschluß eines Vertrages war der Lohn eines langen Verhandlungsmarathons. Der neue VfB überzeugte das Unternehmen mit dem Stern, das im Fußball bisher nur Sponsor der deutschen Nationalmannschaft gewesen war.

Die Partnerschaft mit der Daimler AG gilt als ein weiterer Meilenstein im erfolgreichen Marketinggeschäft des Clubs – der Konzern engagiert sich natürlich mit einer stattlichen Summe, über die Stillschweigen vereinbart wurde. Genauso wichtig ist aber der Imagewert. „Starke arbeiten mit Starken", sagt Erwin Staudt. Zuletzt waren mehr als ein Drittel des 77-Millionen-Euro-Umsatzes über Sponsorengelder getätigt worden. Die Einnahmen aus dem Zuschauergeschäft beliefen sich im Jahr 2006 auf bis zu 22 Millionen Euro, durch die Fernsehübertragungen flossen nochmals 26 Millionen Euro in die Vereinskasse.

Auch die sogenannten Premiumpartner des VfB entrichteten in der Saison 2007/2008 stattliche Summen. Ihr jeweiliger Obolus liegt in einem Bereich von 750 000 Euro an aufwärts. Zu ihnen gehörten Anfang 2008 die Landesbank Baden-Württemberg, der Telefonanbieter debitel, vorher der Hauptsponsor, daneben auch die Brauerei Dinkelacker sowie die Fensterbaufirma Weru. Die angesehene schwäbische Möbelfirma Hofmeister vervollständigte die Liste der zwölf sogenannten Teampartner, die allesamt jeweils mit mehr als 250 000 Euro dabei waren und ihre Marke im Verbund mit dem VfB noch bekannter machten. Dazu zählten noch Coca Cola, der Schraubenfabrikant Würth, die Mineralwasserfirma Ensinger, der Südwestrundfunk oder das Bekleidungsunternehmen Breuninger. In fast allen Fällen wurden leistungsbezogene und vom Tabellenplatz abhängige Prämien ausgeschüttet, die im vergangenen Jahr besonders üppig ausfielen.

Redlich nährt sich das Eichhörnchen – unter Erwin Staudt sind mehr Sponsorengelder geflossen als je zuvor. Eines jener bahnbrechenden Treffen fand nach einem Auswärtsspiel in Wolfsburg statt. Es war Anfang des Jahres 2005, als Staudt das Geschäft mit Detlef Schmidt, dem Marketing- und Vertriebsvorstand der EnBW, im Restaurant Alte Mühle in der Volkswagenstadt einfädelte. Der Staudt-Vorgänger Manfred Haas hatte zwei Jahre lang hart daran gearbeitet, den VfB zu sanieren und zu verschlanken. Nun standen die Zeichen auf Ausbau des Sponsorennetzes, und es bedurfte eines zugkräftigen Hauptsponsors. Die EnBW war genau der richtige, potente Partner, den der VfB damals suchte. Und der Stuttgarter Club bot für die EnBW genau jene Werbe-Plattform, die das Energieunternehmen gesucht hatte.

Im Mai 2005 wurde der Presse bekannt, daß sich die EnBW vom 1. Juli an mit 6,5 Millionen Euro jährlich engagieren würde. Utz Claassen, der damalige Vorstandsvorsitzende des

Energieunternehmens erklärte die Strategie der Partnerschaft, die natürlich auf einem gegenseitigen Nutzen fußte, in wohlgewählten Sätzen: „Wir verstärken unsere langjährige erfolgreiche Partnerschaft mit dem VfB und wollen die Attraktivität und die positive Ausstrahlung des Vereins und der Bundesliga für unsere Wachstumsstrategie nutzen. Dabei setzen wir auf Spitzenfußball als ein zentrales Instrument unseres Media-Mixes. Der VfB ist wie die EnBW in der Region und im Land verankert. Er begeistert national und auch international, ist leistungsorientiert und einer der professionellsten und bestgeführten Vereine in der Bundesliga. Von dieser partnerschaftlichen Verbindung profitieren der VfB und die EnBW gleichermaßen; im Fall der EnBW insbesondere unsere Kunden, der Vertrieb und der Markenwert."

Vor allem mittelständische Unternehmen lassen sich gerne in den Sponsorenpool aufnehmen, weil sie dort von einem Sympathieträger umsorgt werden und wertvolle PR-Tips erhalten. Jedoch gibt es da auch ein Problem: Alle Unterstützer, Förderer und Partner in den V.I.P-Bereich des Stadions einzuladen oder ihnen Logen zu gewähren, ist inzwischen unmöglich geworden. Allein deshalb drängt der VfB auf einen Um- und Ausbau des Stadions.

Einen Boom erlebt der VfB seit einiger Zeit auch im Fan- und Mitgliederbereich. Reißenden Absatz finden Gomez-Trikots, Fanschals und VfB-Kaffeetassen. Ähnlich groß war der Ansturm auf die Eintrittskarten für die Heimspiele. Um den Fans in der Region die Chance offenzuhalten, an die begehrten Billetts zu kommen, begrenzte der Club im Sommer 2007 die Anzahl der Saisonkarten auf 25 000 Stück. Das Kontingent – im Jahr zuvor hatte das Limit noch bei 17 000 gelegen – war nach wenigen Tagen erschöpft. Und auch vor den Champions League Spielen herrschten bereits Verhältnisse wie beim großen FC Bayern. Weil Dauerkarteninhaber und Mitglieder ein Vorkaufsrecht hatten, war es für Außenstehende fast unmöglich, an ein Stadionticket für einen der 53 198 Plätze zu kommen. Kein Wunder, denn die Zahl der VfB-Mitglieder näherte sich allmählich den Kapazitäten in der Daimler-Arena. Als Erwin Staudt im September 2003 erstmals in sein Amt gewählt wurde, kamen die Roten gerade Mal auf 7500 beitragzahlende Mitglieder. Bis zum Jahreswechsel 2007/2008 hatte sich die Mitgliedergemeinde binnen vier Jahren mit 44 000 Fans mehr als verfünffacht.

An jenem Abend in der Porsche Arena war der VfB-Chef während der Mitgliederversammlung besonders stolz und glücklich, das 40 000. Mitglied des VfB zu begrüßen: den fünfjährigen Karl Lutz aus dem Stuttgarter Stadtteil Prag, der selbst bei den dortigen Bambinikickern gegen den Ball trat. Erwin Staudt bat den Jungen im VfB-Trikot zu sich auf die Bühne. Karl war wohl ähnlich beeindruckt von den vielen VfB-Fans wie einst der kleine Erwin, als dieser mit seinem großen Bruder zum ersten Mal in das Neckarstadion gepilgert war. Vorne zu stehen vor den vielen Menschen, das war nicht leicht. Im Scheinwerferlicht kamen die beiden nicht umhin, ein bißchen Konversation zu betreiben. Erwin Staudt fragte den Jungen: „Ist das Trikot neu?" Was für eine blöde Frage, dachte sich der kleine Karl und gab keinen Ton von sich. „Hattest du vorher auch schon ein Trikot?" bohrte der Präsident weiter. Auch dazu hatte der Junge nichts zu sagen. Er war doch eben erst Mitglied geworden und hatte das Trikot geschenkt bekommen. Der VfB-Chef kapitulierte. Zur Erheiterung aller in der Arena kam der Präsident mit seinem unnachahmlichen Humor zu dem Schluß: „Karl ist wohl eine kleine Plaudertasche."

Der Start ins Leben – das Handicap, der Fußball und die Ideale der Französischen Revolution

Vom Fußballfieber gepackt

Erwin Staudt war wohl neun Jahre alt, als ihn sein älterer Bruder Kurt an die Hand nahm und mit ihm zum ersten Mal ins Stuttgarter Neckarstadion aufbrach. Es war noch vor der Einführung der Fußball-Bundesliga. Unendlich viele Menschen schienen unterwegs zu sein. Mit jedem Schritt in Richtung Stadion stieg die Spannung, je näher man kam, desto hektischer liefen die Leute durcheinander. Als der Schiedsrichter zum ersten Mal pfiff, war der kleine Erwin wie elektrisiert. Diese imposante Kulisse im weiten Rund: Das Stadion in Stuttgart galt damals als eines der modernsten in Deutschland. Anfang der fünfziger Jahre waren eine Gegentribüne und ein Arkadengang gebaut worden und danach in den Kurven Stehstufen. Diese vielen Zuschauer: 1955 kam die Arena auf insgesamt 97 500 Plätze. Ein Knistern lag in der Luft. Es war ein Spiel des VfB Stuttgart gegen den 1. FC Nürnberg, mit hoher Wahrscheinlichkeit die Begegnung am 13. Oktober 1957. Erwin Staudt kann sich noch gut an Max Morlock erinnern, an den Superstar der fünfziger Jahre, der bei den schwarz-rot gekleideten Franken spielte. Morlock holte den Ball immer dort an der Bande, wo der kleine, mitfiebernde Fan aus Leonberg stand.

Die Partie des VfB an jenem Oktobersonntag gegen den Tabellenführer der Süddeutschen Oberliga endete vor 60 000 Zuschauern 2:2. Die Stuttgarter Zeitung berichtete in ihrer damaligen Montagsausgabe: „Die Cannstatter mußten froh sein, daß es Erwin Waldner zehn Minuten vor dem Schlußpfiff doch noch gelang, den dem Spielverlauf nach gerechten 2:1-Vorsprung des

Nürnberger Clubs aufzuholen und noch eine Punkteteilung zu erreichen." In der VfB-Elf standen Sawitzki, Retter, Liebschwager, Kaniber, Blessing, Simon, Hinterstocker, Waldner, Hartl, Strohmaier und Praxl. Die Franken, die ihren Verteidiger Ucko durch einen Platzverweis verloren, seien die bessere Mannschaft gewesen – mit dem Superstar Max Morlock, der einen Treffer erzielte.

Der ältere Bruder Kurt hatte ihm erklärt, daß wir Weltmeister geworden sind und der Morlock einer der Helden von Bern war. „Maxl" Morlock hatte schon 1950 unter dem damaligen Bundestrainer Sepp Herberger ein Spiel in Stuttgart absolviert und zum ersten Mal das Trikot der deutschen Nationalmannschaft übergestreift, als er für den verletzten Fritz Walter gegen die Schweiz auflaufen durfte. Von 1940 an stürmte er 24 Jahre lang für die Nürnberger und erzielte in rund 900 Spielen 700 Tore. Vor diesem Teufelskerl mußte sich die VfB-Abwehr in acht nehmen. Vor allem Schlußmann Günter Sawitzki, der groß und schlank im Tor stand, wie Jung-Erwin beobachtete. Dessen tolle Paraden beeindruckten ihn, er konnte herrlich fliegen. Mit der Schildmütze, seinem schwarzen Pullover und seinen schwarzen, gefütterten Hosen verkörperte er eine besondere Eleganz.

Wenn es im Neckarstadion gegen die „Cluberer" ging, wurde immer mit harten Bandagen gekämpft. Oft lagen die Nürnberger in der Tabelle der Oberliga Süd vor dem VfB. In der Saison 1957/58 wurden sie zweiter, der Karlsruher SC erster, und die Stuttgarter schlossen die Spielzeit mit dem neunten Platz ab. Die Roten heimsten sich später Lorbeeren im Pokalwettbewerb ein. Im Endspiel des DFB am 16. November 1958 in Kassel schlugen sie Fortuna Düsseldorf mit 4:3 nach Verlängerung. Die Mannschaftsaufstellung war nicht mehr dieselbe wie ein Jahr zuvor gegen die „Cluberer", mit von der Partie war eines der späteren Idole von Erwin Staudt: der 24jährige Rolf Geiger. Der VfB war zudem mit „Sawi" Sawitzki aufgelaufen, mit Eisele, Seibold, Hartl, Hoffmann, Schlienz, Waldner, Weise, Blessing und Praxl.

Zu jener Zeit gab es im Stadion noch keine Balljungen, die dem runden Leder hinterherjagten, sobald es die Kicker ins Aus befördert hatten. Das mußte der Spieler damals selbst übernehmen, wenn er einen Eckball treten oder einwerfen wollte. Flog der Ball in Richtung Zuschauerränge, über die Laufbahn, kam Max Morlock ganz nah an Erwin heran. Der Junge konnte ihn am Trikot zupfen. Von diesem Moment an hatte ihn das Fußballfieber endgültig gepackt.

Ein paar Jahre später, 1963, wurde der VfB in die Bundesliga aufgenommen, und natürlich auch der Club aus Nürnberg. Der FC Bayern München übrigens schaffte den Sprung in die Elite-Liga zuerst nicht. Ein Schlüsselerlebnis war für den heutigen VfB-Präsidenten der Verkauf der beiden besten VfB-Akteure, Erwin Waldner und Rolf Geiger. Der Filigrantechniker und Spielmacher Waldner wechselte zuerst zum FC Zürich, danach zum italienischen Club von Ferrara. Während der Sturmtank Geiger, ebenfalls ein erfolgreicher Nationalspieler, der in 116 Oberligaspielen auf immerhin 59 Tore gekommen war, zum AC Mantua abwanderte, weil die Italiener ein Vielfaches an Gage bezahlten. Wenige Jahre später holten die Stuttgarter ihre Publikumslieblinge zurück. „Das war ein unbeschreibliches Glücksgefühl für mich, als die beiden wieder beim VfB spielten", erinnert sich der Eltinger Fußballfan.

Existenzkampf in Eltingen

In den fünfziger Jahren konnten sich nicht alle im rund 8000 Einwohner zählenden Arbeiterdorf Eltingen einen Stadionbesuch leisten. Die meisten waren nicht gerade wohlhabend, und außerdem war samstags Arbeit angesagt. Kinder und Jugendliche mußten zu Hause oder auf dem Feld mithelfen.

Viele Eltinger hielten sich damals Tiere: Hühner, Gänse oder Kaninchen. Damit sonntags etwas Ordentliches auf den Tisch kam. Wer ein Schwein im Stall hatte, konnte sich „von" schreiben. Meist wurde es vor Weihnachten geschlachtet. Das Schlachtfest war dann ein großes Ereignis im Ort, das mit Nachbarn und Verwandten bei einer Metzelsuppe ausgiebig gefeiert wurde.

Die meisten Einheimischen waren Nebenerwerbsbauern und hatten einen Acker, mitunter ein paar Milchkühe, viele gingen noch einer anderen Arbeit nach. Ein sicheres Auskommen fanden jene, die im Gipswerk Eppinger & Schüle in Lohn und Brot standen. Das Unternehmen galt in seiner Blütezeit als das leistungsfähigste in ganz Süddeutschland. Eine Kleinbahn, „das Bähnle", brachte den Gips zum Bahnhof. Das Industriegleis entlang der Leonberger Römerstraße, „das Gleisle", markierte die Grenze zu Eltingen.

Im dortigen Steinbruch verabredeten sich die Kinder und Jugendlichen, um gegeneinander Krieg zu führen. Die Leonberger und Eltinger waren sich damals noch spinnefeind, die Leonberger fühlten sich als etwas Besseres, die Eltinger waren die Underdogs, die Abkömmlinge der armen „Kuhbauern", wie es hieß. Die Jugend ging mit Steinschleudern zu Werke, auch Erwin Staudt soll hin und wieder dabei gewesen sein, wie aus überlieferter Quelle glaubhaft hervorgeht.

Viele Eltinger Väter standen bei einer der zahlreichen Baufirmen auf der Lohnliste. Glücklich schätzen konnten sich jene, die bei der Firma Bosch eine Beschäftigung hatten. So mancher verdingte sich als Tagelöhner. Wer in Eltingen und in Leonberg keine Arbeit bekam, mußte sein Glück woanders versuchen, um für den Unterhalt der Familie zu sorgen. Die Männer machten sich deshalb morgens um vier Uhr auf den Weg nach Stuttgart, wo sie ein Auskommen gefunden hatten. Abends ging es wieder zu Fuß nach Hause. Sie konnten sich keine Zugfahrkarte leisten, viele besaßen nicht einmal ein Fahrrad, kaum jemand in Eltingen hatte ein Automobil.

Auch Erwin Staudts Eltern verfügten lange Zeit über keinen fahrbaren Untersatz, erst recht nicht über einen Fernsehapparat. „In den fünfziger Jahren konnte sich mein Vater kaum Winterstiefel leisten. Er stotterte sie auf viermal beim Schuster ab", erinnert sich Erwin Staudt. Wie viele Handwerker lebte auch der Schneidermeister an der Armutsgrenze. Wer ließ sich schon Anfang der fünfziger Jahre einen Anzug schneidern? Anschaffungen waren kaum möglich, man mußte sich durchschlagen. Die Mechaniker in der Verwandtschaft der Staudts reparierten die ersten Motorräder und Nähmaschinen und hielten sich so über Wasser.

Mit dem Siegeszug des Automobils kam dann in den sechziger Jahren der wirtschaftliche Aufschwung. In den Haushalten hielten elektrische Geräte Einzug. Dennoch mußten die meisten eisern sparen, bis man sich einen Mixer, eine Schleuder oder eine Waschmaschine leisten konnte.

Die Kindheit

Erwin Staudts Kindheit war von den bescheidenen Verhältnissen und vom puren Existenzkampf der Eltern geprägt. Seine Mutter stammte aus Titisee im Schwarzwald, einer in den dreißiger Jahren bitterarmen Gegend. Viele Schwarzwälder Mädchen arbeiteten nach der Schule im Alter von 15 oder 16 Jahren als Haushaltshilfen, weil der bäuerliche Betrieb zu Hause zu wenig abwarf. Zahlreiche junge Schwarzwälderinnen wanderten deshalb in Richtung Stuttgart ab, wo es wohlhabende Bürger gab, die sich ein Dienstmädchen leisteten.

Auch Mutter Hedwig war Mitte der dreißiger Jahre nach Leonberg zu einem Gipsfabrikanten gekommen. Sie erlebte, wie es in einer bürgerlichen, gutsituierten Familie zuging –

und hatte Heimweh. Sie war weit weg von zu Hause, fühlte sich entwurzelt und empfand ihre Arbeit als Degradierung. Hedwig Ringwald galt als eine „Reingschmeckte" – so nennen die Schwaben umgangssprachlich die Zugereisten – und sie war ziemlich verzweifelt. Glücklicherweise sollte sich ihr Leben bald ändern. Sie lernte den Leonberger Karl Krämer kennen und heiratete 1935.

Zwei Jahre später gebar Hedwig Krämer ihren Sohn Kurt. Damit schien alles allmählich in Ordnung zu kommen, doch dann brach der Krieg aus. Ihr Mann wurde zur Wehrmacht eingezogen. Für Hedwig Krämer begann wie für viele andere Frauen eine Zeit der Entbehrung und des bangen Wartens. Blieb er unversehrt, kam er lebend nach Hause?

Als der Krieg aus war, kam Karl Krämer nicht mehr zurück. Was sollte sie nun tun? Alleinstehend mit einem Sohn, der Mann verschollen?

In den Wirren der Nachkriegsjahre begegnete Hedwig Krämer dem Eltinger Schneider Hermann Staudt und fand bei ihm neuen Halt. Bevor sie heirateten, wurde Klein-Erwin geboren. Am 25. Februar 1948 erblickte der Junge als Erwin Krämer das Licht der Welt. Eigentlich hatten sich die Staudts vorgestellt, daß ihr Sohn eine Leonbergerin heiraten würde und keine „Dahergelaufene". Erst recht nicht eine, die einen Sohn aus erster Ehe mitbrachte – Erwins zehn Jahre älteren Halbbruder Kurt. Außerdem dauerte es eine Zeit, bis der Tod des gefallenen Soldaten Karl Krämer amtlich war. Bis dahin galten die Familienverhältnisse der Schwiegertochter als ungeklärt, obendrein brachte sie keine Mitgift in die Ehe ein. Wieder rang das Schwarzwaldmädchen um Anerkennung.

Lange Zeit wußte der Junge nichts von dieser belastenden Vergangenheit seiner Eltern. Erst als sie ihren silbernen Hochzeitstag feierten, bemerkte er eine „gewisse Ungereimtheit". Im Oktober 1973 feierte man in der Familie den 25. Hochzeitstag,

Erwin Staudt hatte seinen 25. Geburtstag aber bereits im Februar gehabt. Die ganzen Jahre hatten die Eltern diesen Teil der Familiengeschichte für sich behalten, nun stellte er fest, daß er als unehelicher Sohn auf die Welt gekommen war.

Daß Mutter Hedwig in der Familie einen schweren Stand hatte, bekam Erwin Staudt schon als Kind mit. „Das hat sie immer bedrückt." Die Gemütslage seiner Mutter hat er aus zahlreichen Bemerkungen oft heraushören können. Das einzige Erfolgserlebnis sei für sie gewesen, daß sie der Familie einen gesunden Sohn geboren hatte: Ihn, Erwin.

Zu jener Zeit konnten die Jungs auf der Straße noch Fußballballspielen, so selten fuhr ein Auto vorbei. Die Kinder spielten damals in den Gassen oder rannten um die Wette. Dazu trafen sich die Buben und Mädchen aus der ganzen Nachbarschaft. Die Staudts wohnten noch in der Kant-Straße, am Rande von Eltingen. Von dort aus gelangte man schnell hinaus auf die Felder und Wiesen, wohin die Wettläufe meist führten. „Wir liefen wie verrückt. Bis zum Umfallen." Und Erwin Staudt – wenn er die Rasselbande nicht anführte – war immer ganz vorne dabei.

Mitte der fünfziger Jahre übernahm der Schneidermeister Hermann Staudt junior das väterliche Geschäft von Hermann Staudt senior in der Leonberger Straße 24, der ebenfalls dem Schneiderhandwerk in Leonberg nachgegangen war. Vorausschauend erweiterte Hermann Staudt den Betrieb um einen Laden, jetzt konnte es eigentlich nur noch aufwärtsgehen. Die Staudts verdienten ihren Lebensunterhalt mit einer Maßschneiderei und führten auch ein Konfektionsgeschäft. Hermann Staudt investierte kräftig, nahm Darlehen auf, und steckte alles in seinen kleinen Betrieb. Die Umsätze ließen jedoch zu wünschen übrig.

Bei der Übernahme des Betriebs zog die Familie zu den Großeltern ins Haus. Nun wohnten alle unter einem Dach. Die

Großeltern nahmen die obere Wohnung, die Eltern wohnten unten, und der junge Erwin hatte später ganz oben seine Kammer. Er wuchs mit seinem rund zehn Jahre älteren Bruder Kurt und seinen zwei jüngeren Geschwistern auf, die im jeweils zweijährigem Abstand nach ihm geboren worden waren: Seine Schwester Ursula und sein jüngerer Bruder Günter. Das Mehrgenerationenprojekt hatte einige Vorteile, stets war irgendwo etwas geboten. Bei der Großmutter gab es meistens etwas Lekkeres zu essen. Sie machte oft saure Kartoffelrädle, die Mutter war die Spezialistin für Kartoffelsalat. Der Großvater erzählte von früher, und sein Enkelsohn war ein interessierter Zuhörer. Erwin Staudt war schon im zarten Alter ein aufgeweckter Junge: „Wenn mir das Essen nicht geschmeckt hat, bin ich einfach ein Stockwerk höher oder eins tiefer gegangen." Außerdem lag der Staudtsche Familiensitz zentral im Ort, und der kleine Erwin war, als er in die Schule kam, immer mittendrin im Geschehen – was ihm damals schon entgegenkam.

Die Impfung

Im Alter von fünf Jahren sollte das Leben des Jungen eine schicksalshafte Wendung nehmen. Die Staudts wurden vom Gesundheitsamt aufgefordert, ihren Sohn gegen Diphterie und Scharlach impfen zu lassen. „Die Spritze wurde mir in den Arm gesteckt, und dann war ich weg vom Fenster", erinnert er sich heute. Die Tragödie spielte sich im Eltinger Rathaus ab. Diesen Moment wird Erwin Staudt nie vergessen. Nach der Impfung war er nicht mehr der, der er vorher gewesen war. Der Junge bekam eine Gehirnhautentzündung, Lähmungen auf der rechten Körperhälfte setzten ein. Er konnte den rechten Arm und das rechte Bein nicht mehr bewegen. Zehn lange Wochen verbrachte er im Krankenhaus, es folgte ein wochenlanger Aufenthalt in einem Sanatorium.

Zurück blieben ein gelähmter Arm und eine Hand, die er nicht mehr richtig benutzen konnte. Die Familie war schockiert. Welche Zukunft stand diesem gehandicapten Jungen in der Handwerker-Dynastie bevor? In die Fußstapfen seines Vaters konnte er nicht treten. Der Großvater sprach den wegweisenden Satz: „Der Junge kann nichts anpacken. Er muß später einmal aufs Gymnasium." Das klang fast wie eine Strafe, das Leben hatte es nicht gut gemeint mit dem Sproß der Staudts. Mit seiner Hände Arbeit würde er einmal nicht für sein Auskommen sorgen können, wie es alle in der Familie taten. Für die Eltern war klar: Erwin mußte mehr geistige Fähigkeiten und vor allem Cleverneß entwickeln, intelligenter werden als andere, wenn er es zu etwas bringen wollte.

Erwin Staudts heutiger, enger Freund, der Berliner Kunstmaler Günter Scharein, hat einmal gesagt, diese körperliche Behinderung habe das Leben von Erwin Staudt nachhaltig beeinflußt. Sie sei ausschlaggebend gewesen für den unbändigen Ehrgeiz, den er fortan entwickelte. Diesen Zusammenhang blende Erwin Staudt aber lieber aus: „Sein Handicap möchte er nicht als Ursache für sein Erfolgsstreben sehen."

Schon früh trachtete der junge Leonberger danach, zu den Meinungsführern zu zählen. Auf den Mund war er noch nie gefallen. Selbst mit den Lehrern pflegte er manchen Disput und rang um Anerkennung. Oft hatte er die Argumente auf seiner Seite – und die Sympathien seiner Mitschüler waren ihm zumeist sicher. Von der ersten bis zur letzten Klasse übernahm er im Leonberger Albert-Schweitzer-Gymnasium das Amt des Klassensprechers. Sein Organisationstalent und seine Gabe, Menschen zusammenzubringen, offenbarten sich bereits damals. Er ließ sich zum Sportreferenten seiner Schule ernennen und organisierte Fußballspiele gegen Schulmannschaften von Stuttgarter Gymnasien. Auch wenn er im Unterricht nicht gerade zu den Besten zählte, in die Schule sei er dennoch sehr gerne gegangen, sagt er heute. Seine Noten waren nicht überragend, aber auch nicht schlecht. Sein Trauma war das Unterrichtsfach Chemie, und auch in Mathematik war der junge Erwin kein Held. Er habe zeitweise überhaupt nichts verstanden, dafür jedoch ganz gute Aufsätze geschrieben.

Für den Turnunterricht schien er weniger geeignet zu sein, weshalb ihn ein Schularzt, der es mit dem Jungen gut meinte, von der Teilnahme befreite. Nicht mitmachen zu dürfen, ausgeschlossen zu sein, in die Außenseiterrolle gedrängt zu werden, das paßte Erwin Staudt gar nicht. Er hätte zwar sagen können: Wunderbar, jetzt schlafe ich zweimal in der Woche aus. Nein, viel lieber wollte er sich austoben wie alle anderen auch. Diese Willkürmaßnahme, die nur getroffen worden war, um ihn zu schonen, sei das Schlimmste gewesen, was ihm seit dem fünften Lebensjahr widerfahren sei. Er protestierte und suchte auf eigene Faust das Gesundheitsamt auf. Die Befreiung vom Schulsport wurde wieder zurückgenommen. Wenn er schon nicht beim Geräteturnen mitmachen konnte, dann mußte er eben schneller sein als andere. Beim 100-Meter-Lauf ließ er alle hinter sich. Und er spielte mit seinen Klassenkameraden Basketball und Handball – mit einer Hand.

Die Ärzte hatten behauptet, Erwin habe Kinderlähmung. Vater Hermann aber gab der Impfung die Schuld und sorgte dafür, daß Erwin einen Neurologen in Stuttgart aufsuchte, der den „Impfschaden" eindeutig diagnostizierte. Nach mehrmaligen Besuchen und Untersuchungen in der oft überfüllten Praxis, wo die Mutter mit ihrem Sohn stundenlang wartete, schrieb der Mediziner ein Gutachten, das die Staudts beim Gesundheitsamt einreichten. Es dauerte Jahre, bis es anerkannt wurde.

Ende der sechziger Jahre studierte er in Freiburg, als er einen Juraprofessor, bei dem er Öffentliches Recht belegt hatte, in dieser eigenen Sache aufsuchte. Er schilderte ihm seinen Fall, und der Professor gab ihm dann den entscheidenden Tip, wie er die Sache bei der Behörde noch einmal in Erinnerung rufen könnte. Immerhin war er im Besitz einer Bescheinigung, die ihm eine 60prozentige körperliche Behinderung attestierte. Das Regierungspräsidium Stuttgart bescheinigte ihm schließlich, daß er ein Opfer jener Impfung geworden sei.

„Laut Statistik bin ich also eines von vielleicht 25 000 Kindern gewesen, bei dem ein scheinbar harmloser Nadelpiekser diese furchtbare Reaktion hervorgerufen hat", resümiert Erwin Staudt heute. Die Meinungen der Experten über die Häufigkeit von Impfunfällen gehen weit auseinander, weil viele betroffene Kinder statistisch gar nicht registriert worden sind. Bekannt ist, daß es Todesfälle gegeben hat und vor allem Babys und Kleinkinder eine Impfung manchmal nicht überlebt haben. Erwin Staudt wurde schließlich eine lebenslange Rente zugesprochen.

Wenn er heute von dieser Zeit erzählt, spricht er hauptsächlich von seiner Mutter, die sehr unter seinem Zustand litt. Was war aus ihrem strammen Jungen geworden? Etwas mehr Wertschätzung wäre ihr in den schweren Anfangsjahren sicher gewesen, hätte sie ihren Schwiegereltern den ältesten Enkelsohn gesund groß ziehen können. „Ich war ein Ausfall", bringt Erwin Staudt die Empfindungen in seiner Familie schonungslos auf den Punkt. Bisweilen wurde er auf seine Hand angesprochen. Zum Glück waren die Lähmungserscheinungen teilweise wieder abgeklungen. Wenn die Leute fragten: „Was hat denn der Arme?" nahm ihn die Mutter zur Seite und erklärte, ihr Sohn könne später eben *nicht* Handwerker werden.

Hin und wieder sprach ihn der Großvater auf seine Noten an und wachte darüber, daß er in der Schule reüssierte. Auf das Gymnasium zu gehen war nicht üblich für einen Eltinger. Der Nachwuchs des Dorfes absolvierte in aller Regel die Hauptschule und danach eine Ausbildung. Nur zwei oder drei einer

Grundschulklasse mit 40 Kindern strebten dem Abitur entgegen. Der junge Erwin stand immer unter Leistungsdruck. Die Schulzeugnisse hingen wie Damoklesschwerter über ihm. Er lernte in frühen Jahren, den harten Tatsachen des Lebens ins Gesicht zu sehen. Im Hause Staudt wurde das direkte Wort gepflegt, wenn es darum ging, dem anderen die Meinung zu sagen. „Mein Vater konnte manchmal harsch reagieren", erinnert sich Erwin Staudt. Doch weiß er von seinem Vater auch, daß es ihm letztendlich immer um die Harmonie in der Familie gegangen sei, um den Zusammenhalt. Aus dem engen Band zusammengehöriger Generationen, aus der langen Familientradition, holten sich die Staudts ihr Selbstbewußtsein. Der Großvater war im Flecken beliebt, vor allem deshalb, weil er sich getraute, auch jenen forsch zu begegnen, die in der sozialen Hierarchie über ihm standen. Die Familie genoß in Leonberg schon damals einiges Ansehen. Die Schneider-Dynastie verstand es, sich zu positionieren. Zudem wußte auch Erwins Vater, wie man mit „den besseren Leuten" umgeht.

Wer jedoch die Autorität im Hause Staudt hatte, war klar, die Hierarchie galt als unumstößlich. Das Regiment führte der Großvater, und wenn er den Erwachsenen etwas Wichtiges zu sagen hatte, pflegte er die Parole auszugeben: „Die Stube rein". Dann mußten die Kinder das Wohnzimmer verlassen. Manches Mal hielt er eine Standpauke oder tat seine Meinung über die politische Großwetterlage in der dörflichen Idylle kund. Oder aber es ging um Erwin, der nicht hören sollte, was über ihn gesprochen wurde. So einen Nachfahren wie ihn zu haben, einen mit einem lahmen Arm, machte die Sache nicht einfach. Manches Mal unterhielt man sich über dessen Zukunft. Als der Junge seinen Wunsch äußerte, einmal studieren zu wollen, erhielt er eine Abfuhr. Der Familienpatron entgegnete unumwunden: „Das geht in deinen Kopf nicht hinein." Er solle doch besser eine Verwaltungslehre machen.

Freiheit, Gleichheit, Brüderlichkeit und der braune Terror

Der Großvater hielt seinen Enkel intellektuell dennoch nicht für unterbelichtet. Sonst hätte er ihm in jungen Jahren nicht von den Idealen der Französischen Revolution berichtet. Von Freiheit, Gleichheit und Brüderlichkeit. Sie waren nicht nur das Credo der bürgerlichen Emanzipationsbewegung jenseits des Rheins, auch die Turner in Leonberg hatten sich diesen Idealen verschrieben. Hermann Staudt senior war im Turnverein gewesen und diese Geisteshaltung hatte sich auch in seinem Denken und Handeln niedergeschlagen. Im roten Arbeiterdorf Eltingen stand er dem Kommunismus nahe. Die KPD war 1949 in den ersten deutschen Bundestag eingezogen, und drei Jahre vor ihrem Verbot im Jahre 1956 hatten bei der Gemeinderatswahl immerhin 9,5 Prozent der Leonberger für die Kommunisten votiert. Bis in die späten sechziger Jahre waren bei den folgenden Urnengängen dann meist die Sozialdemokraten als Vertreter des sozialen Ausgleichs im Kommunalparlament die stärkste Partei. Und der Staudtsche Clan-Chef galt als ein „ausgesprochener Gerechtigkeitsfanatiker". Klar, sagt Erwin Staudt heute, das habe auch auf ihn abgefärbt: „Mein Großvater wollte, daß alle Menschen die gleichen Chancen haben und daß es keine Kriege mehr gibt."

Hermann Staudt senior hatten die Erlebnisse des Ersten Weltkrieges tief erschüttert und zu einem Pazifisten werden lassen. Die blutige Schlacht in Frankreich an der Marne hatte Tausende und Abertausende Todesopfer gefordert, auf französischer wie auf deutscher Seite. Die Soldaten wurden in die Maschinengewehrfeuer hinein geschickt, obwohl jedermann wußte, daß keiner lebend durchkommt. Wenn Großvater davon erzählte, liefen ihm die Tränen.

Wie grausam das war, das Massensterben, las Erwin Staudt später in dem Roman von Erich-Maria Remarque „Im Westen nichts Neues". Die Zahl der Opfer sei auf engstem Raum so groß gewesen, „daß manche gar nicht mehr umfallen konnten". Die Kriegserfahrungen und die Zeit später, mit den Heimkehrern und den Handwerkern, die auf Wanderschaft gehen mußten, um eine Arbeit zu finden, zeichnete Erwin Staudt auf. Zur Konfirmation hatte er 500 Mark geschenkt bekommen und sich von dem Geld ein vierspuriges Grundig-Tonbandgerät gekauft. An langen Abenden lauschte er nun den Erzählungen des Großvaters, der vor einem Glas Rotwein saß, während er sein Mikrofon aufgebaut hatte. Der alte Herr berichtete von den Nazis, die nach 1933 die starke kommunistische Bewegung und die Sozialdemokratie in Eltingen zu zerschlagen versuchten.

Einer der wenigen, die sich öffentlich dem Widerstand verschrieben hatten, war der Leonberger Genosse Erwin Schöttle. Er war Journalist der „Schwäbischen Tagwacht" in Stuttgart und dort von 1931 an SPD-Parteisekretär gewesen. Von Anfang Mai 1933 an suchten die Nazis den prominenten Gegner der NS-Regierung steckbrieflich, aber Schöttle tauchte unter, emigrierte zwischenzeitlich in die Schweiz, baute Transportwege auf und formierte die Widerstandsgruppe „Neu Beginnen", die für den gemeinsamen Kampf gegen die Nazi-Herrschaft aller sozialistischer Organisationen eintrat.

Auch in Leonberg selbst sei im Alltag Widerstand geleistet worden, berichtete Hermann Staudt seinem Enkelsohn. Es gab Wirtshausschlägereien und mehr oder weniger deutliche Affronts gegen die braunen Machthaber. So mancher ließ sich die Provokationen und aggressiven Auftritte der zu den Nazis konvertierten Einheimischen nicht so ohne weiteres gefallen. Großvater Staudt erzählte von einer Hochzeit eines SA-Manns, der im Schwarzen Adler in Eltingen gefeiert hatte. Es kam zu einem Streit, und der Braunrock sei schließlich aus dem Fenster geworfen worden – jedoch nur aus dem ersten Stockwerk, so daß er den Sturz überlebte.

Die Drangsal durch den braunen Mob muß auch im kleinen Leonberg groß gewesen sein. Schon 1933 waren Kommunisten und später Parteimitglieder der SPD aus ihren Wohnungen und Werkstätten heraus verhaftet worden. Das Perfide daran war, daß die Nazis bei diesen Aktionen behaupteten, man wolle sie „nur in Schutzhaft nehmen, um sie vor dem Volkszorn zu bewahren". Tatsächlich war es ein Teil der Strategie der NSDAP, auch in Leonberg ihr Terrornetz auszubreiten.

Andersdenkende und politische Gegner des Hitler-Regimes wurden vor das Rathaus in Eltingen gebracht, wo sie auf einen Lastwagen steigen mußten, mit dem sie nach Ludwigsburg in ein Sammellager transportiert werden sollten. Auch Großvater Hermann war zu diesem Sammelplatz abgeführt worden. Seine sechs kleinen Kinder – das älteste war vielleicht zwölf oder 13 Jahre – mußten den Vorgang mit ansehen. Sie rannten ihrem Vater hinterher, als er auf dem Lastwagen aus dem Dorf fuhr, und riefen: „Papa, Papa – bleib' hier."

Unterwegs passierte der Transport-Lastwagen eine Baukolonne mit Straßenarbeitern, die den Männern auf dem Wagen nachäfften. Sie riefen „Heil Moskau" – offenbar sollte das nur ein Scherz sein. Sie ahnten nicht, welche Folgen dieser schlechte Kalauer haben würde. Das Fahrzeug hielt an, die Bauarbeiter mußten ebenfalls auf den Wagen steigen und wurden mit den anderen Männern in das Ludwigsburger Sammellager befördert. Von dort aus ging es nach Stetten am Kalten Markt, wo die Gefangenen im KZ Heuberg eingesperrt wurden. Drill und Schikanen waren an der Tagesordnung, die Inhaftierten bekamen kaum etwas zu Essen. Vor allem Ältere oder gesundheitlich Angeschlagene überlebten das Lager nicht. Hermann Staudt hatte Glück und die Kraft, um nach der Befreiung 1945 in sein Heimatdorf zurückzukehren.

Dem jungen Erwin Staudt prägten sich die Erzählungen ein, noch heute erinnert er sich an die Lehrstunden des Großvaters,

der ihm später den Vorwurf machte, in die falsche Partei eingetreten zu sein. Schließlich sei die SPD „nichts Halbes und nichts
Ganzes", hatte Hermann Staudt befunden.

Erwin Staudt erfuhr auch die Namen der Eltinger Nazis. Wer
als Ortsgruppenleiter fungiert, und wer sich sonst bei den Braunen engagiert hatte. Sonntags marschierten die Nazis im Ort
auf. Die Bewohner Eltingens mußten dabei stets vor die Häuser
treten, Spalier stehen und den Hitlergruß entrichten. Hermann
Staudt weigerte sich, die Hand zu heben. Der Anführer des
Nazi-Trupps scherte aus dem Glied aus und ohrfeigte den Fami-
lienvater.

1945 dann, nachdem die Franzosen in Leonberg angelangt
waren, wurde Hermann Staudt ins Rathaus geladen, um den
Befreiern die Namen all jener zu nennen, die ihn und andere
terrorisiert und mißhandelt hatten. Sein Großvater hat keinen
einzigen Namen der Nazis Preis gegeben, keinen einzigen Eltinger dem Tribunal der Alliierten ausgeliefert: Weil man mit ihnen
im Dorf weiter zusammen leben mußte. Einige der ehemaligen
Nazis sind später Kunden in der Staudtschen Schneiderei gewesen. Von Staudt Senior erfuhr der junge Nachwuchsreporter,
die Altnazis seien in den Nachkriegsjahren die freundlichsten
Menschen gewesen, die man sich habe vorstellen können.

Kicker, Musiker und Autonarr

Ein Nachkriegsereignis, auf das die Eltinger stolz sein konnten
und das den ganzen Ort schon vier Wochen vorher in seinen
Bann zog, waren die Solitude-Rennen. Unweit der Leonberger
Straße, in der Erwin Staudt wohnte, befand sich eine Gasolin-
Tankstelle. Die Fahrer des Rennstalls Lotus nahmen dort
Quartier und brachten ihre Flitzer auf Vordermann. Renn-
leiter war der sagenhafte Colin Chapman, zum Team gehörten
der legendäre Jim Clark, dazu Trevor Taylor und Innes Ire-

land. Erwin Staudt, der sie oft an der Tankstelle besuchte und ihre Autos bewunderte, hat ihre Namen noch parat und die Rennfahrer bildhaft vor sich, so als sei es gestern gewesen. Der Sohn des Tankstellenbesitzers hieß Gerhard Mitter, später ebenfalls ein berühmter Rennpilot. Im Alter von 33 Jahren verunglückte er 1969 in seinem BMW auf dem Nürburgring am berüchtigten Schwedenkreuz tödlich. Unfallursache war eine fehlerhaft montierte Lenkung. Tragisch, schon allein deshalb, weil Mitter selbst ein versierter KfZ-Meister in Leonberg war, Formel-Junior-Zweitaktmotoren auf der Basis des DKW-3-Zylinders gebaut und verkauft hatte. Er hatte auch eine Tankstelle in Böblingen betrieben, seinerzeit eine beliebte Anlaufstelle für Motorsportbegeisterte, denn als Werksfahrer von Porsche heimste er allein drei Europameistertitel in den Bergrennen ein.

Mitter, Gewinner des 24-Stunden-Rennens von Daytona, trat Anfang der sechziger Jahre auch auf dem Solitude-Ring an, ganz Leonberg war auf den Beinen. Wie einige Jahre zuvor, als Klein-Erwin dem Start der Rennen entgegenfieberte. Überall in den Gasthäusern wohnten sie, die Berühmtheiten des internationalen Rennsports, und hatten sich die Garagen im Flecken gemietet, wo sie ihre Wagen ölten und die letzten Handgriffe erledigten. Sie lagen unter ihren Autos und trugen verschmierte Overalls. Für den Jungen waren das Augenblicke zwischen Freude und Horror, wenn er ihnen begegnete. Am meisten beeindruckten ihn die Seitenwagenfahrer, die als Doppelgespann durch die Kurven rauschten, ohne daß sie von ihren Sitzen flogen. Die britischen Weltmeister Oliver/Dibben waren die großen Vorbilder des Eltinger Buben, der natürlich auch davon träumte, einmal Rennfahrer zu werden.

Der Nervenkitzel nahm noch zu, als sich der kleine Rennfan und sein älterer Bruder Kurt in der Glemseckkurve eine eigene kleine Tribüne bauten und auf den Startschuß warteten. Schon am Abend zuvor gingen sie zur Rennstrecke und bewachten „ihr Brettle". Sie verbrachten die ganze Nacht im Freien und hatten nur etwas zum Trinken dabei. Meist waren es laue Sommernächte, in denen sie sitzend dem großen Ereignis harrten. Entlang der Rennstrecke waren riesige Stahlrohrtribünen errichtet worden, meist mehr als 300 000 Zuschauer erlebten das seltene Spektakel.

Am eindringlichsten hat Erwin Staudt die Durchsagen in Erinnerung, bevor die Motoren aufheulten, die Reifen quietschten, der Staub aufwirbelte und die Wagen sich unter einem ohrenbetäubenden Lärm in Bewegung setzten. „Noch eine Minute bis zum Start", ertönte eine Stimme, „Funktionäre und Helfer bitte Startplatz räumen."

Noch heute ist der Autofan mit der Familie Mitter befreundet, wie auch mit zwei anderen deutschen Solitude-Helden. Mit dem ehemaligen Formel-1-Piloten Hans Herrmann, dem gebürtigen Stuttgarter und einstigen Mercedes-Werksfahrer, der den Spitznamen Hans im Glück trägt, weil er spektakuläre Unfälle wie durch ein Wunder überlebte. Und mit dem Sportpiloten Eberhard Mahle, dem Wahl-Leonberger, der im Alter von mehr als 70 Jahren jüngst noch Oldtimer-Rennen auf der Solitudestrecke fuhr.

Erwin Staudt war schon in jungen Jahren ein Autonarr, daneben gewann der Fußballsport einen immer höheren Stellenwert. Mit zehn Jahren trat Erwin Staudt als Fußballer beim TSV Eltingen ein. Seine Vorbilder waren Helmut Rahn, der 1954 das 3:2 Siegtor in Bern geschossen hatte, und später Uwe Seeler, der legendäre Mittelstürmer des Hamburger Sportvereines. Natürlich orientierte sich Klein-Erwin an diesen Idolen, die Fußball-Deutschland hervorbrachte, und eiferte ihnen nach. Sein Debüt feierte er bei den „Bambinis" in der E-Jugend des Eltinger Clubs, in der Mannschaft der jüngsten Nachwuchskicker.

Der heutige VfB-Präsident kann sich noch an sein erstes Fußballspiel erinnern. Die wahre Freude kann es nicht gewesen sein. Das Treffen fand auf einem Hartplatz statt und ging mit 3:4 verloren. Das Toreschießen war nicht unbedingt seine Stärke, dafür überwand er pfeilschnell das Spielfeld. Der Trainer stellte ihn auf dem linken Flügel auf, „weil die Position frei war". Zuweilen rannte er auch als linker Verteidiger dem runden Leder hinterher.

An einen der Trainer beim TSV Eltingen kann sich Erwin Staudt noch besonders gut erinnern. Er hieß Erwin Arzt. Weil er so klein war, trug er den Spitznamen „Ärztle". Der damals etwa 40jährige hatte die C-Jugend des Clubs unter seinen Fittichen, war selbst einmal ein aktiver TSV-Fußballer gewesen und ein Vorbild für die Nachwuchskicker, weil er ihnen wie kaum ein anderer den Spaß am Sport vermittelte. Die ganze Woche freuten sich die Jungs auf die Übungsstunden und bibberten ein ums andere Mal, ob ihr Trainer auch rechtzeitig Feierabend hatte. Wenn er nicht kam, war die Enttäuschung groß. Arzt war Automateneinsteller bei der Stuttgarter Firma Werner & Pfleiderer und ist für Erwin Staudt heute noch ein leuchtendes Beispiel dafür, wie jemand Fußballeidenschaft verkörpern konnte.

Als Akteur, der mit dem rechten Fuß gegen den Ball trat, agierte der junge Staudt auf der linken Position durchaus geschickt. Allerdings mußte er bald feststellen, daß andere besser waren als er. Das machte ihn kreuzunglücklich. Der Flügelflitzer zeigte auf dem Fußballplatz einigen Ehrgeiz und trainierte ungemein fleißig. Trotzdem mußte er meist um seinen Platz in der Mannschaft kämpfen „Er hat immer so kleine Schritte gemacht", erinnert sich der Böblinger Landrat Bernhard Maier, der in jungen Jahren beim Malmsheimer Turn- und Sportverein kickte und in seiner Jugendzeit gegen Erwin Staudt und die Eltinger antrat. Der Nachwuchsfußballer Staudt gehörte sämtlichen Jugendmannschaften des TSV Eltingen an und wurde in all den Jahren immer links aufgestellt. Die schlimmste Strafe war für ihn, wenn ihn der Vater nicht zum Training ließ, weil er zu Hause oder in der Schule nicht die Erwartungen erfüllt hatte. Zum Glück ist das nicht oft vorgekommen.

Lange Zeit wollte es der Jung-Kicker unbedingt den Erwachsenen nachmachen und einmal so gut werden wie diejenigen, die für die erste Mannschaft des TSV aufgestellt wurden. Jeden Sonntag waren sein Bruder Kurt und er auf dem Sportplatz, wenn die Elf des TSV Eltingen ein Heimspiel hatte – von mittags an bis es dunkel wurde.

Später hatte er einen Schulkameraden, der in die württembergische Auswahl berufen wurde. Die Herzen der Mädchen flogen ihm nur so zu, und auch die Jungs bewunderten ihn. Daß der heranwachsende Staudt da nicht mithalten konnte, war für ihn schmerzhaft und heilsam zugleich. Später analysierte er zutreffend: „Hast du zum Profi kein Talent, wirst du einfach Präsident."

Am Eltinger Vereinsleben teilzunehmen war für den jungen Staudt eine Selbstverständlichkeit. Als Teenager hatte er sich neue Betätigungsfelder gesucht, auf denen er erfolgreicher sein sollte als im Fußball. Kameradschaft bedeutete ihm viel, deshalb trat er dem Eltinger Musikverein Lyra bei. Doch was sollte er spielen mit seiner schwachen rechten Hand? Klavier mußte er sich aus dem Kopf schlagen, auch wenn er das am liebsten gelernt hätte. Er probierte es mit Trompete. Aber auch das Blasinstrument stellte ihn vor eine fast unlösbare Aufgabe. Wie sollte er wissen, ob er sie jemals halten und ihr dabei Töne entlocken konnte? Er fragte einen älteren Jungen, der eine Trompete hatte, ob er sie einmal ausprobieren dürfe. Es sollte heimlich geschehen, niemand sonst durfte von diesem Experiment erfahren. Die beiden Jungs gingen in einen Hinterhof. Es sollten sehr wichtige Momente in Erwin Staudts Leben werden.

Der Junge zeigte ihm, wie man die Trompete handhabte. Zuerst führte er die rechte Hand an das Blasinstrument, mit der die Ventile zu betätigen sind – es funktionierte. Mit der linken Hand mußte er das Musikgerät hoch halten und fixieren. Es klappte! Erwin Staudt überfiel ein unglaubliches Glücksgefühl. Er ahnte schon, daß Trompetespielen seine Leidenschaft werden könnte. Wie wichtig das für ihn werden würde, sollte sich bald zeigen. Zunächst übte er die Tonleiter bei einem Musiker des Vereins. Dazu suchte er einen Herrn Karl Pfitzenmaier in dessen Wohnung auf. Pfitzenmaier hießen viele im Dorf. An *ihn* kann er sich aber noch genau erinnern. Sogar an den Geruch, der in der Luft lag. Der Mann war ein Eltinger Original, auf dem Tisch stand ein Mostkrug, daneben lag ein Romadourkäse, den er scheibchenweise verzehrte. Und während er kaute, erklärte er die Halb-, Viertel- und Achtel-Noten. Am Mostkrug lehnten die Notenblätter.

Es war etwa die Zeit, als die Beatles von sich reden machten und die Jugend aufhorchen ließen. „Love me do", die erste Single-Schallplatte der Liverpooler Popband, die 1962 in England veröffentlicht wurde, kam wenig später auch auf den deutschen Markt. Auf den Beatlessong – auf den damaligen Superhit – hatte ihn seine drei Jahre jüngere Cousine aufmerksam gemacht. Wenig später schleppte ihn ein Schulfreund in einen Plattenladen, wo er das nächste Schlüsselerlebnis in Sachen Musik hatte. Die unvergleichlichen Beach Boys intonierten „Fun, fun, fun", und den Teenager hatte nun das Popfieber erfaßt. Auch deshalb vielleicht wurde aus Erwin Staudt ein passionierter Trompeter, weil er die Titel aus den Hitparaden immer perfekter nachspielen konnte. Daneben blies er in der Jugendkapelle und irgendwann, mit 16 oder 17 Jahren, stieß er zum Erwachsenenorchester.

„Ich habe geübt wie ein Tier", sagt Erwin Staudt, bald blies er ein Volkslied nach dem anderen. Oft kam der Vater in seine

Kammer unter das Dach des Hauses. An warmen Sommer-
abenden schmetterte er bei offenem Fenster die aktuellen Hits,
so laut und eindringlich, bis sich die Nachbarn beschwerten.
Der Vater wies ihn an aufzuhören – einer ging aber meist immer
noch. Erwin Staudt dürfte damals schon seine Fans gehabt
haben.

Das Leben begann für ihn ein weiteres Mal von neuem, als
er im Musikverein Lyra ein Mädchen namens Vilja kennenlernte, die in der Jugendkapelle Klarinette spielte. Sie war ein
Jahr jünger als er und sah aus, wie er sich eine Frau vorgestellt
hatte. „Lange, blonde Haare und ganz liebenswürdig." Sie
durfte – bevor sie keine 21 war – abends nicht länger ausgehen.
Es gab einigen Ärger zu Hause, wenn sie der junge Staudt nach
dem Kino erst nach 22 Uhr bei den Eltern ablieferte.

Immerhin traf sich das junge Liebespaar regelmäßig im Musikverein. Dort zollte man dem begabten Trompeter mit seiner
raschen Auffassungsgabe und seiner schon beachtlichen Virtuo-
sität hohe Anerkennung. Eine Gruppe von Vereinsmusikern
suchte einen vierten Spieler für ein Quartett, das bei Beerdigungen musizierte. Er wurde engagiert. Direkt nach der Schule eilte
der junge Musikant auf den Friedhof und blies mit den anderen
den Trauermarsch. 15 Mark habe es anfänglich pro Nase und
Beerdigung gegeben, an machen Nachmittagen kam das Quartett zwei-, sogar dreimal zum Einsatz.

Seinen ersten Lohn verdiente sich Erwin Staudt bei der Bau-
sparkasse in Leonberg. Er saß im Keller und heftete Kontoauszüge ab. Es war Sisyphusarbeit, die Kontoauszüge nahmen
kein Ende. Lieber wollte er künftig nur noch seiner Musik-
leidenschaft frönen, die ihm obendrein ein stattliches Taschen-
geld einbrachte. Er bemerkte rasch, daß Beerdigungen recht
einträglich sein konnten. Nach einiger Zeit stieg das Honorar
für die musikalischen Einlagen auf 25 Mark pro Musiker. Die
Auftritte häuften sich, und manches Mal verließ Erwin Staudt

die Trauerstätte mit 100 Mark und war happy. „Ich war damit wohl einer der reichsten Schüler aller Zeiten." Eine glückliche Fügung für ihn, denn von zu Hause hatte er nur wenig finanzielle Unterstützung zu erwarten.

In der Zwischenzeit gründete der begeisterte Musikfan eine eigene Band und spielte nicht nur auf Friedhöfen, sondern mit seinen Freunden auch auf Hochzeiten, bei Geburtstagen und Festveranstaltungen. Die Nachwuchsinterpreten hatten vor allem die damals üblichen Schlager im Repertoire, Titel von Rex Gildo oder der Sängerin Manuela. Später hörten sie die pfiffigen Songs der Beach Boys bei deren wohl einziger Deutschlandtournee im Münchener Zirkus Kronebau – und wollten auch ein bißchen werden wie sie. So voller Elan, so mitreißend. Sie rüsteten ihre Band um einen Verstärker auf, der Vater eines Nachwuchsmusikers lieh ihnen seinen Wagen, mit dem sie durch die Region tingelten. Die Konzertband war begehrt. Er hatte immer ein paar Mark in der Tasche.

Erwin und die große weite Welt –
Studium und Karrierestart

Die Abnabelung von zu Hause und die Studienzeit

Als Sohn eines Schneidermeisters hat sich Erwin Staudt früh vorgenommen, „von dem dauernden Klingeln der Ladentüre und von der Bank unabhängig zu sein". Vater Hermann Staudt hatte sich 1963 ein großes Stofflager zugelegt, damit er seinen Kunden etwas bieten konnte und nicht lange auf Lieferungen warten mußte. Aber das Geschäft lief nicht immer gut und ging auch nicht besser, als in der Nähe ein großes Einkaufszentrum eröffnete. Der tapfere Schneidermeister machte Schulden und konnte nur wenig Geld in die Ausbildung seiner Kinder stecken. Die Lage wurde erst besser, als Hermann Staudt Uniformen schneiderte und Aufträge von den Feuerwehren und dem Technischen Hilfswerk erhielt. In dieser wirtschaftlich nicht einfachen Zeit entschloß sich der Staudt-Filius zu einem Studium.

Im Wintersemester 1967 schrieb er sich an der Universität Stuttgart im Fach Wirtschaftswissenschaften ein. Das hatte den Vorteil, daß er noch zu Hause wohnen und immer pendeln konnte. Auf dem Studienplan standen statistische Übungen und Finanzmathematik, nicht gerade seine Leib- und Magenfächer. Sie hätten ihn fast seine Karriere gekostet, er mußte sich durchkämpfen. Dieter Leinmüller, ein Studienfreund aus jenen Tagen, in einem höheren Semester als der Leonberger Kommilitone, kann sich noch gut an diverse Begegnungen mit ihm erinnern. Einmal ging es darum, einen Grundkurs in EDV zu belegen. Leinmüller meinte zu ihm, was „für einen Käse" man da doch lernen müsse. Es war die Zeit der Lochkarten, und kaum jemand an der Uni konnte ermessen, welches Potential in dieser Technologie steckte. Erwin Staudt sei einer der wenigen gewesen, die das damals schon erkannt hätten. Er habe ihm in den höchsten Tönen über die Computerzukunft vorgeschwärmt, und Leinmüller hielt ihn für einen ziemlichen Spinner. Ein Taschenrechner kostete noch 300 bis 400 Mark. Ein normaler Student mußte auf solche Errungenschaften verzichten. Der Stuttgarter Leinmüller, ehemals Präsident des Europäischen Fußballpools für staatliche Sportwettenanbieter, zollt Erwin Staudt heute Respekt: „Er ist richtig gelegen, aus ihm ist etwas geworden."

Zunächst schloß Staudt nach vier Semestern erfolgreich das Vordiplom in Stuttgart ab. Danach lotste ihn ein Freund nach Freiburg im Breisgau, der dort selbst Jura belegt hatte: Ottmar Bühler, der Banjospieler der Staudtschen Band. Erwin Staudt schlug ein neues Kapitel in seinem Leben auf – sein Studienplatz war ein Riesenglück, denn die badische Universitätsstadt war wie heute ein begehrter Studienort.

Der Neuankömmling brauchte dringend eine passende Bleibe. Sein Bandkumpel gab ihm den Tip, einmal bei der Studentensiedlung in der Sundgauallee anzurufen. Es war zufällig ein Zimmer frei, weil kurz zuvor ein anderer Student abgesagt hatte. Der neue Mieter von damals weiß heute noch seine Zimmernummer: 30-05-07. Er wohnte im Haus Nummer 30 im fünften Stockwerk, Zimmer sieben. Der Leonberger logierte mit zwölf Kommilitonen auf einer Etage, mit einer Dusche, einer Küche und einem Aufenthaltsraum. Das tolle war, daß er viele Leute kennenlernte.

Der Tag Null in Freiburg war ein Freitag, das Datum fiel auf den Dreizehnten – aber mit dem Glück war es dann doch so eine Sache: „An diesem Tag bin ich das erste Mal mit dem Bus schwarz gefahren und gleich erwischt worden." Danach war er 20 Mark los.

Erwin Staudt war einer von zweien oder dreien aus einem Eltinger Jahrgang, die überhaupt das Abitur gemacht hatten und stand schon damals im Fokus. Der Erfolgsdruck für den 18jährigen war enorm, denn aus ihm konnte ja gar nichts anderes werden als „ein Studierter". Der Großvater gab ihm hundert Mark im Monat, sein Vater legte noch etwas drauf: „Sie haben im Grunde nichts gehabt." Dennoch unterstützten sie ihn, wie es in ihren Kräften stand. Das Zimmer in der Universitätsstadt kostete 150 Mark im Monat. Erwin Staudt versuchte mit der Musik noch ein paar Mark für sein Studium dazu zu verdienen, nahm Ferienjobs an und arbeitete während den Wochenenden an der Tankstelle seines Bruders in Leonberg.

Doch die Schufterei hatte Grenzen. Zwischendurch gab sich der Studiosus seinen Neigungen hin und gönnte sich eine Auszeit. Mit einem seiner Kommilitonen freundete er sich näher an, mit Jürgen Hofmann, seinem heutigen, in Mannheim lebenden Steuerberater, der sehr gut Tennis spielen konnte. Der gestreßte Student Staudt ließ sich krankschreiben, um sich täglich mit seinem Freund dem Sport in Weiß zu widmen. Außerdem entspannten sich die beiden Müßiggänger in den Kinos bei Bud-Spencer-Filmen. Um ihr Gewissen zu beruhigen, nahmen sie sich nebenbei der Pflichtlektüre an: „Wir nannten das unser Forschungssemester."

Während des Studiums wurde dem Eltinger Jungen bewußt, aus welchem Umfeld er kam und auf welchen sozialen Status andere bauen konnten. Oft dachte er darüber nach, wie privilegiert so mancher Kommilitone war, der irgendwo einen einflußreichen Vetter sitzen hatte oder einen Vater, der ihm eine Tür öffnete, der Beziehungen hatte und vielleicht selbst Geschäftsführer oder Aufsichtsrat eines Unternehmens war. Erwin Staudts Studienkollegen unterhielten sich in der Mensa bisweilen darüber, wie sie nach dem Studium ihre Karriere beginnen würden: als Vorstandsassistent oder als Assistent einer Geschäftsleitung. „Oh, Mann, ich kenne niemanden", mußte er sich eingestehen.

Im Gedächtnis haften geblieben sind ihm die Vorlesungen von Erich Hoppmann, dem Wirtschaftswissenschaftler aus Gelsenkirchen mit dem besonderen Kohlenpott-„Slang". Hoppmann war einer der führenden deutschen Ökonomen auf dem Gebiet der Wettbewerbspolitik. Der angehende Volkswirtschaftler Staudt hatte gehofft, daß Statistik und Mathematik hinter ihm liegen würden. Aber im Audimax der Freiburger Universität entwickelte Hoppmann vor 600 Studenten an der Tafel über die gesamte Breite des Raumes das gesamtwirtschaftliche Optimum in Hunderten von Integralen. Dem Studenten schwante Fürchterliches: Nun war er nach Freiburg gekommen und wieder sollte er sich mit diesem trockenen Stoff herumschlagen? Es war dennoch spannend bei Hoppmann, denn er baute seine Lehrstunden didaktisch und logisch hervorragend auf, so daß sich Erwin Staudt heute noch an Details jener Integralrechnungen erinnert. Sein Ding sind sie trotzdem nie geworden, viel lieber beschäftigte er sich mit Wirtschaftspolitik und Staatsrecht.

Der Einstieg bei IBM

Der Nachwuchsmanager in spe legte nach zwölf Semestern im April 1973 sein Examen ab – mit einer eher durchschnittlichen Note. Die Wege zwischen ihm und Jürgen Hoffmann hatten sich zuvor aus studientechnischen Gründen vorübergehend getrennt. Erwin Staudt fand einen anderen Kompagnon, mit dem er sich auf die Prüfung vorbereiten konnte: Bernhard Kemper aus Essen, heute der Finanzchef der Firma Aro in Nürnberg – das Unternehmen des Präsidentenkollegen Staudts in der Frankenmetropole, von Michael A. Roth.

1973, im Jahr der Ölkrise, mußte die Karriere geplant werden. Der Ölpreis war um ein Vielfaches in die Höhe geschnellt, die Nachfrage nach Konsumwaren eingebrochen. Von dieser

Konjunkturflaute waren alle Handwerksbetriebe betroffen, die Energie verteuerte sich, die Menschen fingen an zu sparen, übten sich in Verzicht. Es gab autofreie Sonntage, um den Benzinverbrauch in Deutschland zu drosseln. Ausgerechnet in dieser schwierigen Zeit ging Staudt auf Stellensuche. Es kam nur eine Firma in Frage, die in der ersten Liga spielte. Der frisch diplomierte Volkswirt wollte von Freiburg zurück nach Stuttgart und in eines der großen Unternehmen der Region. Zusammen mit anderen Studenten nahm er eine Einladung nach Gaggenau zu einer Tagung an, wo er den Personalchef von Daimler-Benz kennenlernte. Der Mann rang ihm Respekt ab: Wie er sein Unternehmen darstellte, wie er agierte. Für Erwin Staudt war nun erst recht klar, daß er sich bei dem Automobilkonzern bewerben würde.

Wenig später entdeckte er in der „Frankfurter Allgemeinen Zeitung" eine Annonce des Computerriesen IBM. Gesucht wurden Vertriebsbeauftragte für den Bereich Kreditwesen. Die Bewerbungsunterlagen an IBM und Daimler schickte er fast gleichzeitig ab. Von der Firma Daimler kam zunächst keine Antwort, IBM meldete sich schon nach wenigen Tagen. Der US-Tochterkonzern lud den ehrgeizigen Aspiranten nach Stuttgart-Vaihingen zu einem Vorstellungsgespräch ein und mit ihm einige andere Bewerber. IBM hatte zu jener Zeit einen enormen Nachwuchsbedarf. Ihm gefiel die Firma auf Anhieb. Es sei alles so modern gewesen, „amerikanisch eben".

In einem sogenannten Assessment-Center, einer Zusammenkunft von mehreren Bewerbern, die um die angebotenen Stellen wetteifern, fragte man ihn, was er denn tun würde, wenn man ihm hier und jetzt 50 000 Mark auf den Tisch lege. Erwin Staudt hatte von solchen Fragen gehört. Andere antworteten, sie würden das Geld anlegen. Der knitze Leonberger pokerte hoch und erklärte: „Ich würde sofort aufstehen und mir einen Porsche kaufen." Er habe sich nicht verhalten wollen wie „ein popeliger

Buchhalter". Nein, er wollte Dynamik zeigen, denn er wußte schon damals, wie man sich erfolgreich in Szene setzt. Seine forsche Art gereichte ihm zum Vorteil, denn IBM suchte junge Leute mit Ausstrahlung, hochmotiviert und in der Lage, nach ein paar Jahren selbst andere in der Firma zu motivieren und weiterzubringen.

Erwin Staudt hatte den Job. Der Computerkonzern war bei dessen Verpflichtung schneller als Daimler-Benz. Darüber frotzelt der erfolgreiche Firmenmanager besonders gern: „Das tut Daimler heute noch leid." Der aufstrebende Nachwuchsmann trat am 1. November 1973 in den IBM-Konzern ein. Für ihn öffnete sich eine völlig neue Welt. Vor ihm tat sich ein Firmenimperium auf, ein berufliches Terrain der fast unbegrenzten Möglichkeiten lag ihm zu Füßen. „Der Laden", wie Staudt später sagte, habe ihm vom ersten Tag an imponiert, ja fasziniert. So sehr, daß er sich rasch vornahm: „Hier möchte ich einmal der Chef werden."

Resümierend, weshalb er damals so angetan war, führt Staudt den Respekt vor dem Individuum an, der in diesem Unternehmen gegolten habe. Daß männliche und weibliche Angestellte absolut gleich behandelt wurden, sei seinerzeit in der deutschen Wirtschaft noch nicht gang und gäbe gewesen – und dazu habe auch dieselbe Bezahlung gehört. In der Bundesrepublik Anfang der siebziger Jahre war das jedenfalls noch keine Selbstverständlichkeit.

Zunächst nahm der IBM-Nachwuchsmann an einem 18monatigen Trainee-Programm teil, das es für die jungen, unbeleckten Kräfte in sich hatte. Die meiste Zeit verbrachten sie in Hamburg, Berlin oder Düsseldorf. Stets stieg man in First-Class-Hotels ab, die Jung-IBMer wurden rund um die Uhr wie kleine Prinzen behandelt. Die Annehmlichkeiten waren beeindruckend, die Ausbildungslektionen prägend für das gesamte weitere Berufsleben. Auf dem Lehrplan standen Organisation, Vertriebsmanagement, Marketing und nicht zuletzt das Programmieren. Wer durch diese IBM-Schule ging, wurde gewahr, daß er fortan zur Crème de la Crème des Wirtschaftslebens zählen würde. Die IBM-Trainees fuhren nicht wie ihre Zeitgenossen anderer Firmen mit dem Zug zu den Schulungen, die Teilnehmer des US-Computerkonzerns nahmen das Flugzeug. Während die Konkurrenz in einer besseren Jugendherberge abstieg, wurden die IBMmer von den Portiers in den Luxushotels begrüßt und von Pagen auf ihre Zimmer begleitet. Erwin Staudt wohnte sechs Wochen lang im Palace in Berlin, das Personal begrüßte ihn mit „Guten Tag, Herr Staudt", wenn er durch die Drehtüre in die Lounge trat. Der Leonberger war wer – und das gefiel ihm.

Jazz und Entertainment

Die steile Karriere von der Drehtüre des Hotel Palace bis hinauf in die Chefetagen bei IBM ist von vielen günstigen Faktoren befördert worden – ein Grund für das Weiterkommen des Erwin Staudt war dessen musikalische Leidenschaft. Seine Fähigkeit, hervorragend Trompete zu spielen, öffnete das Herz von so manchem Vorgesetzten und damit so manche Tür auf der Führungsetage des Computerriesen. Nicht nur die Songs der Beatles, der Rolling Stones oder der Beach Boys standen bei Erwin Staudt hoch im Kurs, er beherrschte auch die Hits von Louis Armstrong, den Jazz und den Swing. Sogar Dixieland hatte er drauf.

Kurz nach dem Einstieg bei IBM gründeten Staudt und sein Assistentenkollege in der Firma, Günter Salb, eine eigene Band. Zwei Wochen nach dem ersten Arbeitstag fand bereits die erste Probe statt. Die beiden hatten sich gesucht und gefunden, es begann eine durch nichts zu erschütternde Freundschaft. Salb, der schon während des Studiums mit Auftritten in einer Band seine Kasse aufgebessert hatte und mehrere Instrumente spielte, war der Leader eines aufstrebenden Ensembles, das sich Marble Oak Jazzband nannte.

Die Gruppe mit dem brillanten Trompeter Staudt trat bei SPD-Wahlkämpfen in Leonberg auf, „als die Leute noch gar nicht wußten, was Dixieland ist", kramt Salb gerne in alten Erinnerungen. Sie spielten bei lokalen Sportlerwahlen, später auch im damaligen Neckarstadion und bei anspruchsvolleren Anlässen wie beim Grand Prix Ball in Baden-Baden als Begleitband – engagiert für das Hauptprogramm von Udo Jürgens. Der Schlagerstar und Traum vieler Frauen sei ihnen im weißen Bademantel und in Badelatschen auf dem Flur der Künstlergarderobe begegnet, natürlich habe man miteinander gequatscht. Bald kam es dann zu Plattenaufnahmen der Marble Oak Jazzer, hin und wieder spielte man bei Rundfunkfesten des Süddeutschen Rundfunks, des heutigen Südwestrundfunks.

Auf den Namen Marble Oak kam Salb, der in Schönaich bei Böblingen lebte und als gebürtiger Memminger nicht minder bodenständig war als der Rest der Gruppe. Es stießen weitere virtuose Spieler zu der Band, auch weil „Erwin schon früher seine Verbindungen nutzte und viele Freunde und Bekannte hatte", sagt Salb. Egal, wo er hingekommen sei, er habe immer die richtigen und wichtigen Leute kennengelernt. Und nicht nur das: „Sie waren auch immer gern mit ihm zusammen."

Jene, die ihn nicht so genau kannten, konnten ihn wegen seiner flotten Sprüche für einen Dampfplauderer halten. Doch bald kamen sie darauf, daß Erwin Staudt nun mal diesen jovialen Umgang pflegte und intellektuell ganz und gar kein Tieffflieger war. Wurde ein interessantes Thema angeschnitten, erhielt die Konversation rasch Format. Intimus Salb kann sich noch gut an diese Momente erinnern: „Die Leute wunderten sich, was Erwin alles wußte und wie er die Dinge analysierte."

Bei ihren Auftritten ging es oft feucht-fröhlich zu. Salb, damals Posaunist der Marble Oak Jazzband, kommt heute noch ins Schwärmen: Erwin sei ein umwerfender Entertainer gewesen. Zudem glänzte er als versierter Stimmenimitator – das Publikum war platt vor Lachen. Die Jazzer traten bevorzugt in der Stuttgarter Dixielandhall auf – bis in die frühen Morgenstunden. Einmal, nach zwölf Apfelkorn, „hat Erwin seine Trompete nicht mehr gefunden".

Nach kurzer Zeit erhielten die Musiker nicht nur eine ansehnliche Gage, auch im High-Tech-Konzern IBM bewunderte man sie. Um auf die Auftritte aufmerksam zu machen, verschickte Erwin Staudts spätere Chefsekretärin, Birgit Wacker, im Unternehmen E-Mails mit dem Betreff: „Wo spielen sie denn...?" Man schrieb das Jahr 1985, die Dixielandhall wollte gefüllt sein. Am besten brachten die Musiker ihre Fans selbst mit, denn dem Betreiber ging es vor allem darum, Umsatz zu machen. Dank des treuen IBM-Anhangs war das zumeist der Fall – die Auftritte von Erwin Staudt und Co. waren gesichert.

Ein Konzert der besonderen Art gab die Band in Paris im Jazzclub Le Petit Journal auf dem Boulevard St. Michel Anfang der achtziger Jahre. Erwin Staudt hatte das Lokal auf einer Reise an die Seine besucht und am Abend seiner Ehefrau eröffnet: „Das, was die können, können wir auch." Er schrieb an den Monsieur le Chef und erhielt prompt eine positive Antwort. Die Marble Oak Jazzer waren engagiert. Man charterte einen großen Bus, den Karl Krieter fuhr, der mit Staudt im Leonberger Gemeinderat saß und im Berufsalltag einen Krankenwagen steuerte. Krieter besaß einen Führerschein Klasse zwei, und die siebenköpfige Band samt Anhang machte mit ihrem Gefährt die französische Metropole unsicher. In der Rue Jacob ging es weder vor- noch rückwärts, der dicke Bus war beim Abbiegen in der engen Straße steckengeblieben. Irgendwann manövrierte ihn Krieter wieder frei, schließlich mußte man vor dem Auftritt um zehn Uhr abends noch ausladen.

Im Petit Journal standen die Gäste Kopf. Die Einnahmen waren dennoch bescheiden – gerade genug, um an die nächste Straßenecke zu gehen und in einer Bar Calvados für alle zu bestellen. Wiederholt wurde Apfelbranntwein geordert, bis der Wirt abwinkte und bekanntgab, er habe jetzt keinen mehr. Mit einer Handbewegung wanderte der gesamte Auftrittserlös über den Tresen. Auf der Heimfahrt schluckte der Bus dann schneller Sprit, als die Insassen ahnten. Die Nadel war kaputtgegangen und zeigte ständig auf Halbvoll. Der Krankenwagenchauffeur Krieter hatte sich gewundert, daß man offenbar kaum Kraftstoff verbrauchte – bis das Fahrzeug auf der Autobahn bei Reims stehenblieb. Ein Gang zur nächsten Notrufsäule wurde jetzt fällig, und Erwin Staudt bestellte in bestem Schulfranzösisch einen Notfalldienst, der den Tank wieder füllte.

Zum zehnjährigen Bandjubiläum stieg Jahre später in der Leonberger Stadthalle eine ganz exquisite Session. Die Gruppe verstärkte sich mit Dickie Bishop, dem begnadeten Banjo-Spieler und Skiffle-Spezialisten, der in der berühmten Chris Barber Jazz Band für Furore gesorgt hatte. Außer ihm bedurfte es aber auch noch eines Stargastes erster Sahne. Erwin Staudt gelang die Verpflichtung des großen Jazzers Oscar Klein. Er strich eine fette Gage ein, konnte wie kaum ein anderer Trompete, Gitarre, Klarinette und Mundharmonika spielen, sprach als Österreicher und Kosmopolit nebenbei sieben Sprachen – und liebte Weißwein. Der Grazer bat vor dem Auftritt um ein „Glasl", er erhielt es auch, allerdings war ihm der Wein „net koilt" – nicht kalt – genug. Er ließ ihn ein paar Mal zurückgehen und brachte die Marble-Oak-Leute fast zur Verzweiflung.

Im Saal wartete das Publikum ungeduldig, bis es endlich losging, hinter dem Vorhang trank Klein in aller Seelenruhe Weißwein. Der Mann, der mit der fulminanten Dutch Swing

Collegeband in diversen Besetzungen unterwegs gewesen und schon mit Legenden wie Lionel Hampton, Roy Eldridge oder Spiegle Willcox aufgetreten war, dessen Aufnahmen mit der Fatty George Band noch heute begehrte Jazz-Schmankerln sind, konnte als Autodidakt keine Noten. Die Absprachen gestalteten sich schwierig. Auch sonst war er ein bißchen eigen: Er wollte partout nicht mit dem Schlagzeuger der Marble Oaks auftreten.

Erwin Staudt leistete dann einige Überzeugungsarbeit, der Weißwein war endlich kalt genug, und das österreichische Jazzwunder glänzte mit flüssigen Bluesgitarrensoli. Während des Konzerts hatte der Grazer noch ein weiteres Anliegen. Er ließ nicht locker und raunte es Erwin Staudt vor dessen Ansagen in dem ihm ureigenen Dialekt wiederholt ins Ohr. Bis der Bandleader endlich dem Wunsch des Stargastes nachkam und per Mikrofon durchgab, die Damen sollten nach dem Konzert doch bitte da bleiben.

Staudt und Co. spielten regelmäßig bei Geburtstagsfeiern oder Firmenfesten. Meist tobte der Saal. Erst recht, wenn die Musiker ihre Chefs auf die Bühne holten. Man drückte ihnen einfach eine Gitarre in die Hand, zeigte ihnen zwei Griffe, und bei einem passenden Hit ging dann die Post ab. Es war ein Spaß, vor allem, wenn Erwin Staudt den Entertainer gab und mit kessen Sprüchen für beste Unterhaltung sorgte – eine Eigenschaft, die er später auch als Promoter der IBM-Produkte einzusetzen wußte und die ihm als Verkäufer in Kundengesprächen zugute kam.

Dem Konzern kamen diese Fähigkeiten ihrer Nachwuchskräfte gerade recht. Der eloquente Staudt entwickelte sich zu einem brillanten Redner, der seine Zuhörer oft schon nach wenigen Sätzen zu fesseln versteht. „Er hat einen phantastischen Kontakt zu den Kunden entwickelt", resümiert Hans-Olaf Henkel, Erwin Staudts Vorgänger im Amt als IBM-Chef Deutschland und ehemaliger Präsident des Bundesverbandes der deutschen Industrie (BDI). Die Stimmungskanone aus Leonberg veranstaltete für die Klientel launige Nachmittage mit Dixielandmusik und einem passenden kulinarischen Rahmen. Später, als Geschäftsführer in Berlin, servierte er schwäbische Maultaschen. Die Amerikaner waren aus dem Häuschen und reisten immer gerne nach Germany zu ihrem smarten „Örwiiin".

Zu der Konzernspitze im Inland und dem Mutterhaus in den USA bestanden nach wenigen Jahren die allerbesten Beziehungen, Staudt nutzte die Auftritte und Veranstaltungen dazu, auch auf dieser Schiene den Menschen näherzukommen und sie für sich einzunehmen. Auch jene, die über seine Zukunft zu entscheiden hatten. Er legte sich von Anfang an ins Zeug, oft war er rund um die Uhr im Einsatz. Zum Leidwesen seiner Familie, denn bisweilen bekamen sie „den 24-Stunden-IBMer" kaum mehr zu Gesicht. „Wenn Erwin einmal eine Aufgabe übernommen hat, dann verbeißt er sich hundertprozentig darin", sagt Salb, der mit ihm bei IBM die Ausbildung absolvierte. Sein absoluter Einsatzwille habe jedoch auch Nachteile, weil er die Arbeit kaum mehr ausblenden könne. Erwin kann auch heute noch nicht richtig abschalten.

Für seine Karriere, wie überhaupt in seinem ganzen Leben, sind ihm enge Freundschaften schon immer sehr wichtig gewesen. Sie waren und sind die Basis für sein selbstbewußtes Auftreten. Das war früher in jungen Jahren so, und so ist es auch noch heute. Erwin Staudt hat sich ein ganzes Netzwerk von Freunden geschaffen, deren Telefonnummern er in seinem Handy immer mit sich trägt. Bedarf es einer Auskunft oder benötigt ein Gesprächspartner einen Kontakt, ist jemand in Not und benötigt für die Lösung eines Problems Hilfe, genügen ein paar Eingaben auf der Tastatur, und schon hat er den entsprechenden Managerkollegen oder den ehemaligen Vorgesetzten in der Leitung.

Auch der vier Jahre ältere Salb gehört zwanzig Jahre nach dem gemeinsamen Berufs- und Musikerleben nach wie vor zu den engsten Vertrauten von Erwin Staudt. Er sei jemand, sagt Staudt, auf den man sich blind verlassen könne. Einer jener Typen, die man nachts um drei Uhr anrufen und sagen kann: „Du, ich stehe auf der Autobahn bei Sinsheim und habe ein Problem. Und die dann sagen: ‚Mach' die Warnblinkanlage an. Ich komme.'"

Aufstieg an die Konzernspitze

Der Durchbruch als Manager und der Sprung nach Berlin

Zu Beginn seiner beruflichen Karriere war der junge Leonberger alles andere als ein Shooting Star. Bei allem Enthusiasmus und obwohl sich Erwin Staudt mit seinem Arbeitgeber hundertprozentig identifizieren konnte, hatte er das Gefühl, zunächst nicht wirklich voranzukommen. Ihm lag die Arbeit im Vertrieb, und er konnte sich vorstellen, daß er einmal ein guter Verkäufer werden könnte. Jedoch hatte der Konzern anderes mit ihm im Sinn. Er wurde als Programmierer eingesetzt – natürlich war das verbunden mit nächtelanger Arbeit. Häufig waren die Geräte neu, die die Nachwuchsmannschaft im Rechenzentrum zum laufen bringen mußte. „Ich habe schnell festgestellt, das ist nicht mein Ding." Erwin Staudt bemühte sich, den Job gut zu machen. Seine Chefs stellten aber schon bald fest, daß diese Aufgabe nichts für Erwin Staudt war, dessen Begabung woanders besser zur Geltung kam. Im Umgang mit den Kunden war er versierter, als Servicemitarbeiter, der ihnen mit Überzeugungskraft zu einer geeigneten Computerausstattung verhelfen konnte. Und Erwin Staudt wußte Projekte anzustoßen, Treffen zu organisieren.

Zwei Jahre später sollte der Knochenjob ein Ende haben. Im Vertrieb von Dienstleistungen der IBM-Rechenzentren bedurfte es einer fleißigen Kraft, und der Nachwuchsmann sah sich erneut einer nicht einfachen Herausforderung gegenüber. Weil das Unternehmen anfangs mit noch verhältnismäßig hohen Preisen kalkulierte, war es nicht so ohne weiteres möglich, neue Kunden zu gewinnen. Zudem verfügten die Großbetriebe, mit denen IBM ins Geschäft kommen wollte, selbst über Rechenzentren. IBM aber war erpicht darauf, den Service vom eigenen Haus aus anzubieten. Ende der siebziger Jahre lief die Datenübertragung noch mittels Telefonleitungen, entsprechend langsam gingen die Transfers vonstatten. Und ebenso zäh gestaltete sich die Datenausgabe: Über eine Kugelkopfschreibmaschine, die ans Telefon angeschlossen war. Es dauerte, bis eine Liste herauskam.

Das erste Jahr verlief folglich nicht so, wie es sich der knapp 30jährige vorgestellt hatte. Er erreichte seine Umsatzziele nicht. Auch nicht im zweiten Jahr, und die Benotung – die jedes Jahr in dem Unternehmen üblich war – fiel für Erwin Staudt enttäuschend aus. Auf der Skala von eins bis vier erzielte er die Bewertung 2.2. Er wollte Spitze sein, das war er sich schuldig, und haderte mit sich und der Welt. Der Erfolg oder Mißerfolg in dem neuen Geschäftsbereich hing nicht allein von seiner Person ab. Er dachte bereits darüber nach, wie er da wieder herauskommen könnte, ob er vielleicht das Unternehmen wechseln sollte. Dann aber tat sich ein weiteres Türchen auf.

Auf dem Vorstandssessel der Württembergischen Feuerversicherung kam es zu einem Wechsel, und der neue Chef zeigte sich mit dem bisherigen Geschäftspartner, einem Konkurrenten der IBM, reichlich unzufrieden. Er holte neue Angebote für Programmlösungen ein – die Chance für den gebeutelten Jung-IBMmer. Vor allem benötigte die Versicherung schnelle, verbesserte Anwendungsmöglichkeiten für die Lohn- und Gehaltsabrechnung, die Buchhaltung und für die Verwaltung der Hypotheken- und Wertpapierbstände.

Der IBM-Vertriebsleiter Egon Tekath, Staudts Chef, ging durch die Reihen seiner Nachwuchskräfte, die für eine solche Aufgabe in Frage kamen. In dem Großraumbüro machte sich nicht gerade pure Begeisterung breit, jeder hatte schon genügend zu tun. Als alle die Köpfe über ihre Arbeit senkten, streckte Erwin Staudt den Finger und machte sich an das Angebot. Im Grunde war das wieder so eine undankbare Aufgabe, denn es war klar, daß ein anderer aus dem Kreis der Mitbewerber, bei denen die Feuerversicherung anfragte, eine IBM-Offerte leicht ausstechen konnte.

Es war an einem Abend vor dem Jahresende, kurz vor 19 Uhr, der Vertriebsangestellte Staudt wollte Feierabend machen. Draußen ging Schneeregen nieder. Als er das Büro verließ, wäre es ein leichtes gewesen, das Angebot in dem vorbereiteten Kouvert in das Abteilungs-Postfach fallen zu lassen. Da kam ihm ein Gedankenblitz: Sollte er den Brief vielleicht doch noch selbst bei der Versicherung abgeben? Eine innere Stimme sagte ihm: Fahr' hin in die Johannesstraße am Stuttgarter Feuersee und werfe den Umschlag dort in den Firmenbriefkasten.

Als Erwin Staudt vor dem Gebäude der Feuerversicherung ankam, fand er sofort einen freien Parkplatz. Er fragte den Pförtner, ob der Chef noch im Hause sei. Wenig später saß Erwin Staudt im Büro von Lutz Doblaski. Der Versicherungsvorstand hörte interessiert zu und war angetan von den Vorschlägen des jungen IBM-Mitarbeiters.

In enger Absprache mit Doblaski habe er dann später Programmlösungen für die Versicherung entwickelt, erinnert sich Staudt. Damit war der Knoten geplatzt. Der Durchbruch, auf der Karriereleiter weiter nach oben zu gelangen, zeichnete sich ab, weil die Computerfirma mit ihrem eifrigen Angestellten hochzufrieden war. Doblaski und Staudt sind heute noch freundschaftlich verbunden.

Einige Zeit danach, 1982, wurde Erwin Staudt nach München versetzt, erhielt die Stabstelle Region Süd zugeteilt und war dort dem Regionaldirektor Otto von Malaisé unterstellt. Jetzt hatte er Marketingaufgaben zu erfüllen, und endlich war Erwin Staudt in seinem Element. In München sah er weitere Chancen, sich zu profilieren. Er arbeitete seinem Chef von Malaisé zu, „einem vornehmen und warmherzigen Mann." Erwin Staudt sieht ihn noch vor sich: Den feinen Herrn mit seinem gediegenen

Auftritt und seiner menschlichen Art. Er habe die Leute in seinen Bann gezogen.

Das Kapitel München war aber ebenso rasch beendet wie andere Stationen bei IBM zuvor, der unaufhaltsame Aufstieg Erwin Staudts nahm seinen Lauf. Er kehrte von München nach Stuttgart zurück, wechselte auf eine Vertriebsleiterstelle für die Sparten Oberfinanzdirektion, Energieversorgung und Sozialversicherung. Auch hier reüssierte er, nach zwei Jahren wurde er zum Assistenten der Geschäftsleitung Vertrieb und Service befördert und war Bernhard Dorn unterstellt. Staudt war jetzt bereits in die höheren Etagen vorgedrungen: Zu Hans-Olaf Henkel, dem damaligen deutschen IBM-Boß. Weilte die IBM-Führungsriege irgendwo bei einer Veranstaltung, durfte ihm Erwin Staudt in der Bar eine Zigarre der Marke Davidoff Nummer fünf besorgen.

„Wir suchten einen, der uns in Berlin vertreten konnte", erinnert sich Henkel, zu jener Zeit der Vorsitzende der IBM-Geschäftsführung Deutschland. Der Kandidat sollte einen sehr guten Zugang nicht nur zur Berliner Politik haben, sondern auch in die damalige Bundeshauptstadt Bonn, „weil die Vertreter der Bundesregierung immer häufiger in Berlin aufkreuzen würden". Auf seinem Schreibtisch fand Henkel einen Vorschlag vor, den ihm Bernhard Dorn unterbreitet hatte. Erwin Staudt sei für die Berliner Aufgabe der Richtige. Wenn aber ein Geschäftsführer seinen eigenen Assistenten für einen Posten empfiehlt, müsse man generell vorsichtig sein. Wollte er ihn etwa wegloben? argwöhnte der Hanseat Henkel und war skeptisch. Wie würde ein Schwabe in Berlin agieren? Noch dazu einer, der aus Leonberg kam? Vertriebschef Dorn hat Henkel letztlich von den Qualitäten der kontaktfreudigen und gewieften Nachwuchskraft überzeugen können. Es galt, die Berliner Außenstelle wieder auf Vordermann zu bringen, nachdem es dort sehr ruhig geworden war.

Die Berliner Bewährungsprobe

Das Wohl und Wehe der IBM in Berlin hing nach der Zäsur mit dem Vorgänger primär von Erwin Staudt ab. Würde er das Blatt wenden und die Niederlassung in Berlin zu neuer Stärke führen können? Der blitzgescheite junge Mann aus der schwäbischen Provinz kümmerte sich zunächst um die Verbesserung des Teamgeistes. Denn wenn eine Geschäftsstelle Jahre lang nicht erfolgreich war, lag es auch am internen Zusammenhalt und am kommunikativen Miteinander. Die besten Kräfte drohten abzuwandern, nach Hamburg oder nach München.

„Die Ernennung Staudts zum Leiter der Berliner Geschäftsstelle war ein Bombenerfolg. Der Mann ist in dieser Position aufgeblüht und hat seine Talente entwickelt", urteilt der ehemalige deutsche Wirtschaftskapitän aus dem hohen Norden. Der 38jährige Staudt, acht Jahre jünger als Henkel, übernahm die Verantwortung eines Niederlassungschefs, aktualisierte die Betriebsziele und organisierte die Verwaltung noch effektiver. „Die Mitarbeiter haben wieder Selbstvertrauen bekommen, es bildete sich ein Klasseteam, vertriebliche Erfolge stellten sich ein." Staudt habe die Gabe, sagt Henkel, auf die Menschen zuzugehen. Das hat sich auf die gesamte Berliner Truppe niedergeschlagen. Es sei kein Wunder, daß er so erfolgreich gewesen war.

Bei IBM war die Fähigkeit, Personal zu motivieren, eine der Hauptvoraussetzungen, um es im Unternehmen zu etwas zu bringen. Die IBM übergab nur solchen Mitarbeitern Personalverantwortung, die dazu imstande waren. Der ehrgeizige Nachwuchsmanager ist ein klassisches Produkt dieser Personalpolitik gewesen. Daß Staudt seine Mitarbeiter mitzureißen verstand, bestätigt auch die einstige IBM-Chefsekretärin Birgit Wacker. Er habe sie mit ins Boot genommen und ihnen die Ziele verständlich gemacht. Dabei sei er „ziemlich unautoritär vorgegangen", was man von Hans-Olaf Henkel nicht unbedingt sagen könne. Staudt setzte auf Gespräche und auf die Einsicht seiner Truppe. Nie entschied er etwas „par ordre du mufti". Der Sozialdemokrat legte Wert auf Teamwork und setzte damit hundertprozentig die amerikanische Firmenphilosophie um. Offenheit und Direktheit im Umgang mit den Mitarbeitern zu üben gehörte zum Credo genauso wie das offensive Zugehen auf die Kunden.

Lange Jahre zog sich die IBM selbst ihre Managementtalente heran und mußte für die oberen Führungsebenen kaum jemand von außen holen. Umgekehrt gab der Computerriese aber regelmäßig Topleute an die Industrie ab, die dort Karriere machten. Zu den erfolgreichen Exporten von IBMern in andere Firmen gehörten zum Beispiel Erwin Conradi, der nach seinem Abgang lange Jahre als Chef erfolgreich den Metro-Konzern lenkte. Oder Reiner Maria Gohlke, der Präsident der Deutschen Bundesbahn, später kurzzeitiger Präsident der Treuhandgesellschaft und schließlich Vorsitzender der Geschäftsführung des Süddeutschen Verlages. Und Dieter Leister, der den Sessel des Aufsichtsratsvorsitzenden der Deutschen Telekom erklomm.

Die innerbetriebliche Motivation der Mitarbeiter fußte auf besonderen Mitwirkungsmöglichkeiten. „Wir hatten als erstes deutsches Unternehmen alle zwei Jahre eine anonyme Mitarbeiterumfrage. Jeder konnte der Firma mitteilen, was er von seinem Chef hielt oder was ihm nicht paßte. Das war damals absolut neu in Deutschland", sagt Henkel, der selbst bei IBM eine beachtliche Karriere machte. Er trat 1962 in den Betrieb ein und wurde 1987 zum Vorsitzenden der Geschäftsführung berufen. Zudem fungierte er als der erste und bisher einzige Vizepräsident der Corporation und schließlich als Chef der IBM Europa, Mittlerer Osten und Afrika.

Die Ergebnisse solcher Umfragen sind veröffentlicht worden – das Management hatte also fortlaufend dem Druck der Mitarbeiter standzuhalten. In der Hierarchie stiegen nur jene höherrangigen Angestellten auf, die mit den Mitarbeitern klarkamen. Diese Personalpolitik war richtungsweisend, heute hat sie sich in vielen deutschen Firmen durchgesetzt.

Die Beschäftigten im IBM-Konzern hatten aber auch die Möglichkeit, sich außerhalb der Meinungsumfragen in einem Programm, das „offen gesagt" hieß, anonym über etwas zu beschweren. Innerhalb von zehn Tagen mußte der verantwortliche Manager Rechenschaft ablegen. Darüber hinaus praktizierten die Beschäftigten des Computerriesen „die Politik der offenen Tür". Jeder hatte das Recht, sich bei einem übergeordneten Manager über seinen direkten Vorgesetzten zu äußern. „Danach wurden dann Untersuchungen vorgenommen, die mitunter dazu geführt haben, daß der Vorgesetzte abgelöst wurde", so Henkel, der seit 2001 als Honorarprofessor an der Universität Mannheim internationales Management lehrt. Die Bandbreite der Eingaben war enorm. Es ging zwar meist um geschäftliche Abläufe, manchmal aber auch um Spesenbetrug, Mobbing oder um sexuelle Belästigung am Arbeitsplatz.

Für seinen ehemaligen Chef Henkel hat Staudt ein Talent bewiesen, das eher selten sei und einen wahren Topmanager auszeichne: Staudt habe wie kaum ein anderer den Wert der Firma vermitteln, ihn durch seine Persönlichkeit transportieren und den Kunden nahebringen können. Das war auch nötig, denn das Computerunternehmen hatte sich in Berlin großer Konkurrenz zu erwehren. Neben den Platzhirschen Siemens und Nixdorf teilten sich noch Hewlett-Packard, Digital Equipment, NCR, Borroughs und japanische Firmen den Umsatzkuchen. IBM mußte sich schon anstrengen, ein Stück davon abzukommen. Die Großkunden hatten die Qual der Wahl. Gute Kontakte zu den jeweiligen Führungsetagen waren deshalb das A und O, weil besonders die Entscheidungen über das Equipment der Informationstechnik ganz oben in der Hierarchie getroffen werden: Vom Firmenchef selbst, vom Vorstand oder vom Finanzchef. Für den Niederlassungsleiter Staudt, der lediglich als Vertreter einer deutschen Tochter eines amerikanischen Unternehmens auftrat, war es also entscheidend, von den Vorständen und Chefs großer Firmen akzeptiert zu werden, im Haifischbecken Berlin, wo ein seit Jahren gewachsenes Netzwerk mit Seilschaften bestand.

„Ihm ist das auf eine unglaubliche Art und Weise gelungen", schwärmt das Nordlicht Henkel heute noch, von dem man weiß, daß er als wahrer Asket wenig von Lobeshymnen hält. Erwin Staudt gehe mit einer unglaublichen Unverkrampftheit auf Leute zu. Ebenso unbekümmert begegnete der kleine, drahtige Nobody aus Leonberg auch „den hohen Tieren aus Wirtschaft und Politik" und entwaffnete sie mit Offenheit und Nonchalance. Das waren sie nicht gewohnt, das war unüblich.

„Der typische deutsche Unternehmenschef erwartet, daß ein Niederlassungsleiter den Bückling macht, wenn er ihm etwas verkaufen möchte", unterstreicht der Managementexperte Henkel. Angeblich wichtige Menschen pflegen die Distanz, um ihre Macht zu demonstrieren. Erwin Staudt hat das nicht beeindruckt. Im Gegenteil, er beeindruckte die scheinbar unnahbaren Bosse. Ungeachtet der Hierarchie ist er immer derselbe und geht entwaffnend freundlich auf Menschen zu. „So daß sie gar nicht dazu kommen zu fragen: was will der eigentlich von mir? Nein, wer so nett angesprochen wird, reagiert in der Regel ebenso nett", weiß der selbst manchmal brummige Henkel.

Erwin Staudt personifizierte das, was Henkel bei IBM zu kultivieren versuchte. Henkel wollte eine Atmosphäre schaffen, in der Widerspruch nicht nur akzeptiert wurde, sondern auch gedeihen konnte. Der Hanseat zeigte sich ebenfalls unerschrocken, direkt und offen, bisweilen respektlos, dann wieder konnte er ausgesucht freundlich sein und überaus höflich auftreten. Henkel hatte einen würdigen IBM-Vertreter gefunden, einen

Mann, dem er die Aufgabe in Berlin ursprünglich eigentlich gar nicht anvertrauen wollte.

Der neue Berliner IBM-Chef Staudt knüpfte den Kontakt zur Industrie- und Handelskammer und ließ sich für die Vollversammlung nominieren. Er trat in den Verein Berliner Kaufleute und Industrieller ein, in dem er heute noch Mitglied ist. Erwin Staudt versuchte immer dort zu sein, wo sich die Entscheidungsträger tummelten. Zur IBM-Klientel zählte die Schering AG, die Sparkasse Berlin, die Berliner Verkehrsgesellschaft. Er forcierte das Geschäft mit dem Mittelstand, bei dieser Klientel machte er besonders Nixdorf Kunden abspenstig. Darüber hinaus führte er die erste Telefonakquise in Berlin ein. Die Umsatzkurven zeigten bald wieder deutlich nach oben, jedes Jahr wurden die Ziele erreicht, meist lagen die Zuwächse im zweistelligen Prozentbereich. In den dreieinhalb Jahren von 1986 an hatte Erwin Staudt „den Laden wieder hochgebracht".

Edzard Reuter und die Kunst als Katalysator

Eine Begegnung in Berlin sollte dem Berufsleben des Leonbergers dann eine entscheidende Wendung geben. Von 1987 an lenkte Edzard Reuter die Daimler-Benz-AG auch von Berlin aus und war wohl damals der bedeutendste Wirtschaftsboß in Deutschland. Er erweiterte den Automobilkonzern und sorgte für neue Geschäftsfelder. Das Nachrichtenmagazin „Der Spiegel" warf die Frage auf, wer wichtiger sei in Deutschland, Kanzler Kohl oder Edzard Reuter, der feinsinnige und gebildete Sohn des berühmten Vaters und ehemaligen Regierenden Bürgermeisters von Berlin.

Selbstverständlich spielte Reuter auch im Berliner Netzwerk eine wichtige Rolle. Vor dem Daimlerchef sollte Erwin Staudt Michael Fernholz kennenlernen, der ihn als Vorstandsmitglied der Deutschen Bank Berlin AG, einer Tochter der Deutschen

Bank in Frankfurt a. M. zu sich zu geschäftlichen Gesprächen eingeladen hatte. Sie trafen sich ein zweites Mal im Büro von Fernholz, wo Staudt auf Werke des Berliner Malers Günter Scharein stieß, die ihn durchaus interessierten. Zwar war auch die IBM im Besitz einer ansehnlichen Kunstsammlung, doch hatte Erwin Staudt bis dato nicht wirklich einen Bezug zur Kunst gehabt.

Ein paar Wochen später, es war kurz vor dem Fall der Mauer, begegneten sich Fernholz und Staudt bei der Krone AG, dem großen Telekommunikationshersteller, zur Grundsteinlegung der neuen Konzernzentrale. Auch Helmut Kohl war da, man feierte in einem Zelt „und mit Pipapo". Man sei gut zugange gewesen, erzählt Erwin Staudt, mit ein paar Gläschen intus. Staudt hatte kein Auto dabei und Fernholz fragte ihn, ob er mit ihm in seinem Dienstwagen in die Stadt fahren wolle. Er müsse ins Charlottenburger Schloß, in die Orangerie, dort werde eine Ausstellung eröffnet. Ob er ihn begleiten wolle. Erwin Staudt willigte ein. Er lernte den Maler mit den gepunkteten Bildern kennen, die Fernholz in seinem Büro hängen hatte. Scharein hatte seine Haare zu einem Pferdeschwänzchen zusammengebunden, zeigte sich sehr umgänglich und führte den IBM-Niederlassungsleiter in sein Schaffen ein. Später speiste man dann zusammen in einem italienischen Lokal und plauderte über dies und das. Staudt kam mit Scharein überein, auch in den Firmenräumen der IBM am Ernst-Reuter-Platz ein paar Arbeiten von ihm zu zeigen.

Erwin Staudt verließ sich wieder einmal auf seinen Instinkt: Warum sollte er nicht auch auf die Kunst setzen? Ohne eine leiseste Ahnung organisierte er in seinem Firmendomizil eine Ausstellung, die seiner Karriere sehr förderlich werden sollte.

Aus der Kasse für Renovierungen nahm er 20 000 Mark, um die nötigen Stellwände zu besorgen. Der eigenwillige Scharein sorgte selbst für die Hängung. Staudt waren es zuwenig Bilder, doch der Künstler beharrte darauf, seine Werke so sparsam zu präsentieren. Zur Eröffnung der Ausstellung wollte der IBM-Chef einen Redner aus der Kunstszene gewinnen. Doch Scharein hatte eine andere Idee. „Wir werden Edzard Reuter fragen", sagte er zur Verblüffung Staudts. Er selbst werde das übernehmen. Was der IBM-Leiter nicht wissen konnte: Der vielbeschäftigte Daimler-Boß engagierte sich seit vielen Jahren als Vorsitzender der Karl-Hofer-Gesellschaft in Berlin, die junge Künstler förderte. Und er sammelte Scharein-Werke. Erwin Staudt war sofort klar: Daraus konnte ein riesiges Kundenevent werden – und eine Chance für ihn, wenn Reuter wirklich käme. Ein Zusammentreffen mit ihm war in etwa wie eine Audienz beim Papst: „Er spielte in einer Liga, an die ich damals nie einen Gedanken verschwendet habe. Nie hätte ich daran gedacht, einmal in diese Kreise zu kommen." Es war *die* Gelegenheit: Mit der Ausstellung konnte er seinen Chef endlich einmal nach Berlin locken. „Bumm, bumm, Henkel", wie dieser in der Presse wegen seiner markigen Worte genannt wurde, der mit seiner Meinung nicht hinter dem Berg hielt, und eine Sprache pflegte, die man auch bei der Zeitung mit den vier Buchstaben verstand und der so für das größtmögliche Medieninteresse sorgte.

Der vielbeschäftigte IBM-Deutschlandchef hatte bisher wichtigere Niederlassungen als jene in West-Berlin mit seiner Anwesenheit beglückt. Berlin war damals noch vom Bundesgebiet weitgehend abgenabelt und nahm eine Sonderstellung ein. Staudt rief in der Stuttgarter IBM-Zentrale an. Er war sich seiner Position bewußt, schließlich war er lediglich ein kleiner Niederlassungsleiter und mußte schon seine ganze Courage aufbieten. Wie erwartet, wurde er von der damaligen Chefsekretärin Henkels abgewimmelt. Am anderen Ende der Leitung war Birgit Wacker, die später im Unternehmen seine rechte Hand werden sollte. Birgit Wacker kann sich an das Gespräch noch gut erinnern. Auch Erwin Staudt hat es nicht vergessen.

Wacker weiß ihre Rolle von damals einzuordnen: „Diese Sache trägt er mir – mit einem Schmunzeln – heute noch nach."

Der Berliner IBM-Leiter versuchte ihr zu erklären, daß kein geringerer als Edzard Reuter die Ausstellung in der IBM-Niederlassung eröffnen werde und daß er deshalb ihren Chef Henkel einladen wolle. Sie hielt das für ziemlich absurd und erklärte ihm in ihrem schwäbischen Dialekt kurz und knackig: „Des glaub' i net." Auch ihr Chef Henkel zog offenbar in Zweifel, ob sich der Mercedes-Grande wirklich die Ehre geben würde und meinte, man kenne doch den Staudt, der sei schon immer optimistisch gewesen. Unbeirrt verschickte dieser die Einladungen – eine auch nach Stuttgart in die IBM-Zentrale. Er wollte sich den Vorwurf ersparen, daß Reuter seine Aufwartung gemacht habe und Henkel dies entgangen sei.

Drei Tage vor der Veranstaltung kamen der Staatsschutz und die Polizei. Sie inspizierten das IBM-Bürogebäude – schließlich bedrohte damals die Terrorgruppe RAF das Land – und gaben es sicherheitstechnisch frei. Dem Besuch Edzard Reuters stand von dieser Seite nichts mehr im Wege. Einen Tag vor dem Event griff Erwin Staudt nochmals zum Telefonhörer und rief ein weiteres Mal in Stuttgart an. Die Sekretärin Henkels erklärte dem überraschten Niederlassungsleiter: Ihr Chef würde kommen.

Wie Erwin Staudt später erfuhr, hatte Scharein ebenfalls das Büro von Hans-Olaf Henkel darüber informiert, welchen prominenten Einführungsredner sie gewonnen hatten. Dem Künstler hatte man offenbar geglaubt. Henkel nahm das Firmenflugzeug und ließ sich nach Berlin-Tempelhof fliegen, wo IBM als amerikanische Firma über eine Landeerlaubnis verfügte.

In der Berliner IBM-Niederlassung war alles bestens organisiert. Staudt begrüßte als Hausherr die Gäste und hatte Hans-Olaf Henkel eine Rede vorbereitet, damit er etwas über die Firma und ihre Ambitionen in Berlin sagen konnte. Doch Henkel winkte ab. Was völlig ungewöhnlich war. Er, der sonst gerne am Rednerpult stand und ganze Salven loszulassen pflegte, wollte nicht reden? Staudt selbst war es vorbehalten, ein paar Sätze über sein Wirken kundzutun.

Erst später erfuhr er, daß sein Chef am Tag der Ausstellungseröffnung ziemlich geplättet in der IBM-Niederlassung angelangt war. Während des Fluges hatte ihm dessen Presse- und Öffentlichkeitschef Lutz Grüttke, der ihn nach Berlin begleitete, völlig überraschend erklärt, daß er Chef einer großen Werbeagentur werde, später für die Berliner Olympia GmbH arbeiten wolle und daß er deshalb kündige.

Hans-Olaf Henkel hatte das Event am Ernst-Reuter-Platz dennoch aufmerksam verfolgt und war vom Ablauf äußerst angetan. Der Daimlerchef und er kamen überein, daß sie selten eine so schöne Ausstellung gesehen hätten. Am Abend dinierte man noch bei einem Italiener. Henkel war nun völlig beeindruckt und wußte den Stellenwert des Treffens entsprechend einzuordnen: „Staudt hatte Edzard Reuter, andere Kunden und mich eingeladen. Das war etwa so, wie wenn ein Geschäftsstellenleiter von SAP Herrn Ackermann von der Deutschen Bank mal eben in ein Restaurant um die Ecke bitten würde. Der würde ihm was husten."

Nach der Verabschiedung Henkels ließ der Anruf aus Stuttgart nicht lange auf sich warten. Zwei Tage später klingelte im Büro von Erwin Staudt das Telefon. Er solle umgehend einen Flug nach Stuttgart buchen. Gespannt stieg der Niederlassungsleiter in einen Flieger, und Henkel fragte ihn, ob er sich einen Umzug zurück nach Stuttgart vorstellen könne. Er könnte den Posten des Generalbevollmächtigten für die Öffentlichkeitsarbeit in Deutschland übernehmen. Erwin Staudt machte in Gedanken einen Luftsprung.

Henkel hatte zuvor mit dem Geschäftsführer Bernhard Dorn darüber gesprochen, wer den vakanten Job des Presse- und

Öffentlichkeitschefs übernehmen könne. Es sei eigentlich kurios gewesen, jemanden damit zu beauftragen, der „nur" Vertriebserfahrung hatte, so HOH, wie der IBM-Deutschlandchef intern mit Kürzel firmierte. „Es war außergewöhnlich, daß wir auf Staudt kamen, denn auch die Vorgänger in diesem Amt waren gelernte Öffentlichkeitsarbeiter. Als Dorn ihn mir vorschlug, habe ich sofort zugestimmt. Ich fand das eine tolle Idee."

Für Lutz Grüttke im übrigen sollte sein Abgang von IBM und der neue Job unter keinem guten Stern stehen. Daimler-Benz, Sponsor und Motor der Berliner Olympia-Bewerbung, soll offenbar diesen Personaltransfer in die Wege geleitet haben. Die Ironie der Geschichte: Edzard Reuter selbst kämpfte mit Grüttke an seiner Seite erfolglos um den Zuschlag für Olympia. Die Spiele sollten nicht in Berlin stattfinden, sondern in Sidney.

In ihrer gemeinsamen Berliner Zeit lernten sich Edzard Reuter und Erwin Staudt noch näher kennen. Der Daimler-Chef war damals gleichzeitig Aufsichtsratschef der Berliner Bank und schätzte inzwischen die Fähigkeiten des Netzwerkers der IBM. Reuter fragte ihn, ob er für den neuen Verbund der Berliner Bank, zu dem die Berliner Hypothekengesellschaft, die Landesbank Berlin und die Berliner Sparkasse gehörten, in den Aufsichtsrat gehen wolle. Er willigte dankend ein und wurde Nachfolger von Edzard Reuter in der Berliner Bankerszene.

Gleichzeit schlug der Daimlerchef den Leonberger als seinen Nachfolger für den Vorsitz in der Karl-Hofer-Gesellschaft vor. Und Erwin Staudt trat ein zweites Mal in die Fußstapfen des berühmten Berliner Sohnes, dessen Vater Ernst Reuter wiederum vor Jahren in der Künstlerstiftung das Sagen hatte. Heute ist sie mehr als 50 Jahre alt. Der VfB-Präsident ist darauf besonders stolz, vor allem, weil er als Vorsitzender nach wie vor gleichsam als legitimer Erbe der kunstliebenden Reuterfamilie in der Hofer-Gesellschaft wirkt.

Die Rückkehr nach Stuttgart und der weitere Aufstieg

„Wenn du bei IBM gefragt wirst, ob du einen Job machen möchtest, mußt du ihn annehmen. Sonst wirst du nie wieder befördert." In der Familie habe eigentlich niemand aus Berlin wieder wegziehen und nach Leonberg zurück wollen. Man hatte gar keine andere Wahl, als von seinem geliebten Berlin Abschied zu nehmen. Ganz abgesehen davon stand ein spektakulärer Karrieresprung bevor. Der 42jährige wurde die linke Hand von HOH, dem kantigen Chef, der die neun Etagen zu seinem Arbeitszimmer über das Treppenhaus zurückzulegen pflegte. Er sollte einen prägenden Einfluß auch auf Erwin Staudt haben. Was der heutige VfB-Präsident an ihm besonders schätzt, ist dessen „Fähigkeit zur scharfsinnigen Analyse". Henkel erkenne „ganz schnell, wie etwas läuft, trifft umgehend seine Entscheidungen und setzt diese sofort um." Henkel hatte im Alter von 22 Jahren bei IBM angeheuert. Als IBM-Chef von Deutschland herrschte er sechs Jahre lang über rund 30 000 Mitarbeiter.

Viele im Unternehmen schlugen zunächst die Hände über dem Kopf zusammen, wie Henkel so einem diese Aufgabe anvertrauen könne. Als Generalbevollmächtigter für Unternehmenskommunikation der Firma hatte Erwin Staudt intern und extern die gesamte Kommunikations- und Öffentlichkeitsarbeit sowie die Messeveranstaltungen mitsamt der Werbung zu verantworten. Und er konnte auf einen Etat von 80 Millionen Mark zurückgreifen. Manche trauten ihm das nicht zu. Kaum einer kannte ihn, und Erwin Staudt kannte die Kollegen in der Hauptverwaltung nicht. Doch er war wieder einmal in seinem Element und führte vor allem viele Gespräche. Er ließ nicht nur flotte Sprüche los nach dem Motto „let's fetz". Wo Staudt auftrat, verströmte er Dynamik, und er sorgte für die entscheidenden Weichenstellungen. Die Aufgabe entsprach seinem Naturell: Menschen zusammenzubringen und den Konzern positiv darzustellen.

Im Unternehmen gab es Ende der achtziger Jahre einige Baustellen. Zum Beispiel die Chipfabrik in Böblingen. Die Vier-Mega-Bit-Fertigung, eine neue Produktionslinie in der Republik, technologisch einmalig, wurde mit einem Festakt und im Beisein höchster deutscher Amts- und Funktionsträger eingeweiht. Bundeskanzler Helmut Kohl war mit dem Helikopter eingeflogen, landete auf dem Firmengelände und drückte den Startknopf für die IBM-Fertigung. Hans-Olaf Henkel führte mit dem Regierungschef eine Stunde lang ein Unter-Vier-Augen-Gespräch, danach begoß man das Ereignis bei einem Stehempfang. Dies zu organisieren und pressemäßig begleiten zu lassen, war 1989 die erste Aufgabe des frisch gebackenen Öffentlichkeitschefs.

Um den Produktionsfluß aufrechtzuerhalten, sollten die Maschinen in der IBM-Fabrik in Böblingen sieben Tage in der Woche laufen. Schließlich konnte man die Chipfertigung freitags nicht um 17 Uhr beenden und erst am Montag wieder aufnehmen. „Dazu waren die Fertigungsabläufe einfach zu komplex und mußten kontinuierlich über die Bühne gehen", sagt Erwin Staudt. Dies war keine politische Frage, sondern ein rein wirtschaftliches und technisches Problem. Außerdem sei es um die Erhaltung von zahlreichen Arbeitsplätzen gegangen.

Die Auseinandersetzung wurde in der breiten Öffentlichkeit geführt, es war *das* gesellschaftspolitische Reizthema schlechthin. Auch der damalige Bundeskanzler Helmut Kohl trat für die Sonntagsarbeit ein – ein Novum, daß sich ein Regierungschef in einen Tarif- und Arbeitsstreit einmischte –, und die SPD schoß dagegen. Ein Problem für „den roten" Erwin Staudt? Mitnichten. „Die Sonntagsarbeit ist der richtige Schritt in die richtige Richtung gewesen", meint er noch heute. Bei den Genossen sieht man das inzwischen auch so. Damals jedoch schlugen die Wogen hoch, die Kirche und die Gewerkschaften liefen Sturm. Letztlich setzte sich Henkel dann durch und erhielt die Erlaubnis zu einer Sieben-Tage-Woche.

Ähnlich kontrovers ist auch Henkels Vorstoß in Sachen Heimarbeit am PC diskutiert worden, den er seinen Mitarbeitern antrug. Als erstes Unternehmen in Deutschland führte der Computerriese für 200 Beschäftigte die Telearbeit ein.

Am schärfsten wurde Henkel stets von der IG-Metall angegangen. Die Gewerkschaft befürchtete, der Hanseat würde mit seiner Firmenpolitik „das Rad noch hinter Adenauer zurückdrehen" wollen. Mit Argwohn verfolgte sie, ob nun Bosse wie Henkel „das wieder einkassieren, was sie in den fetten Jahren weggegeben hatten". IG-Metall-Chef Klaus Zwickel sah zu Hans-Olaf Henkel „keine Brücke mehr". Der IBM-Chef unterlaufe den Flächentarifvertrag und propagiere als „knallharter Kapitalist die Ellenbogengesellschaft". Noch heute ist der Industriechef froh, den intelligenten Staudt an seiner Seite gehabt zu haben, der eine geschickte Pressearbeit betrieben und immer eifrig die Angriffe abgewehrt habe.

Der IBM-Kommunikationschef tat seiner Firma und seinem Chef aber auch in anderer Weise Gutes und spielte, ohne es vorher zu wissen, Schicksal. Zusammen mit dem Wochenmagazin „Stern" hatte er 1990 vereinbart, daß IBM der neue Hauptsponsor von „Jugend forscht" werden sollte. Für die Firma war das natürlich eine besondere Chance, sich bei Politikern und nicht zuletzt bei seinen Kunden hervorzutun. Der Computerkonzern verfügte schließlich damals allein in Deutschland über fünf Fabriken und über fast 2000 Forscher und Entwickler. Der IBM-Beitrag war durchaus öffentlichkeitswirksam, Erwin Staudt hatte einmal mehr einen echten Coup gelandet, auch deshalb, weil die deutschen Mitbewerber wie Siemens, SAP oder Nixdorf bei „Jugend forscht" außen vor waren.

Henkel flog am 15. Mai 1990 nach Hamburg, um dort an der Live-Übertragung von „Jugend forscht" teilzunehmen. Die Sendung moderierte Günther Jauch. Staudt hatte alles eingefädelt, und Henkel konnte dem Publikum erklären, welche Bedeutung der amerikanischen Tochter des Weltkonzerns zukam. Der 50jährige Henkel hätte seinen Auftritt danach wohl bald wieder vergessen, wenn er dort nicht eine wunderschöne, rothaarige, schwarz gekleidete Frau in einem Minirock getroffen hätte. Als Sozialpsychologin von der Technischen Universität Berlin war sie ebenfalls zu der Sendung eingeladen worden. Für Henkel war es Liebe auf den ersten Blick, doch nach der Sendung war sie plötzlich verschwunden. Der verzweifelte IBM-Chef suchte einen Vorwand, die Dame erneut zu treffen und erklärte seinem Mitarbeiter Staudt, er müsse sie unbedingt sprechen, denn ihr Thema „Mädchen und Technik" sei für IBM von immenser Bedeutung. Schließlich tue man sich schwer, junge Frauen mit naturwissenschaftlichem Hintergrund einzustellen und zu fördern. Dem Adjutanten leuchtete der Wunsch ein, er spürte die ansehnliche Dame noch vor ihrer Abreise auf und überredete sie, am Nachmittag auf die Abschlußfeier der Preisträgersendung des „Stern" in die Hafenhallen am Hamburger Fischmarkt mitzukommen. Dann jedoch trennten sich die Wege, Henkel ging die Traumfrau nicht mehr aus dem Kopf. Aber Erwin Staudt wäre nicht Erwin Staudt, hätte er nicht die Handy-Nummer von ihr gehabt. Hans-Olaf Henkel und sein Schwarm von der Berliner TU sind seit 18 Jahren ein Paar und inzwischen längst verheiratet.

Auch beruflich gab es für Henkel immer neue Herausforderungen. 1993 trat er mit den Servicebereichen von IBM und insgesamt 24 000 Beschäftigten aus dem Metallarbeitgeberverband von Baden-Württemberg aus und schloß gegen den Protest der IG Metall einen Haustarif mit der Deutschen Angestelltengewerkschaft ab. Ein Fall, der die Arbeitsgerichte beschäftigte.

Es war ein kühner Schachzug des Wirtschaftsführers im Tarif-konflikt, auf daß die IBM nicht in weitere Verhandlungen um die 35-Stunden-Woche verstrickt werde. Freilich wurde der Wirtschaftsboß auch hierfür heftig angefeindet. Kein leichter Job, den Erwin Staudt da als Pressechef übernommen hatte.

Nicht weniger anspruchsvoll war die nächste Aufgabe, die er im Juli 1992 übertragen bekam: Die Leitung des PC-Geschäftes in Deutschland. Erwin Staudt mußte wieder von vorne anfangen. Manche Mitarbeiter standen ihrem neuen Chef kritisch gegenüber. Erwin Staudt kam aus der Öffentlichkeitsarbeit – ohne viel Ahnung vom PC-Markt. „Die Zeit der hohen Margen ist vorbei", schrieb die „Computerwoche". Das PC-Geschäft lief schlecht, zudem gab es Ärger mit der Händlerorganisation der IBM. Der Absatz war ins Stocken geraten, der Preiskampf in vollem Gange. IBM hatte 1985 einen sogenannten Händler-kanal geschaffen, der exklusiv auf IBM-Produkte ausgerichtet war. Im Laufe der Zeit hatten die Händler auch Compaq und Hewlett-Packard in ihr Sortiment aufgenommen und setzten IBM damit unter Druck. Der Konzern brauchte jemanden, der wieder für Harmonie sorgte und die Händler auf eine gemein-same Linie einschwor.

Der neue Niederlassungschef führte sogenannte Händlertage ein, an denen sich alle trafen, um über die Preispolitik und das Marketing zu diskutieren. Es ging darum, klarzumachen, daß IBM die besten Produkte anzubieten hatte. Nach der internen Werbeoffensive stellten sich allmählich Erfolge ein, mit Erwin Staudt hatte das Unternehmen einmal mehr auf den richtigen Mann gesetzt. Nach knapp zwei Jahren hatte er neue Teams geschaffen, die den Händlerkanal im Griff hatten.

„Man muß ehrgeizig sein – das ist der gute Erwin. Auch wenn man ihm das gar nicht so ansieht. Man muß sich Ziele setzen, hart arbeiten. Erwin war enorm fleißig", urteilt heute Hans-Olaf Henkel. Diese Eigenschaften brachten auch die internen Konkurrenten oder andere Bewerber von außen mit. Aber den Leonberger habe neben dem Sachverstand, einer raschen Auffassungsgabe und einem ungeheuer guten Gedächtnis noch etwas Weiteres ausgezeichnet, das Henkel auf den Nenner bringt: „Entscheidend war, daß Erwin die Menschen mitnahm in seiner Erfolgsspur." Der erfolgreiche IBM-Manager sollte deshalb bald an der nächsten Front eingesetzt werden. Der damalige Deutschlandchef Edmund Hug, unmittelbarer Nachfolger von Henkel, setzte ihn deutschlandweit als Geschäftsführer des Vertriebs ein.

Allerdings wußte Staudt nicht, daß der Computerriese gerade weltweit an einer Umorganisation arbeitete, welche die nationale Vertriebsorganisation mehr oder weniger überflüssig machte. Nach einem halben Jahr stand er deshalb ohne Aufgabe da. Hug schickte Staudt im Oktober 1994 als General Manager für das Competitive Marketing nach Paris, wo er eine europaweite Organisation aufzubauen hatte, die sich um die Mitbewerber kümmern und die Wettbewerbssituation verbessern sollte. Erneut initiierte er die Ausbildung von Mitarbeitern, diesmal in sämtlichen europäischen Ländern, sorgte für das Briefing, deren strategische Ausstattung mit Argumenten, er kümmerte sich um die Logistik der Bürotechnik und instruierte seine Mitarbeiter bei der geschickten Vermarktung von IBM-Produkten.

Wieder ein halbes Jahr später stieg er dann zum Vice President Marketing für Europa auf und war von Juli 1995 bis Oktober 1998 weltweit als Global General Manager verantwortlich für das Geschäft mit den Unternehmen der Grundstoffindustrie, also in den Bereichen Stahl, Chemie, Pharma, Öl und Petroleum. Erwin Staudts Sekretärin saß in Stuttgart, der Mitarbeiterstab in White Plains in der Nähe von New York, und die Software Entwickler befanden sich in Houston/Texas. Der Leonberger wurde zum Globetrotter.

Ein Jahr bevor Staudt in die französische Hauptstadt beordert worden war, hatte das amerikanische Mutterhaus den IBM-Chef Deutschland Hans-Olaf Henkel zum Präsidenten der Europa-Zentrale von IBM in Paris gemacht. Er erhielt zwar über immer mehr Länder die Aufsicht, hatte aber weniger zu sagen. IBM war weltweit zu einem Sanierungsfall geworden. Die Amerikaner reagierten darauf mit einer Zentralisierung der Macht im US-Firmenhauptquartier. Henkel sah sich mehr und mehr auf dem Abstellgleis, eckte bei der US-Konzernspitze an und schied aus dem Konzern aus. „Ich hatte die Selbständigkeit sowohl in Deutschland als auch in Paris immer genossen, aber als sie bedroht wurde, bin ich gegangen", sagt Henkel rückblickend. „Meine Nachfolger haben sie dann schon nicht mehr gehabt, weder die Chefs der IBM Deutschland noch die von IBM Europa", fügt er hinzu.

Zu jener Zeit, 1994, suchte der Bundesverband der deutschen Industrie (BDI) einen neuen Präsidenten. Als Henkel nach Deutschland zurückkehrte, kam er wie gerufen. Daimler-Benz-Chef Reuter, ein Segelfreund Henkels, setzte sich für ihn ein, und der ehemalige IBM-Topmanager wurde zum neuen BDI-Chef gewählt.

Währenddessen wohnte Erwin Staudt in Paris standesgemäß im 16. Arrondissement. In der Avenue Foch 37, unweit der Place de L'Etoile. Die Wohnung übernahm er von einem norditalienischen Bekannten namens Elio Catania, der stets edel gekleidet gewesen war. Catania sollte später der Chef der italienischen Eisenbahngesellschaft werden. Eines Tages hatte Catania Staudt erzählt, daß er nach Italien versetzt und seine Wohnung frei werde. So kam der Leonberger zu dieser feinen Adresse, zu einem vornehm mit Stilmöbeln ausgestatteten Drei-Zimmer-Appartement, noch dazu sehr praktisch gelegen nahe der Metrostation der Place de L'Etoile, die er leicht zu Fuß erreichte. Von dort aus nahm er, wenn er in Paris zu tun hatte, die U-Bahn hinaus nach La Défense zum IBM-Sitz.

Auf den Verkehrsachsen von Paris herrschte ein Tohuwabohu: „Weil die Franzosen lieber ihr Schicksal selbst in die Hand nehmen und sich hinters Steuer klemmen, egal ob es Stau gibt oder Verkehrschaos herrscht", hat Erwin Staudt in jener Zeit gelernt. Wenn die Straßen nicht so überfüllt gewesen wären, hätte man die Strecke mit dem Auto in acht Minuten zurücklegen können. Aber allein um den Place de L'Etoile herumzufahren auf den zwölf Spuren und dann in die Avenue de la Grande Armée einzubiegen, wäre ein unter Umständen langwieriges und vor allem gefährliches Unterfangen gewesen. Abenteuer pur. Frei nach der Devise: „Wer einen anbummst, fährt weiter."

Nach eineinhalb Jahren kannte der Weltbürger sämtliche Lokale in Paris. Seine Familie hatte er in Leonberg gelassen. Erwin Staudt wollte deshalb gerne wieder zurück in die Heimat oder ein festes Anstellungsverhältnis im Ausland, bei dem er seine Frau und die Kinder hätte mitnehmen können.

Der Global General Manager war damals viel auf Reisen rund um den Globus und hatte zehn Prozent des Weltumsatzes seiner Firma zu verantworten. Er lernte aber fast nur Hotels kennen und Tagungsstätten, in Asien allerdings auch Vergnügungsstätten der besonderen Art. Seine asiatischen Kollegen hatten den Ehrgeiz, ihm vor Ort sämtliche Karaoke Bars zu zeigen. Ein teurer Spaß, weil zumeist eine Flasche Whisky auf den Tisch kam, und der Chef die Rechnung beglich – für rund 700 Dollar pro bottle. Das sei für die Teambildung sicher von Vorteil gewesen. Vor allem, weil die Freunde aus Fernost herausbekamen, daß ihr europäischer Kollege gerne sang und zudem Trompete spielen konnte. Wann immer es ging, drückten sie ihm ein Instrument in die Hand – und das Stimmungsbarometer schlug Purzelbäume.

Der Musiker aus good old Germany durfte zu verschiedenen Anlässen sein Können auf vielfältige Art unter Beweis stellen. Einmal habe ihm zu später Stunde einfach kein deutsches Volkslied mehr einfallen wollen, doch die fernöstlichen Zuhörer beharrten darauf. Da rief der einfallsreiche Schwabe einfach ein kerniges „Zicke-zacke-zicke-zacke-heu-heu-heu" in den Saal, und das begeisterte Echo kam vielstimmig zurück. Denkwürdig ist auch der Auftritt im Ballsaal der Hilton-Hotels in Tokio-Bay, als 400 japanische Gäste eingeladen waren und eine Jazz-Band spielte. Man kündigte den weltweiten IBM-Vertriebschef der Grundstoffindustrie an, das Publikum war aus dem Häuschen. Eine japanische Band mit einem deutschen Trompeter – das wurde selten geboten. Es gab standing ovations – die Herzen der Mitarbeiter und Kunden waren erobert.

Einmal ist der IBM-Manager mitten im Winter an einem Freitagabend in Tokio gestartet, um am Montag morgen eine Sitzung in Rio de Janeiro mit einem südamerikanischen Team zu eröffnen. Dafür flog er nicht über Stuttgart, sondern über San Franzisko und kam dann im brasilianischen Sommer an: Toll für den Sonne liebenden Leonberger – allerdings fehlte sein Koffer, in dem sich die Sommerkleidung befand. Erwin Staudt stand im Wintermantel da und die Flughafenmitarbeiterinnen erklärten ihm, daß sein Gepäckstück fälschlicherweise in Südafrika gelandet sei. Es konnte Tage dauern, bis er wieder in den Besitz seines Koffers kam. Sein erster Weg führte ihn deshalb in das vor Hitze brodelnde Rio, wo er sich mit leichten Textilien eindeckte samt einer Badehose, um über das Wochenende am Swimmingpool zu relaxen.

Er sei damals jährlich rund 300 000 Meilen geflogen, weil er bei allen wichtigen Verhandlungen dabeisein wollte, ob in China, Rußland, in den USA oder in Europa. Besonders im asiatischen Raum seien deutsche Manager sehr geschätzt. Dort erfuhr er, daß es den Geschäftsleuten ausreichte, mit ihm ein Geschäft per Handschlag zu besiegeln. In Brasilien ging es einmal um eine Software-Einführung, und ein deutschstämmiger Verhandlungspartner erklärte ihm, daß er den Deal abschließe, wenn Erwin Staudt persönlich dafür sorge, daß das Programm laufe. Er bekam den Auftrag, weil er glaubhaft versichern konnte, daß er, wenn nötig, für den Kunden extra einen deutschen IBM-Fachmann einfliegen lasse.

Berührt haben Erwin Staudt auch die Verhandlungen in Rußland. Geschockt haben ihn die krassen Gegensätze in der Gesellschaft, die zum damaligen Zeitpunkt noch weitaus offener zu Tage traten als heute. Er habe noch nie so viele Nobelkarossen und tiefer gelegte Mercedes gesehen wie dort. Er wußte um die Armut in der Bevölkerung. Auf der einen Seite nahm er diese Kluft wahr, auf der anderen Seite sei ihm aber auch eine Herzlichkeit und Gastfreundschaft zuteil geworden, die ihn tief beeindruckte.

Dabei sei ihm bewußt gewesen, daß ihn die Russen nach den Greueltaten deutscher Wehrmachtssoldaten im russischen Riesenreich auch ganz anders hätten empfangen können. Sein Vater, der in Rußland im Krieg gewesen war, hatte ihm immer wieder erzählt, was den Einheimischen angetan wurde. Und dabei hatte er seinem Sohn wohl noch über die harmloseren Dinge berichtet. Als etwa auf einem Bauernhof das letzte Huhn zu vergeben gewesen sei, die Menschen Hunger gelitten haben und die Soldaten einfach zugegriffen hätten. Oder wie Bauern die letzte Kuh weggenommen wurde.

1998 reiste einer der obersten IBM-Chefs, Bill Etherington, aus den USA zu einer Welt-Konferenz mit Kunden und Mitarbeitern der Chemie-Industrie nach Tokio an. Etherington hievte Erwin Staudt auf der Karriereleiter ganz nach oben. Der hohe IBM-Boß offenbarte ihm, daß der damalige IBM-Chef Deutschland, Herman-Josef Lamberti, gekündigt habe, um in den Vorstand der Deutschen Bank zu wechseln. Er, Erwin Staudt, sei als Nachfolger ausersehen und dürfe die Heimreise nach Deutschland antreten.

Zwei Tage später fand sich Erwin Staudt in Stuttgart-Vaihingen wieder, wo den IBM-Mitarbeitern die Personalentscheidung im großen Konferenzsaal bekanntgegeben wurde. Am 1. November 1998 übernahm Erwin Staudt den Chefsessel der Geschäftsführung der IBM Deutschland. Das Geschäft florierte damals wieder, weil sich alle Welt auf den Jahrtausendwechsel vorbereitete.

In den EDV-Zentralen grassierte die Furcht, daß die Computer beim Umspringen der Jahreszahl von 1999 auf 2000 tillen könnten. Um Vorkehrungen zu treffen, verlangten die Kunden nach Hilfsprogrammen. Als sich am 31. Dezember die Uhrzeiger in Richtung null Uhr bewegten, saß Erwin Staudt mit seiner Truppe im Stuttgarter IBM-Hauptquartier in der Notzentrale und wartete gespannt darauf, was kommen würde. Als erstes wurde es im Pazifik auf den Tonga-Inseln Mitternacht, danach in Australien. Es ging alles glatt. Über den Ticker kamen keine Hilferufe, und bald war auch in Europa und in Deutschland die computertechnische Hürde reibungslos genommen. Draußen knallten die Feuerwerkskörper, in der IBM-Notzentrale die Sektkorken.

Apropos 2000: Einmal jährlich gab es in der IBM-Führungsetage ein Exerzitium, das von den jeweiligen Chefs verlangte, auf zehn Jahre im voraus festzulegen, wer einmal der eigene Nachfolger werden könnte. „1990 mußte ich mein Team 2000 definieren und meinen Bossen zeigen, daß ich ersetzbar bin. Auch das gibt es in deutschen Firmen so gut wie gar nicht", erzählt Henkel. Nur wer ersetzbar sei, werde auch ersetzt. Nur in diesem Fall könne ein Mitarbeiter bei der amerikanischen Weltfirma weiter befördert werden. „Führungskräfte in deutschen Betrieben denken eher anders. Das geht mehr in die Richtung, sich selbst für unersetzlich zu erklären, um die eigene Position zu sichern."

Nach dem Abgang Henkels drehte sich das Personalkarussell an der Spitze der IBM zunehmend schneller. Bis zu Henkels Amtsübernahme hatte es auf dem IBM-Chefposten seit Kriegsende in Deutschland drei Vorgänger gegeben, nach dessen Abschied von 1993 an inzwischen sechs Nachfolger. Die Verweildauer eines Vorstandsvorsitzenden der IBM war dramatisch gesunken. Henkel hatte Erwin Staudt schon vorausgesagt, daß er nicht lange auf dieser Position bleiben werde. Weil sich das IBM-Managementsystem sehr geändert habe: „Die Amis bestimmen in Deutschland fast alles."

Während des Exerzitiums zur Führungsnachfolge hatte Henkel im übrigen fünf Namen genannt. 1990 stand auch Erwin Staudt auf seiner Liste.

Das rote Parteibuch und die berufliche Karriere

Parteiarbeit und Job

Während seines Aufstiegs an die Konzernspitze von IBM verschwendete Erwin Staudt kaum einen Gedanken daran, ob die politische Arbeit für die SPD seinem Weiterkommen in irgendeiner Form hinderlich sein könnte. Zwei Jahre vor seinem Start bei IBM war er in den Leonberger Kreistag gewählt worden. Und zwei Jahre danach, von 1975 an, hatte er insgesamt elf Jahre lang ein politisches Mandat für die Leonberger Genossen im örtlichen Kommunalparlament wahrgenommen. Währenddessen avancierte er vom Trainee zum Vertriebsbeauftragten für den Datenservice im Bankenbereich und danach, 1982, zur Führungskraft in der Stuttgarter Hauptverwaltung. Die Parteiarbeit lief nebenher und ließ sich mit dem Job bei IBM meist gut vereinbaren.

Als Linksliberaler oder gar als Linker eingeordnet zu werden, hat ihm ganz offensichtlich wenig geschadet. Sein politisches Denken zu Beginn der siebziger Jahre hatte etwas Dynamisches, bedeutete Aufbruch zu neuen Ufern. In der deutschen Chefetage eines amerikanischen Computerkonzerns kam die politische Couleur der Nachwuchskraft Staudt nicht ungelegen. Jedenfalls hat nach dem SPD-Parteibuch bei IBM nie jemand gefragt.

Als er allerdings 1982 für Marketingaufgaben nach München versetzt wurde, sollte sich das ändern. Seine politischen Verpflichtungen als SPD-Fraktionschef im Leonberger Gemeinderat mußte er immer häufiger hinten anstellen. „Wenn um halb sieben Uhr abends das Telefon klingelte und um sieben Gemeinderatssitzung war, wußte ich genau, wer anruft", erinnert sich Peter Pfitzenmaier, der damalige Fraktionsstellvertreter des jungen Nachwuchsmanagers. Dann sei der

Parteifreund wieder einmal nicht rechtzeitig von der Arbeit losgekommen; Pfitzenmaier mußte einspringen und selbst im Gremium die Stellungnahmen für die Genossen abgeben.

Der IBM-Mann steckte in einem heftigen Zielkonflikt. Sollte er mehr auf die Karte Parteiarbeit setzen oder die Karriere konsequenter verfolgen? Daß er es bis an die Spitze des Computerriesen in Deutschland bringen würde, davon konnte er nach den harten Anfangsjahren nicht einmal träumen. Nachdem jedoch seine Bemühungen um den SPD-Kreisvorsitz fehlgeschlagen waren und er auch bei der Nominierung als Bundestagskandidat von seinen Genossen keine Mehrheit erhielt, stellte sich diese Frage nicht mehr. Die Bundestagswahl fand im März 1983 statt, im Sommer 1982 waren bereits die Würfel gefallen, so daß er sich von da an voll auf seine Arbeit bei IBM konzentrieren konnte.

In der Firma gab es übrigens einen berühmten Vorgänger, der ebenfalls ein rotes Parteibuch hatte, und in der Politik reüssierte: Volker Hauff, von 1971 bis 1972 bei IBM, später amtierender Forschungs- und Verkehrsminister und Aushängeschild der SPD.

Der Schneidersohn aus Eltingen war in den Anfangsjahren bei IBM ein überzeugter Sozialdemokrat. Und der blieb er auch. Entgegen jeglicher Vernunft und bar jeder Notwendigkeit, wie es viele im Unternehmerlager und auf seiten der Neoliberalen noch heute sehen. Einer von ihnen ist der frühere BDI-Präsident Henkel. Er zeigte sich sehr verwundert, als er vom roten Parteibuch seines Mitarbeiters erfuhr. Daß Staudt Mitglied der SPD war, hatte dessen Chef Henkel nicht gewußt. „Das wäre mir aber auch egal gewesen", behauptet er heute. Seiner Ansicht nach gehöre Erwin Staudt aber nicht in diese Partei. Daß er der SPD treu geblieben ist, hält Henkel für ziemlich absurd.

Erwin Staudt kennt diese Vorbehalte nur zu gut, „ich habe sie aus tausend Bemerkungen herausgehört". Auch als IBM-Geschäftsführer Deutschland ist er ihnen begegnet. „Konservative regen sich über Sozialdemokraten auf", weiß Staudt. Umgekehrt sei das weitaus weniger der Fall. Zur SPD zu gehören und an der Spitze eines Großkonzerns zu stehen, habe ihm nicht unbedingt geholfen. „Einem SPD-Mann unterstellt man immer, ein Überzeugungstäter zu sein. Daß wir krampfhaft etwas verändern oder gleichmachen wollen." Ob sich Erwin Staudts politische Bekenntnisse auf die Beurteilungen seiner Chefs ausgewirkt haben, darüber läßt sich nur noch spekulieren. Er selbst jedenfalls glaubt, daß er sich für seinen beruflichen Erfolg „um 30 Prozent mehr anstrengen mußte als jedes vergleichbare CDU-Mitglied".

Das politische Bekenntnis

Der Leonberger Genosse hat sein rotes Parteibuch nie verleugnet. Er bereut keinen Tag seines Engagements für die SPD, und er bekennt sich zu seiner sozialen Herkunft. Er steht zu seinem Werdegang, zwischen seinen beruflichen Erfolgen und seiner Weltanschauung besteht eine gewisse Dialektik. Erwin Staudt geht seinen Weg, und dieser ist mit der Sozialdemokratie verbunden. Für wen hätte er sonst Partei ergreifen sollen? Sein kommunistisch denkender Großvater litt im Konzentrationslager und wurde von den Nazis terrorisiert. Sein Vater war ein glühender Verehrer von SPD-Genossen wie Fritz Erler – welcher Partei hätte er sich sonst anschließen sollen?

Die anderen, die sich in der Heimatstadt Erwin Staudts profilierten, waren „die Schwarzen". Die baden-württembergischen CDU-Landesväter Kurt Georg Kiesinger oder Hans Filbinger schreckten ihn eher ab, als daß sie ihn motiviert hätten, der CDU beizutreten. Eine Mitgliedschaft bei den Christdemokraten kam in den Jahren seiner politischen Standortsuche schon deshalb nicht in Frage, weil einige in der damaligen

Führungsspitze eine „Nazi-Vergangenheit" hatten. Erwin Staudt wollte nichts damit zu tun haben, er wollte vielmehr mit dieser Vergangenheit brechen. Hinzu kam, daß das politische Pendel unter den kritischen Heranwachsenden in eine andere Richtung ausschlug. „Wir haben Ende der sechziger Jahre studiert. Damals war jeder von uns mehr oder weniger links", sagt Günter Salb, der Weggefährte. Dennoch: Erwin sei kein „eingefleischter Marxist" gewesen, der später als Weltverbesserer und Systemkritiker den Marsch durch die Institutionen antreten wollte.

Staudt kombinierte die Freiburger Schule, die auf den Wirtschaftswissenschaftler und ordoliberalen Walter Eucken zurück geht, mit den Idealen der Sozialdemokratie. Der „rote Erwin" war schon immer von der Sozialen Marktwirtschaft überzeugt. Demnach hat für das Funktionieren der Gesellschaft der Staat zu sorgen: Für das Privateigentum, die Vertragsfreiheit, den freien Wettbewerb, die Konjunktur- und Geldwertstabilität sowie für die soziale Gerechtigkeit. Als „politisch junger Wilder" konnte er sein Parteibuch durchaus mit dem Postulat eines fairen Konkurrenzkampfes vereinbaren, der Gewinner und auch Verlierer hervorbringt. Erwin Staudt ist bis heute ein politisch denkender Mensch geblieben. Als Parteimitglied ist er jedoch zu einer Karteileiche geworden: „Wenigstens zahle ich noch regelmäßig meinen Beitrag."

Die Initiative Neue Soziale Marktwirtschaft

In der Zeit als IBM-Chef Deutschland fand er bei der Initiative Neue Soziale Marktwirtschaft (INSM) eine Plattform, um partei- und branchenübergreifend seine Gedanken und Ideen zu äußern. Von Vertretern der Wirtschaft, Wissenschaft und Politik im Herbst 2000 als Kampagne gegründet, wirbt die Initiative für marktwirtschaftliche Reformen – Erwin Staudt gehörte ihr als deren Sprachrohr an, oder wie es offiziell heißt: als Botschafter. Als solcher hielt er zahlreiche Vorträge, so mancher ist heute bereits legendär.

Als Fußballfan spricht er gerne im Fußballjargon und erinnert an Zeiten, als die Akteure auf dem grünen Rasen Deutschland zu Ruhm und Ehre verhalfen. Wenige Monate vor Beginn der Fußballweltmeisterschaft 2006 etwa referierte Erwin Staudt über das „Wunder von Berlin", und wie konnte es auch anders sein: Der Vergleich zum „Wunder von Bern" lag nahe. Das Wunder, das er heraufbeschwor, hatte zwei Bezugspunkte: Zum einen die Hoffnung auf einen weiteren WM-Titel unter der Regie des damaligen Bundestrainers Jürgen Klinsmann. Zum anderen das Ziel, für das er unermüdlich eintrat: „Daß die Deutschen wirtschaftlich wieder zur Hochform auflaufen" – so wie es die Helden von Bern 1954 auf dem Fußballfeld taten, als die Stimmung nicht gerade gut war, aber Fritz-Walter-Wetter herrschte: Nieselregen. Der deutsche Kapitän und Spielgestalter war bei dieser Witterung auf dem Platz in seinem Element. Mit einem überraschenden 3:2 Sieg wurden die Deutschen Weltmeister, gegen den hohen Favoriten Ungarn und trotz des widrigen Wetters – oder gerade deswegen. Alles ist möglich, nicht nur im Fußball, auch in der Wirtschaft. Das ist es, was Erwin Staudt propagiert.

Die Aufbruchstimmung Mitte der fünfziger Jahre erlebte Erwin Staudt als ABC-Schütze. Er wurde in den Wirtschaftswunderjahren groß, als die deutsche Wirtschaft enorme Zuwachsraten erzielte. In den goldenen Fünfzigern verzeichnete man ein Plus von bis zu acht Prozent im Jahr. Staudt zieht zum Vergleich Sepp Herberger heran, der Helmut Rahn an die Weltspitze stürmen ließ, während der Kanzler Ludwig Erhard als Spielführer auf dem Feld der Ökonomie deutsche Unternehmen und deren Belegschaften auf die Exportweltmeisterschaft trimmte. Erwin Staudt bewunderte daher insgeheim den CDU-Mann mit der Zigarre, der den Aufschwung im Nachkriegsdeutschland mitgestaltet hat. Auch wenn dieser ihm, was sein persönliches Erscheinungsbild anbetraf, nicht gerade Respekt einflößte. Das historische Verdienst der CDU sei es aber gewesen, Deutschland in die Marktwirtschaft zu führen – und nicht in die Planwirtschaft, wie es die SPD nach dem Krieg vorgehabt hatte.

Hin und wieder beschwört Erwin Staudt mit Vorliebe jenen „Geist von Bern", um seinen Zuhörern zu verdeutlichen, welcher Leistungswille möglich ist. In seinen Vorträgen spricht der Motivator Staudt dann gerne – wie vor der Bundstagswahl 2005 – von einem Neustart, der mit Elan und Begeisterung gewagt werden sollte. Wie eben damals in den fünfziger Jahren, begleitet vom Weltmeistertitel der Fußballer, als der Slogan die Runde machte: „Wir sind wieder wer". Der wirtschaftliche Erfolg hänge mindestens zu 50 Prozent von der Psychologie ab. Was im Nachkriegsdeutschland gegolten habe, treffe in dieser Hinsicht auch in der wiedervereinten Republik zu.

Ludwig Erhard hatte einst, stur wie Sepp Herberger, auf sein Erfolgsmodell gesetzt: auf die Soziale Marktwirtschaft. „Ich glaube nach wie vor, daß freier und fairer Wettbewerb im Erhardschen Sinne die beste Voraussetzung für Erfolg ist, auf dem Spielfeld wie in der Wirtschaft", führt Erwin Staudt gelegentlich in seinen Vorträgen aus. Das System jedoch, in dem wir heute leben, habe mit Erhards Sozialer Marktwirtschaft nichts mehr zu tun. Damals habe die Sozialleistungsquote bei 20 Prozent gelegen, heute sei die 30-Prozent-Marke längst überschritten. Obwohl die Armut heute nicht größer ist als in den fünfziger Jahren.

Jeder zweite erwirtschaftete Euro, kritisiert Staudt, geht durch die Hand des Staates: „Deshalb haben wir keine Markt-, sondern eine Staatswirtschaft." Die Staatsschulden seien explodiert, gleichzeitig gebe es kaum einen Bürger, der keinerlei staatliche Unterstützung erhalte. „Solchermaßen gepäppelt ergehen sich dennoch viele in Zukunftsängsten", moniert er und propagiert den psychologischen Befreiungsschlag. Die Deutschen müßten endlich „nach vorne denken".

Das WM-Turnier 2006 werde der deutschen Wirtschaft ein Wachstumsplus von einem Prozent bescheren, prophezeite Staudt. Die Investitionen in den Stadien würden einen ökonomischen Schub auslösen. Allein den angestrebten Ausbau des Daimler-Stadions bezifferte der VfB-Präsident damals auf 34 Millionen Euro, von dem viele Handwerksbetriebe und Unternehmen via Aufträge profitieren könnten. Im nächsten Gedankengang relativierte der Schnelldenker freilich den Wirtschaftsfaktor Fußball wieder: Dieser dürfe auch nicht überbewertet werden. Auch das „Wunder von Bern" sei zwar ein hochwirksamer Katalysator für den Aufwärtstrend in Deutschland gewesen, keineswegs aber dessen Auslöser.

Der VfB-Chef plädiert für Reformen, die in diese Richtung gehen: mehr gesellschaftlicher Wettbewerb, Abbau von Bürokratie, Steuersenkung. In dem Sinne, wie es die anderen Botschafter der INSM tun. Die Initiative besteht aus einem immensen Netzwerk, an dem der Leonberger mitgeknüpft hat. Die Crème de la Crème der deutschen Führungsintelligenz ist darin versammelt, und alle trommeln für ihre Interessen. Als wissenschaftliche Begleiter fungieren die Mitarbeiter des Instituts der deutschen Wirtschaft in Köln, und zu Repräsentationszwecken ist ein Kuratorium mit dem früheren Bundesbankpräsidenten Hans Tietmeyer an der Spitze installiert worden.

In dem Buch „Chancen für Alle – die Neue Soziale Marktwirtschaft" legte im Jahr 2001 der Unternehmer Randolf Rodenstock die Grundideen der Initiative dar, die im wesentlichen auch Hans-Olaf Henkel vertritt. In einem Kapitel über den Arbeitsmarkt plädiert der Wirtschaftsmagnat dafür, daß „gering qualifizierten Menschen durch eine Mischung aus Anreizen und Sanktionen der Weg in eine bezahlte Arbeit gebahnt werden" müsse. Außerdem sollten die Einkommen der Mitarbeiter mit dem Auf und Ab ihrer Betriebe einhergehen. Wenn es den Unternehmen ermöglicht werde, während einer Durststrecke einige Lohnprozente zeitweise durch Kürzungen einzusparen, würden sie gegen Krisen resistenter werden, meint Rodenstock.

Deutschland dürfe nicht noch weiter ins technologische Hintertreffen geraten, fordert der Brillenfabrikant Rodenstock und hat damit jenes Anliegen im Auge, um das es auch Erwin Staudt geht. „Wenn wir neben der IT auch die Mikroelektronik, die Gen- und Nanotechnik besser nutzen würden, könnten wir älter, gesünder, wohlhabender, klüger und hoffentlich auch glücklicher werden", meint der Vordenker der Neuen Sozialen Marktwirtschaft.

Kritiker wie die Globalisierungsgegner der Gruppe Attac sprechen von einer Lobby-Organisation, die auf das Fachwissen neoliberaler Think-Tanks und marktwirtschaftlich orientierter Einzelpersonen zurückgreift. Ein Anliegen der INSM sei es, die Bevölkerung von der Notwendigkeit neoliberaler Reformen zu überzeugen. Die Zeitschrift „Politik & Kommunikation" veröffentlichte 2005 eine zusammenfassende Replik: Die Initiative stehe für einen radikalen marktwirtschaftlichen Umbau von Politik und Gesellschaft sowie für den Abbau von Sozialabgaben für Unternehmer. Dabei bediene sie sich der Berliner Werbeagentur Scholz & Friends, die für die begriffliche Neuorientierung sorge, etwa was mit dem Wort „sozial" verbunden werde. Sozial sei aus der Sicht der ISNM alles, was Arbeitsplätze schaffe. Das Image, das sich deren Vertreter geben, sei Überparteilichkeit, Neutralität, Objektivität und Volksnähe. Tugenden, denen auch Erwin Staudt in seinen diversen Rollen nicht fern steht. Die Wochenzeitung „Die Zeit" bezeichnete in einer Betrachtung die INSM-Protagonisten salopp als „die Lautsprecher des Kapi-

tals". Als solcher ist auch Hans-Olaf Henkel schon bezeichnet
worden.

Erwin Staudt, der Chef Henkel und die moderne Sozialdemokratie

Der Wirtschaftsliberale unterstützte 2005 die FDP im Bundes-
tagswahlkampf. Er war nie in einer Partei und hat sich selbst
einmal als Wechselwähler geoutet. Der hanseatische Technokrat
mit den Eiswürfelaugen trat schon in früheren Jahren für weniger Staat und mehr Wettbewerb ein. Er geißelte den Kosten-
druck der Unternehmen, die „Auswüchse des Wohlfahrts-
staats", die „Ineffizienz des deutschen politischen Entschei-
dungssystems", den „Irrweg der 35-Stunden-Woche", die
„deutsche Regelungswut", die „überzogene Mitbestimmung"
und das „Tarifmonopol der Bundesvereinigung der deutschen
Arbeitgeberverbände (BDA) und der Gewerkschaften". Er
stellte alles zur Debatte, was nach seiner Überzeugung die Wett-
bewerbsfähigkeit des Landes negativ beeinflußte. Auch die Balance zwischen Arbeit und Kapital. „In welchem anderen Land
haben die Gewerkschaften so viel Macht wie hier?" fragte
Henkel. Es kränkte ihn dann, als er als „knallharter Kapitalist"
dargestellt und als „Symbolfigur der Ellenbogengesellschaft"
bezeichnet wurde und noch dazu als „Totengräber des Sozial-
staats". Deutschland sei auf dem absteigenden Ast, zu langsam,
zu teuer, nicht mehr gut genug. Deutschland müsse anders, ganz
anders werden, hatte er gefordert.

Der Genosse Staudt hat den neoliberalen Henkel stets nach
Kräften unterstützt und wußte seinen Boß während der Zeit
als IBM-Öffentlichkeitschef immer gut zu ergänzen. Henkel
wirkte mit seinem kühlen Charme damals schon wie frisch aus
der Tiefkühltruhe und sorgte – durch Äußerungen oder die Art
seines Auftritts – für Handlungsbedarf. Häufig sprang ihm

sein jovialer Mitarbeiter zur Seite und griff moderierend ein. Er habe seinen Chef „ab und zu davon überzeugen müssen", sagt Staudt, „mal wieder den human-touch-button zu drük-ken".

Erwin Staudts politische Sichtweise war von den neunziger Jahren an zunehmend von technologischer Vernunft geleitet. Zusehends verkörperte er einen Sozialdemokraten moderner Prägung. Seine Vorbilder waren der damalige deutsche Regierungschef Gerhard Schröder und dessen britischer Kollege Tony Blair. In einem gemeinsamen Papier ergriffen sie Partei für eine Initiative der neuen, politischen Mitte und propagierten die Abkehr von der bisherigen offiziellen Programmatik der SPD, die sie mit den Begriffen „modern" und „innovativ" versahen und damit in die Nähe des Neoliberalismus rückten. Zu Beginn des ersten Kapitels heißt es: „In der Vergangenheit wurde die Förderung der sozialen Gerechtigkeit manchmal mit der Forderung nach Gleichheit im Ergebnis verwechselt. Letztlich wurde damit die Bedeutung von eigener Anstrengung und Verantwortung ignoriert und nicht belohnt und die soziale Demokratie mit Konformität und Mittelmäßigkeit verbunden statt mit Kreativität, Diversität und herausragender Leistung." Das sind wohl Sätze, die auch Erwin Staudt unterschreiben würde.

Soziale Gerechtigkeit lasse sich nicht an der Höhe der öffentlichen Ausgaben messen, legten die Regierungsführer weiter dar. Es gebe auch Aspekte wie die persönliche Leistung und den Erfolg, den Unternehmergeist, die Eigenverantwortung und damit verknüpft den Gemeinsinn, der ebenso wichtig sei. Dies alles würde zu häufig zurückgestellt hinter ein universelles Sicherungsstreben. Statt dessen forderten Schröder/Blair eine Kürzung der staatlichen Ausgaben, ein Effizienz-, Wettbewerbs- und Leistungsdenken im öffentlichen Dienst, die Anpassung der sozialen Sicherungssysteme, eine Modernisierung des Renten- und Gesundheitssystems, die Senkung der Unternehmens- und Körperschaftssteuern und vor allem Flexibilität. „Die Produkt-, Kapital- und Arbeitsmärkte müssen allesamt flexibel sein", hieß es da.

Der moderne Sozialdemokrat möchte sozialpolitisch vor allem eines: das Sicherheitsnetz aus Ansprüchen in ein Sprungbrett in die Eigenverantwortung umwandeln. Alle sozialpolitischen Instrumente müßten dazu dienen, das eigenverantwortliche Handeln zu fördern, das System der Steuern und Sozialleistungen müsse „sicherstellen, daß es im Interesse der Menschen liegt zu arbeiten".

Die Greencard und die Initiative D 21

Der „rote Kapitalist" Staudt wurde eines Tages von der SPD-nahen Friedrich-Ebert-Stiftung zu einer Podiumsdiskussion eingeladen, bei der er mit dem damaligen Wirtschaftsminister Werner Müller zusammentraf. Am Tisch saß außerdem ein Gewerkschaftsvertreter, die Moderation hatte Peter Glotz, der ehemalige SPD-Bundesgeschäftsführer und SPD-Vordenker. Von einem IBM-Mitarbeiter der Personalabteilung hatte Staudt ein Papier zugesteckt bekommen, das er nun zückte. Die Notiz enthielt den Vorschlag, eine sogenannte Greencard zu kreieren, um den IT-Fachkräftemangel in Deutschland rasch zu beheben. Als Erwin Staudt den Gedanken äußerte, stieß er bei Müller auf offene Ohren.

Die IG Metall dagegen bremste sofort mit dem Argument, die Lücke könne man doch mit umgeschulten Arbeitslosen füllen. Müller und Staudt lehnten ab: Beschäftigungslose Ingenieure oder Handwerker könnten nicht so einfach durch eine Zusatzausbildung zu Softwareexperten mutieren.

Abends fand im Gästehaus der Bundesregierung in Berlin-Grunewald ein Insidertreffen der besonderen Art statt. Man saß dort im Weinkeller in vergnüglicher Runde mit illustren Gästen zusammen, denen das spanische Weihnachtsgeschenk an die Bundesregierung kredenzt wurde: Edle Rioja-Tropfen. Mit von der Partie waren auf Regierungsseite der Bundeskanzler, Hans Martin Bury, der Staatsminister im Bundeskanzleramt, und die Staatssekretärin Brigitte Zypries. Erwin Staudts Tischnachbarn hießen Jörg Menno Harms von Hewlett-Packard, Klaus Mangold, damals Mitglied des Vorstands der DaimlerChrysler AG und Roland Sing, der AOK-Landesgeschäftsführer.

Zu vorgerückter Stunde berichtete der IBM-Chef von der Podiumsdiskussion am Nachmittag und von der Idee der Greencard. Bundeskanzler Schröder alberte, man könne das Vorhaben auch Rot-Grün-Card nennen, um wenig später nüchtern darauf einzuschwenken: Sie sei eine gute Idee, diese Greencard, er werde sich für sie einsetzen. Innerhalb von einem Vierteljahr passierte die Initiative den Bundestag und den Bundesrat.

Währenddessen war es zu einigen heißen Debatten und kontroversen Diskussionen gekommen. Erwin Staudt fürchtete, daß man sich mit der befristeten Laufzeit der Greencard einen Wettbewerbsnachteil einhandeln würde. Es sei absehbar, daß die Begrenzung auf fünf Jahre sowie die Beschränkungen im Familiennachzug zu einem Hindernis würden, erklärte er damals. Die deutsche Regelung unterscheide sich deutlich von dem amerikanischen Vorbild, wo solche Limitierungen nicht bestünden. Bald mehrten sich auch in der Wirtschaft die Stimmen, die eine auf wenige Jahre begrenzte Greencard für zu kurz gegriffen hielten.

Der einstige Finanzvorstand von DaimlerChrysler, Manfred Gentz, erklärte, eine Arbeitserlaubnis von zwei oder drei Jahren sei möglicherweise nicht ausreichend. Zudem wurden die Rufe der deutschen Wirtschaft immer lauter, daß auch in anderen

Branchen eine solche Greencard sinnvoll sei, weil der Arbeitsmarkt wegen der demographischen Entwicklung Lücken aufweise und es überall an qualifiziertem Fachkräftenachwuchs mangele. Einem jährlichen Bedarf von 13 000 Elektroingenieuren standen damals 6500 Absolventen deutscher Hochschulen gegenüber. Nicht anders sah es in vielen anderen naturwissenschaftlich-technischen Fächern aus.

In der Öffentlichkeit, vor allem bei den Gewerkschaften und in der CDU/CSU, stieß die Greencard-Regelung dennoch auf Ablehnung. Teils auch aus Angst, die Zuwanderung könne ausufern. Der frühere Bundesbildungsminister und amtierender Ministerpräsident von Nordrhein-Westfalen, Jürgen Rüttgers, nannte die Greencard-Idee ein „Armutszeugnis" angesichts der vier Millionen Arbeitslosen in Deutschland und prägte das Anti-Greencard-Motto „Kinder statt Inder".

Zwei Jahre nach der Greencard-Einführung gingen die Meinungen über den Erfolg oder Mißerfolg noch auseinander. Erwin Staudt war 2001 der Auffassung, das Vorhaben sei geglückt. „Das zu bestreiten mag auf notorische Nörgelei oder die Profilierungswut einzelner Akteure zurückgehen", schimpfte er. Der damalige DGB-Chef Dieter Schulte hatte sich in der Bemerkung verstiegen, die Greencard sei ein Flop. Tatsächlich waren bis dahin 7000 Fachleute nach Deutschland gekommen. Das Greencard-Kontingent wurde danach von 10 000 auf 20 000 erhöht. Zum Abschluß des „Sofortprogramms zur Deckung des IT-Fachkräftebedarfs" im Jahre 2004 und noch bevor ein neues Zuwanderungsgesetz in Kraft trat, konnten rund 18 000 Spezialisten nach Deutschland gelotst werden.

Niemand anderes als Staudt hatte 1999 die Greencard mit dem damaligen Regierungschef Gerhard Schröder aus der Taufe gehoben. Zudem war der nimmermüde Netzwerker Staudt auch maßgeblich an der Gründung der Initiative D 21 beteiligt, mittels der er „Deutschland technologisch voranbringen" wollte.

Im Zuge dessen sollten 40 000 Schulen ans Netz gehen. Nach wenigen Jahren war das Ziel erreicht. Computeranwendungen im Unterricht gehören heute in den meisten Schulen zum Alltag. Auch Frauen waren für die D 21-Initiativler eine Zielgruppe. Wenn eine Mutter bei ihrem Baby zu Hause blieb, sollte das nicht zwangsläufig zur völligen Abnabelung von der Berufswelt führen. Die Weiterbildung für den Wiedereinstieg ins Berufsleben sollte mit Hilfe der computermäßigen Vernetzung erleichtert werden, postulierte Staudt. Computer und Internet als soziale Chance für alle, lautete die Devise des Genossen aus Leonberg, die er mit Verve in die Öffentlichkeit trug.

Deutschland – eines der reichsten Industrieländer der Welt – habe jahrelang den Anschluß an das Informationszeitalter verpaßt, monierte Erwin Staudt 1998. Zu seinem Amtsantritt als Vorsitzender der Geschäftsführung IBM Deutschland hatte er deshalb potentielle Verfechter des D 21-Vorhabens anschreiben lassen, die im selben Jahr mit 200 Mitgliedern an den Start gegangen waren und künftig mit Geld und IT-Technik die Sache unterstützen sollten.

Eine kleine Delegation Industrieller reiste zu dem damals frisch gewählten SPD-Bundeskanzler Gerhard Schröder, um auch ihn für das Vorhaben zu gewinnen. Schröder war fasziniert von der Idee, den Standort Deutschland und vor allem die Bildung zu modernisieren und bot sich spontan als Beiratsvorsitzender an. Nur: Diesen Beirat gab es noch gar nicht. Ein Problem? Nicht für Erwin Staudt: „Wir haben einfach einen Beirat gegründet. Wenn der Bundeskanzler mitarbeiten will, soll man ihn nicht davon abhalten." Aus Zeitmangel fand das erste Treffen Sonntagmorgens auf dem Frankfurter Flughafen statt.

Erwin Staudt habe die D 21-Initiative im übrigen jahrelang auch „sehr zum Ärger einiger Konkurrenten" geleitet, sagt Hans-Olaf Henkel in der Rückschau. Denn natürlich haben sich Siemens und sicher auch SAP gewünscht, diese nationale Bewegung selbst anzuführen, und diese Initiative nicht ausgerechnet dem Repräsentanten eines amerikanischen Unternehmens zu überlassen. Henkel ist selbst ein paarmal bei den Sitzungen im Kanzleramt dabei gewesen, ob als Vorsitzender der Leibnitz-Gesellschaft oder als BDI-Chef, und sah, wie gut Staudt mit Schröder und mit den anderen Sozis in der Regierung konnte. Mehr als 300 Firmen hatten sich nach einiger Zeit der Initiative angeschlossen, an der Spitze agierten unter anderem keine geringeren als der Deutsche-Bank-Vorstand Hermann-Josef Lamberti oder auch Baden-Württembergs ehemaliger Ministerpräsident Erwin Teufel. Im Mai 2002 war die passende Schrift dazu herausgekommen, die Erwin Staudt veröffentlichte und die der Bundeskanzler Schröder mit einem Geleitwort ausstattete: „Deutschland online – Standortwettbewerb im Informationszeitalter".

„Er hat das glänzend gemacht", schwelgt Henkel heute noch in den höchsten Tönen von ihm, der Deutschland und die IT-Initiative tatsächlich vorangebracht hat, die unter der Bundeskanzlerin Angela Merkel wieder einzuschlafen droht.

E-Voting und E-Government

Geschäftsinteresse und gesellschaftspolitisches Engagement gingen noch in einem weiteren Bereich Hand in Hand: Der oberste IBMmer war auch ein passionierter Verfechter des sogenannten E-Votings und E-Governments. Der Visionär setzte sich für die Einführung von elektronischen Wahlen ein und für die Ausstattung der Urnenlokale mit Computern. Die Teilnahme an einer Wahl sollte auch via Internet möglich gemacht werden.

Während das E-Voting im großen Stil noch auf sich warten läßt, weil die gesetzlichen Grundlagen dafür fehlen, ist das E-

Government längst Realität geworden. Kaum ein Rathauschef in der Republik kann heute noch auf moderne Informations- und Kommunikationstechnologien verzichten. Eine eigene Homepage gilt inzwischen als ein Muß. Dasselbe hat sich auf der Landes- und Bundesebene ergeben: Amtschefs streuen ihre Verlautbarungen über das Netz unter das Volk und „regieren" auf diese Weise mit Hilfe des elektronischen Mediums.

Schneller, einfacher und ohne Papieraufwand gestaltet sich auch das E-Voting. Millionen von Bürgern nutzen bei Bundestagswahlen die Möglichkeit der Briefwahl, die technisch leicht durch das Internet abgelöst werden könnte. „Vor allem, wenn man berücksichtigt, daß es in wenigen Jahren rund 60 Millionen Internetanschlüsse in Deutschland geben wird und wir tendenziell jeden Wahlberechtigten an der Leitung haben werden", meint der Netz-Vorkämpfer Staudt. Wenn jemand unbedingt weiterhin zur Urne gehen wolle, und das für sein Demokratieverständnis brauche, dann könne man ihn auf dem Papier sein Kreuzchen machen lassen.

Geht es nach dem Leonberger IT-Fan, werden moderne Zeiten bald auch in den Wahllokalen Einzug halten. Dann stehen alternativ zur Urne Computer bereit. Zur Identifizierung müssen die Wähler eine Pin-Nummer eingeben oder eine digitale Signaturkarte benutzen, um unbehelligt per Mausklick – und darauf achtet dann der Wahlleiter – ihre Stimme online abzugeben. Dieses Prozedere werde wohl bald ebenfalls hinfällig werden, weil die meisten Wahlberechtigten mit ein paar Mausklicks genauso gut von zu Hause aus ihren politischen Willen bekunden könnten.

Eines Tages werden die Parteien ihre Wähler primär über das Netz ansprechen und im Internetportal Wahlkampf betreiben. Zeitgenossen, die über keinen Internetanschluß verfügen, soll freilich weiterhin das gute, alte Wahllokal zur Verfügung stehen. Allerdings wird es dann in nicht allzu ferner Zukunft statt der

20, 30 oder 40 Wahlurnen in einer Stadt wohl nur noch zwei, drei oder vier geben. Das E-Voting lasse sich nicht aufhalten, so wie es das E-Business bereits gebe, angefangen von Online-Buchungen der Banken über Ebay bis zu den Geschäften, die von Firmen im Internet getätigt werden. Die modernen Kommunikationsmöglichkeiten haben für Erwin Staudt auch etwas mit Demokratie zu tun, bieten sie doch die Chance für jeden Nutzer, sich Wissen zu verschaffen und mit anderen Kontakt aufzunehmen.

Alte Verbundenheit mit der SPD

Genosse Staudt ist nur sehr schwer in eine politische Schublade zu stecken. Das haben schon viele versucht und sind ihm damit nicht gerecht geworden. Zu facettenreich, zu frei- und querdenkerisch sind seine Standpunkte – auch wenn sie auf den Grundfesten sozialdemokratischer Prägung fußen. Sein politisches Weltverständnis hat einen roten Kern, das Äußerliche läßt sich allerdings schwer bestimmen. Farblich changiert es zwischen Schwarz und Gelb. Welcher Partei er zuweilen zumindest vordergründig näher steht, der CDU oder der FDP, vermag er selbst nicht zu sagen. Diese Frage ist für ihn auch nicht wichtig. Er ist kein Wechselwähler und hält nichts von Etiketten.

Wenn er sich aber dennoch selbst beschreiben muß und gefragt wird, worauf es ihm ankommt, antwortet er zuerst: „Ich bin Marktwirtschaftler." Nach seinem Dafürhalten kann die Arbeitslosigkeit nur durch wirtschaftliches Wachstum beseitigt werden. Den neoliberalen Standpunkt, den man dabei erkennen mag, weist er von sich. Lieber nennt er sich einen Wirtschaftsliberalen. Weshalb er dann der SPD verbunden bleibt, haben schon viele von ihm wissen wollen. Er pflegt dann darauf zu antworten: „Wenn man sich einmal für etwas entschieden hat, steht man auch dazu." Der Partei den Rücken zu kehren, kommt für ihn nicht in Frage. Selbst wenn er von den Partei-linken hin und wieder für seine Positionen kritisiert wird.

Einer von ihnen vor Ort ist pikanterweise Erwin Staudts Nachfolger im Leonberger Gemeinderat, Jürgen Stolle. Als ebenfalls ehemaliger Juso kann Stolle sich nicht mit den nach seiner Meinung liberalen Ansichten des berühmten Genossen anfreunden. Hin und wieder begegneten sich die beiden bei lokalen Ereignissen vor Ort, doch das Verhältnis bezeichnet Stolle als distanziert. Erwin Staudt habe sich schon lange nicht mehr bei einem örtlichen Parteitreffen blicken lassen, sagt er etwas bitter. „Er spielt jetzt in einer anderen Liga."

An einen Austritt aus der SPD hat Erwin Staudt auch früher nie gedacht. Zu konvertieren, wie es ihm der Böblinger Landrat Reiner Heeb vorgemacht hat, der als Sozialdemokrat in die CDU eintrat, wäre für den traditionsbewußten Eltinger ein Schritt in die falsche Richtung und mit seiner Identität unver-einbar. Landrat Heeb wurde Opportunismus vorgeworfen. Die kühl kalkulierte Entscheidung mißbilligten manche. Sich auf die Seite der Stärkeren in Baden-Württemberg, auf die Seite der schon Jahrzehnte lang regierenden Christdemokraten zu schla-gen und sich damit im Alltagsgeschäft Vorteile verschaffen? Nein, zu dem Bekenntnis, Sozialdemokrat zu sein, gibt es für Erwin Staudt keine Alternative.

Doch möglicherweise ist der VfB-Präsident im Bewußtsein vieler Menschen politisch ohnehin ein Schwarzer, mit dem Ar-beitgeberpräsident Dieter Hundt an seiner Seite, der sich im Verein als VfB-Aufsichtsratschef engagiert. Das Duo ist in den Medien allgegenwärtig. Sie haben nichts dagegen, als ein Herz und eine Seele zu gelten – obwohl der Mittelständler Hundt eindeutig zu den konservativen Kräften im Unternehmerlager zu zählen ist.

Erwin Staudt möchte im Alter von 60 Jahren keine politi-schen Abenteuer mehr wagen. „Das ist wie mit dem christlichen

Glauben", versucht er seine unerschütterliche Treue zur Partei zu erklären. Die SPD ist für ihn die einzige politische Kraft, die die soziale Verantwortung im Land übernimmt und die Armen, Kranken und Schwachen in einem Netz der Fürsorge auffängt. Brüderlichkeit – auch sie sei in der Gesellschaft wichtig. Der Eltinger Sozi kann niemanden leiden sehen.

Daß er durch sein Parteibuch mit Gerhard Schröder zu tun hatte – und das zeigt seine Bewunderung für den Ex-Regierungschef – sei für ihn ein echter Gewinn gewesen. Zu Beginn von dessen Kanzlerschaft, erzählt Hans-Olaf Henkel, als er selbst noch „gut mit Schröder konnte", habe er Schröder auf Erwin Staudt aufmerksam gemacht: „Es gibt ein SPD-Parteimitglied, das trotzdem gut ist." Der Kanzler habe daraufhin verwundert entgegnet: „Wer ist denn das?

Vier Jahrzehnte nach seiner Entscheidung, in die SPD einzutreten, sieht Erwin Staudt keinen großen Unterschied mehr zwischen den beiden großen Volksparteien. Wenn in jungen Jahren die politischen Weichen anders gestellt worden wären, hätte es sich Erwin Staudt herausgenommen, auch in der CDU eine Parteikarriere zu starten. Ausgewiesene Christdemokraten gehören zum Freundeskreis des standhaften Genossen. Der prominenteste ist Ministerpräsident Günther Oettinger, den er liebevoll „Günni" nennt, wenn sie sich für einen Moment unter sich wähnen. Etwa bei Bundesligaspielen, bei denen der Landeschef als regelmäßiger Gast des VfB in der V.I.P.-Lounge auftaucht und meist als Nachbar des VfB-Präsidenten die Begegnungen im Gottlieb-Daimler-Stadion auf der Tribüne verfolgt. Meist wird der Fußballfan Oettinger, mit dem der Clubchef in einer Promi-Elf kickt, von seinem Sohn Alexander begleitet. Der Filius sitzt am liebsten auf dem Schoß des VfB-Chefs und feuert die Roten an. Fußball und Politik sind für Erwin Staudt zweierlei Stiefel. Trifft er „Günni", wird über die Bundesligatabelle und die Perspektiven des VfB diskutiert.

Oettinger, der in der Schulmannschaft des Ditzinger Gymnasiums linker Läufer spielte, ordnet seinen Stadionfreund als einen überzeugten Sozialdemokraten ein. Der Landeschef schätzt vor allem die engagierte, „aber ganz und gar nicht selbstgefällige Art" Staudts. Die beiden verstehen sich wohl deshalb so gut, weil der VfB-Präsident mit Ironie und Selbstironie oft heikle Gesprächssituationen zu entkrampfen weiß.

Und Oettinger respektiert Staudts Eigenheit. Der Landeschef habe ihn noch nie gefragt, ob er zu ihm in die Partei kommen wolle. Wohl weil er weiß, daß „der rote Erwin" seine Prinzipien hat. Obgleich ihn „die Schwarzen" mit seinen Kontakten gut gebrauchen könnten. Erwin Staudt winkt jedoch ab: „Das hat die CDU nicht nötig." Sie gewinne auch ohne ihn im Land jede Wahl.

Das CDU-Parteibuch hätte Erwin Staudt von einem gewissen Alter an dennoch mehr geholfen als die Zugehörigkeit zu den Roten. Da macht er sich nichts vor. Doch hätte er sich gegen sein Elternhaus wenden, mit der Tradition des Großvaters und des Vaters brechen müssen, die zeitlebens links standen und die alten sozialdemokratischen und sozialistischen Werte hoch hielten. Das wäre nicht die Sache Erwin Staudts gewesen. Sein politischer Weg ist kongenial zu seiner Herkunft verlaufen. „Ich habe interessante Menschen kennengelernt.", sagt Erwin Staudt dankbar. Entweder über die Partei- oder die Firmenschiene, über den Fußball oder über – die Kunst. Zu ihnen gehört der ehemalige Vorstandsvorsitzende von Daimler-Benz, der 1946 SPD-Parteimitglied wurde: der Kunstfreund Edzard Reuter. Damals, 1987, als er in Berlin die IBM-Niederlassung leitete, war Reuter sein großes Vorbild. Der Mann fester Prinzipien war in jenem Jahr gerade zum großen Daimler-Chef avanciert. Bei seinem Amtsantritt bekannte er sich zu einer „offenen" Unternehmenskultur und nannte als Maxime, daß „wir uns gleichrangig gegenüber den Kapitalgebern, gegenüber der Belegschaft und gegenüber der Umwelt verantwortlich fühlen und danach handeln". Aus diesen Worten sprach ein überzeugter Sozialdemokrat, dessen Mutter, Hanna Reuter, geborene Kleinert, Sekretärin bei der Parteizeitung Vorwärts war.

Zum politischen Erbe der Eltern hat sich Edzard Reuter ebenso bekannt wie Erwin Staudt, über den der heutige Pensionär und Buchautor ("Der schmale Grat des Lebens, Hohenheim Verlag Stuttgart/Leipzig) zusammenfassend urteilt: "Es hat mich immer sehr beeindruckt, was er für ein kreativer und innovativer Verkäufer gewesen ist, mit einer enormen Überzeugungskraft, die er auch als VfB-Präsident an den Tag legt." Der Beruf war Erwin Staudt wichtiger als die Politik. Mit Blick auf das vielfältige Engagement des agilen Schwaben resümiert Hans-Olaf Henkel: "In dem Moment, als Erwin Staudt Firmen-Chef in Deutschland wurde, war IBM wieder auf der Landkarte. Und jeden Tag in den Zeitungen."

Er habe immer versucht, für andere Verantwortung zu übernehmen, sagt Erwin Staudt. 30 Jahre bei IBM, das seien Meetings gewesen "ohne Ende", Versammlungen, Besprechungen, Konferenzen. Kommunikation auf allen Ebenen. Und manchmal, meint der humorige Leonberger, sei von den Kollegen und Mitarbeitern zu hören gewesen: "Mir hat koiner ebbes gsagt, i wois von nix." Spurlos vorübergegangen sei seine steile Karriere an ihm nicht: "Man ist immer im Job, lebt nur nach dem Terminkalender. Da muß man aufpassen, daß man als Mensch nicht auf der Strecke bleibt."

Die Leonberger Connection

Suche nach dem politischen Standpunkt

Beim Mittagessen hörte Erwin Staudts Vater oft Radio. Wenn eine Rede von Fritz Erler angesagt wurde, mußten alle am Tisch still sein. Großvater war eigentlich gegen die SPD, sie ging ihm mit ihren Forderungen und Programmen nicht weit genug. Er stand den Kommunisten nahe und verfocht viel radikaler die Formel Freiheit, Gleichheit und Brüderlichkeit. Erwin Staudts Vater dagegen fühlte sich den Sozialdemokraten verbunden und verehrte eben jenen Erler, der als außenpolitischer Sprecher der SPD und als ihr Fraktionsvorsitzender bis zu seinem frühen Tod 1967 einer der führenden deutschen Politiker war und den Godesberger Reformkurs seiner Partei durchzusetzen half. Er besuchte manchmal dessen Wahlkampfveranstaltungen und nahm seinen Sohn dorthin mit.

Fritz Erler hatte wie der Leonberger Erwin Schöttle, der später Bundestagsvizepräsident wurde, ab 1933 der regimekritischen Gruppe „Neu beginnen" angehört, für den Widerstand gearbeitet, war 1938 von den Nazis verhaftet und zu zehn Jahren Zuchthaus verurteilt worden. Er genoß in der Familie hohes Ansehen, weil er in scharfen Reden dezidiert seine Meinung zu sagen pflegte – auch zu Themen, die den Staudt-Nachkömmling interessierten. Den von ihm gescholtenen „Mitläufern des Nationalsozialismus" in seiner Partei, die sich in der Nachkriegszeit um politische Führungspositionen bemühten, las er die Leviten: „Wer mitläuft, kann nicht führen." Erler war ein glänzender Rhetoriker und saß für den Leonberger Nachbarwahlkreis Pforzheim im Bundestag.

Erwin Staudts Vorbild sollte in den sechziger Jahren zunächst ein anderer werden: Dieter Ortlieb, knapp über Dreißig und bereits Oberbürgermeister von Leonberg. Der angehende Twen war damals ständig auf der Suche nach Menschen, die ihm Werte vermitteln konnten, die Visionen hatten und sie mit Tatkraft und Konsequenz durchzusetzen vermochten. Eben wie Ortlieb, der mit Menschen hervorragend umzugehen wußte und für seine Vorhaben im Gemeinderat meist die nötige Unterstützung fand. Dem Rathauschef mit dem SPD-Parteibuch gelang es immer wieder, die Kommunalpolitiker quer durch sämtliche Fraktionen hindurch zu gewinnen, die dann im Gremium für seine Vorlagen votierten. Erwin Staudt bewundert das Führungsgeschick des Altvorderen. In die Ära seiner Amtszeit fallen nicht nur der Bau des Leonberger Hallenbads sowie des Freibads, sondern auch des zweiten Gymnasiums und der zweiten Realschule am Ort. Ferner löste der Amtsinhaber mit einer Parkkaverne unter der Altstadt das leidige Verkehrsproblem rund um den Marktplatz und setzte sich zudem erfolgreich für den Bau der Leonberger Stadthalle ein.

Erwin Staudt wuchs in einer politisch denkenden Familie auf, doch beobachtete er im zunehmenden Alter, daß er selbst keinen politischen Standpunkt hatte. „Ich wurde immer unzufriedener mit mir. Mit 18 Jahren wußte ich noch nicht, welche Partei ich einmal wählen würde", sagt er. Wohnte er einer CDU-Veranstaltung bei, leuchtete ihm ein, was dort propagiert wurde. Besuchte er eine SPD-Kundgebung, überzeugten ihn die Standpunkte ebenfalls. „Du kannst doch nicht durch das Leben gehen, ohne eine eigene politische Position zu haben", sagte er sich.

Dann sei der Zufall ins Spiel gekommen, es war wieder so eine glückliche Fügung. Der Mann, der Erwin Staudt die Sozialdemokraten und Jungsozialisten nahebrachte, hieß Eduard Bosch, ein guter Freund des Vaters und SPD-Stadtrat. Noch dazu eine Führungskraft im IBM-Werk in Sindelfingen. Er besuchte die Staudts ab und zu und drückte dem jungen Erwin dann fünf Mark in die Hand. Eines Tages habe Bosch ihn darauf aufmerksam gemacht, daß es in der SPD eine Jugendorganisation gebe, die Jungsozialisten, und gesagt: „Geh' doch mal hin und schau dir eine Veranstaltung an".

Eduard Bosch war bei den Kommunalwahlen in Leonberg meist Stimmenkönig, obwohl die CDU im Gemeinderat die Mehrheitsfraktion stellte. Er war das, was Erwin Staudt einen „Klassetyp" nennt. Bosch war neben Ortlieb ein Vorbild für den jungen Eltinger, der Inbegriff einer Persönlichkeit. Er nahm den Jugendlichen ernst, wenn er in die Werkstatt seines Vaters kam. Fünf Mark geschenkt zu bekommen, das war viel Geld in den sechziger Jahren.

Den jungen Staudt beeindruckte sehr, auf welch' hohem Niveau bei den Jungsozialisten diskutiert wurde. Auch klassenkämpferische Parolen waren zu hören. Es ging um Gesellschaftspolitik und vor allem um den Mehrwert und dessen Verteilung. Erwin Staudt hatte bei den Linken Anschluß gefunden, und wenn er an seinen Vater und an seinen Großvater dachte, war er stolz, auf dieser politischen Seite zu stehen.

Parteiarbeit

Der Eltinger konnte als Jugendlicher schon gut argumentieren und wußte als Heranwachsender nun auch politisch, was er wollte. Als er in Stuttgart sein Vordiplom in Betriebwirtschaft machte, im Alter von 22 Jahren, wurde er gefragt, ob er für den Kreistag kandidieren wolle. Der leistungsgewohnte Nachwuchspolitiker war bereit, völlig neue Herausforderungen anzunehmen und auf ungewohnte Situationen flexibel zu reagieren. Zu kämpfen hatte er schon gelernt, beim TSV Eltingen, im Gymnasium und während des Studiums.

Zu seinem jungen Leben gehörte, sich mit anderen Meinungen auseinanderzusetzen und einen eigenen Standpunkt zu ver-

Erwin Staudt ist 1955 in Eltingen eingeschult worden. An seinem ersten Tag posierte er mit einer Schiefertafel.

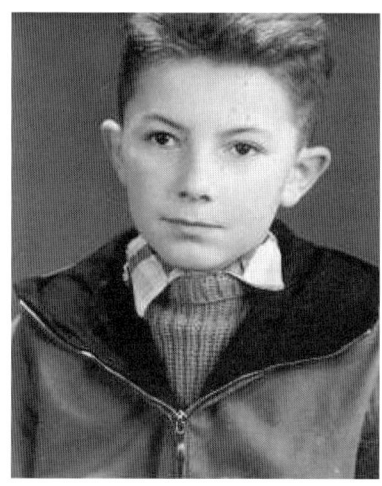

*1959 wechselte er an das Albert-Schweitzer-Gymnasium nach Leonberg.
Mit seinen Freunden sah er sonntags im Kino Westernfilme.*

*Die Eltern Hedwig und Hermann Staudt ließen sich 1966 mit ihren
Kindern Erwin (hinten), Günter und Ursula für das Familienalbum
fotografieren.*

... II ...

Mitte der achtziger Jahre trafen sich Erwin Staudt (rechts), seine
Schwester Ursula und Bruder Günter bei der Hochzeit eines Vetters.

Die Marble Oak Jazz Band riß das Publikum von den Sitzen:
Links von Erwin Staudt mit der Posaune Günter Salb,
rechts der Klarinettist Matthias Hans. Am Piano agierte Clemens Wittel,
dahinter Dieter Matuschak am Bass; am Schlagzeug Jürgen Cailler und
Günter Huber zupfte das Banjo.

... III ...

Die Marble Oak Jazz Band in Paris:
Mit einem Bus kurvte die Marble Oak Jazz Band 1980 nach Paris und
hatte im Jazzkeller Le Petit Journal einen unvergeßlichen Auftritt.
Auf der Rue d'Alesia stellten sich die Musiker vor der Rückfahrt zum
Erinnerungsfoto auf.

*Der pfeilschnelle Linksaußen entwischte meist seinem Gegenspieler.
In den achtziger Jahren trat Staudt mit einer SPD-Kreisauswahl gegen
eine Pressemannschaft an.*

Der Generalbevollmächtigte der IBM für das PC-Geschäft in Deutschland ließ sich 1993 vor der Hauptverwaltung in Stuttgart-Vaihingen ablichten.

1994, *als Vertriebschef der IBM Geschäftsführung Deutschland,*
spielte er im Berliner Blasorchester Trompete. Während des Auftritts
im Internationalen Congress Centrum in Berlin blieb er in Uniform
und mit Pickelhaube unerkannt.

ZDF-Korrespondent Udo van Kampen und Talk-Moderatorin Sandra
Maischberger befragen den IT-Visionär während einer Veranstaltung des
Deutschen Genossenschaftsverbandes.

Der IBM-Chef Deutschland und Bundeskanzler Gerhard Schröder
knüpften während der Cebit in Hannover 1999 einen zukunftsträchtigen
Kontakt und hoben die Greencard aus der Taufe.

Stolz und glücklich im Kreise der Familie: Erwin Staudt 2001 mit dem
Bundesverdienstkreuz vor der Villa Reitzenstein in Stuttgart, Gattin Vilja
und Sohn Andreas; rechts Vater Hermann Staudt, Tochter Kristina und
Sohn Stefan.

Der baden-württembergische Ministerpräsident Erwin Teufel begrüßt
Vater Hermann Staudt. Während einer Feierstunde in der Villa
Reitzenstein erhielt Erwin Staudt in Stuttgart 2001 das
Bundesverdienstkreuz.

Der Freund und Maler Günter Scharein hat zahlreiche monochrome Werke in Gelb geschaffen, von denen Erwin Staudt und auch die Kunstkennerin Claudia Kollmann begeistert sind.

Erwin Staudt frönt gerne dem Rausch der Geschwindigkeit.
2006 ist er über das Wochenende mit einem geliehenen Mercedes SLR,
der 650 PS unter der Haube hat, auf der A 81 nach Singen gedüst.

Michael Rogowski, von 2001 bis 2004 Präsident des Bundesverbandes der Deutschen Industrie, wurde als viertes Mitglied in den „Seckelesclub" aufgenommen.

Die Weinstube Alt-Eltingen ist Erwin Staudts bevorzugtes Restaurant in seinem Heimatort. Mit dem Inhaber Heiner Eiss, einem Freund und CDU-Parteikontrahenten aus alten Tagen, ist er auf einem Foto verewigt.

*In der Enoteca seines Amigo Ghino im toskanischen Ort Pienza
verkostet Erwin Staudt gerne edle Tropfen.*

Im Sommer läßt er sich in seinem Garten von Kunstwerken inspirieren.
Die dreiteilige Stele, die Matthias Eder geschaffen hat, ist den Kindern
der Staudts gewidmet.

Erwin Staudt wurde am 26. Juni 2003 von den Mitgliedern zum ersten hauptamtlichen VfB-Präsidenten gewählt. Kurz nach seinem Amtsantritt durchwehte internationales Flair das Gottlieb-Daimler Stadion.

Taschenberg 3 · 01067 Dresden · Germany
Tel +49 351 4912 0 · Fax +49 351 4912 812
e-mail reservation@kempinski-dresden.de · www.kempinski-dresden.de · www.kempinski.com

Im Hotel Kempinski in Dresden entwarf er 2004 das Szenario für den Stadionumbau in eine reine Fußballarena (2 und 3: Begradigung der Kurven). In einem ersten Schritt plante er den Bau des Carl-Benz-Centers (1). Nebenan befindet sich heute die Porsche-Arena („Kl.H.") und die Hanns-Martin-Schleyer-Halle („HMS"). Hinter der künftigen Mercedes-Benz-Arena befindet sich die Molly-Scheufele-Halle („MSH").

... XVI ...

Zwei Männer, eine Passion: Fußball. Für den VfB-Aufsichtsratsvorsitzenden Dieter Hundt war Erwin Staudt der Wunschkandidat für den Präsidentenposten. 2008 stand der VfB finanziell so gut da wie noch nie in seiner Vereinsgeschichte.

*Die Verpflichtung des italienischen Startrainers Giovanni Trapattoni
wurde als Coup gefeiert. Am 17. Juni 2005 unterschrieb der Maestro
einen Zweijahresvertrag, der vorzeitig aufgelöst wurde.*

*Seine Sternstunden als Fußballpräsident erlebte er am 19. Mai 2007,
als der VfB Deutscher Meister wurde. Der Autokorso startete am
Carl-Benz-Center, im ersten Wagen saß Erwin Staudt neben
Kapitän Fernando Meira.*

Erwin Staudt pflegt über sein Mobiltelefon zu zahllosen Menschen einen engen Draht. Wie viele Nummern er eingespeist hat, weiß er selbst nicht.

Bereits nach seiner ersten Amtszeit war er am Ziel seiner Träume.
Glücklich und stolz präsentierte er am Tag nach dem Titelgewinn in
seinem Garten in Leonberg die Meisterschale.

treten. Seine Streitlust konnte er in der SPD geradezu kultivieren. Doch legte er sich mit politischen Gegnern, den Christdemokraten oder den Vertretern der Freien Wählervereinigung, nicht so an, daß sie ihm richtig und nachhaltig böse sein konnten. Nach hitzigen Debatten ging man im Frieden auseinander – oder zusammen in ein Wirtshaus.

„Der Erwin war damals schon ein Pfundskerl", erinnert sich der 20 Jahre ältere Leonberger Hans Gonser, der im Kreisparlament als stellvertretender Vorsitzender der Freien Wähler fungierte und mit Erwin Staudt im Leonberger Gemeinderat eine turbulente Zeit erlebte. Er hat den jungen Wilden und Neu-IBMmer noch genau vor Augen, wie dieser ihm auf einem Straßenfest in geselliger Runde zugerufen habe: „Komm' rüber zu deinem roten Bruder, wir trinken einen."

Von sich reden machte der Lokalpolitiker Staudt, als er bei der Bürgermeisterwahl mit dem Fraktionschef der CDU, Alwin Grupp, eine Wette abschloß. Wenn der damalige SPD-Schultes von Leonberg, Dieter Ortlieb, wieder gewählt würde, sollte Grupp ihn vom Bahnhof bis auf den Marktplatz tragen. Ortlieb wurde im Amt bestätigt, und Grupp löste die Wette ein. Wie oft er auf der Strecke den politischen Widersacher abgesetzt hat, ist nicht bekannt. Jedenfalls haben sich die Leute in Leonberg köstlich darüber amüsiert. „Die Aktion hat Aufsehen erregt und ist medienwirksam gewesen", sagt der Genosse Peter Pfitzenmaier, der damalige Mitstreiter von Erwin Staudt und heutige Leiter der Volkshochschule Leonberg. Erwin habe schon damals hervorragend auf der PR-Klaviatur zu spielen gewußt.

Als junger Politiker war der Schneidersohn in seiner Heimatgemeinde geschätzt und so beliebt, daß er bei den Wahlen oft die meisten Stimmen auf sich vereinigte. 1980 und 1984 wurde er bei den Kommunalwahlen jeweils Stimmenkönig. „Erst als Erwin nicht mehr kandidierte, habe ich mit Abstand das beste Ergebnis erzielt", sagt der um die Wählervereinigung verdiente Veteran Gonser. Ihre Verbundenheit hat bis heute Bestand. Wenn sich die beiden treffen, gibt es ein großes Hallo. Zum 50. Geburtstag von Erwin Staudt war auch Gonser eingeladen. Er saß inmitten lauter IBMern. Erwin Staudt hat keine langen Reden gehalten, dafür spielte er auf seiner Trompete.

1971 nominierten ihn die Genossen für den Leonberger Kreistag, und als jüngstes Mitglied zog er in dieses Gremium ein. Bei der Wahl am 24. Oktober erhielt er mit 2427 Stimmen das zweithöchste Votum. Nur Karl Grob, der langjährige SPD-Fraktionschef und damalige Rektor der Pädagogischen Hochschule in Ludwigsburg, überflügelte den Jungspund deutlich und kam auf 6054 Stimmen. Während der Amtszeit bis zur Wahl des neuen Kreistages am 8. April 1973 fand sich Erwin Staudt zwischen „alten Hasen" wieder, die das Metier kannten. Zu seiner Linken hatte er den Genossen Erwin Huber, einen Maschinenarbeiter aus Münchingen, zur Rechten Kurt Knobloch, einen Vermessungsbeamten aus Gerlingen. Die SPD machte mit dem Newcomer ordentlich Plätze gut und errang 13 Mandate. Stärker war nur die Freie Wählervereinigung, während die CDU ebenfalls auf 13 Sitze kam.

Die Kräfteverhältnisse waren fast ausgeglichen, die Abstimmungen oft spannend. Erwin Staudt, im Sitzungsprotokoll als Student eines höheren Semesters mit „cand. rer. pol." geführt, der sich auf das Examen vorbereitet, beschäftigte sich mit den Problemen der Kreisberufsschule, der Kreiskrankenhäuser und mit dem Straßenbau. Die Themen wurden allesamt auch in den zuständigen Ausschüssen behandelt und danach noch im Plenum debattiert. Der Freiburger Student erhielt je Sitzung ein Tagegeld von 40 Mark sowie eine Kilometerentschädigung von 30 Pfennig, die er aber nicht in Anspruch nahm, weil er am Sitzungsort seinen Wohnsitz hatte.

Nach der Auflösung des Altkreises Leonberg und der Fusion mit dem Kreis Böblingen war das Leonberger Kreisgremium 1973 nach Böblingen verlegt worden. Im Landkreis hatte sich eine neue Konstellation der politischen Kräfte ergeben, und Erwin Staudt legte sein Mandat nieder.

1975, zwei Jahre nach dem Berufsstart bei IBM, entschloß sich der Nachwuchs-IT-Mann, für den Leonberger Gemeindrat zu kandidieren. Im Alter von 25 Jahren habe er sich gar nicht mehr die Frage gestellt, ob er in der richtigen Partei sei. Er gehörte einfach dazu. Und dazu zu gehören, seinen Weggefährten die Treue zu halten und sich für sie zu engagieren, das bedeutete ihm viel. Von 1972 bis 1979 übernahm er den Ortsvereinsvorsitz der Leonberger SPD.

Der leidenschaftliche Sozialdemokrat gestaltete die Leonberger Kommunalpolitik mit und führte ganz neue Methoden ein, um Standpunkte zu erörtern. Seiner Partei verhalf er damit zu neuer politischer Stärke. Seinem SPD-Freund Peter Pfitzenmaier ist noch gut in Erinnerung, wie im Kommunalwahlkampf 1975 Arbeitsgruppen zu Schwerpunktthemen wie Schulen in Leonberg, Jugendarbeit und Sport gebildet wurden. So etwas hatte es vorher nicht gegeben: Basisdemokratie. Die erzielten Ergebnisse sind dann in einem Pressegespräch der örtlichen Zeitung vorgestellt und veröffentlicht worden.

Vor der Ära Staudt saßen höchstens ein Dutzend Genossen im Gemeinderat. Nachdem das Tandem Staudt-Pfitzenmaier die Werbetrommel gerührt und die Kandidaten noch bekannter gemacht hatte, konnte die SPD ihre Mandate auf 15 ausbauen. Einer der Neuen im Gremium war der 27jährige Staudt, den seine Partei zum stellvertretenden Fraktionsvorsitzenden wählte. Als Fraktionschef agierte immer noch unangefochten der Lokalmatador Grob.

1980, als sich Grob aus beruflichen Gründen aus dem lokalpolitischen Geschehen zurückzog, war Erwin Staudt der unangefochtene Meinungsführer und avancierte zum Fraktionschef. Als Stimmenkönig trat er damit auch in die Fußstapfen von Eduard Bosch, dem IBM-Mann, den er so sehr bewundert und der ihm seinen Weg in die Partei vorgezeichnet hatte. Der Nachwuchspolitiker fiel damals schon durch seine geschickten politischen Auftritte auf. Eine seiner Glanzleistungen als SPD-Fraktionschef im Gemeinderat zeigte er beim Tauziehen um den geplanten Bau der Millionen verschlingenden Stadthalle. Er selbst war zwar für dieses zukunftsträchtige Vorhaben, doch mußte er als Fraktionsführer die Mehrheitsmeinung seiner Genossen vertreten – und diese wandte sich nun Mal gegen die Errichtung der Halle. „Das war ein Spagat, den ich leisten mußte, doch er war im Sinne der Demokratie nötig." Die Stadthalle wurde dann trotzdem errichtet, vor allem, weil der damalige SPD-Oberbürgermeister Dieter Ortlieb für eine entsprechende Mehrheit unter den Stadträten gesorgt hatte.

Erwin Staudt orientierte sich weiterhin an den Größen in seinem näheren Umfeld, um von ihnen zu lernen. Da war außer dem Oberbürgermeister Ortlieb, der in seiner Stadt baulich so viel voranbrachte, auch der Landrat Reiner Heeb, der nach der Mandatszeit Staudts im Kreistag das Sagen hatte. Beharrlich setzte Heeb seine Vorstellungen durch. Es mußte zum Beispiel das Problem der stetig wachsenden Mülldeponien aus der Welt geschafft werden. Das Bauprojekt eines Müllmeilers im Böblinger Wald war lange Zeit umstritten, besonders Umweltschützer wehrten sich vehement dagegen. Letztlich wurde der Müllofen dann doch errichtet – Heeb hatte die Oberhand behalten, imponierend für den jungen Staudt, wie der Landrat das politisch gemanagt hatte.

Anfang der achtziger Jahre, als für ihn noch nicht feststand, wie weit er auf der Karriereleiter bei IBM noch kommen würde, liebäugelte Erwin Staudt damit, ganz in die Politik einzusteigen. Zunächst lenkte er seinen Ehrgeiz darauf, in die Führungsposition im Kreisverband zu gelangen, und dachte daran, sich für den Vorsitz zu bewerben. „Leider erhielten wir als Leonberger Genossen nicht die Mehrheit", erinnert sich der Fraktionskollege Pfitzenmaier. Die Kräfteverhältnisse im Kreis seien nun einmal so gewesen, wie sie schon immer waren. Die Vertreter in den Ortsverbänden Böblingen und Sindelfingen hatten das Übergewicht, die Leonberger wurden immer erst an dritter Stelle berücksichtigt. Daß Erwin Staudt in der Partei nicht weiter hoch kam, hat sicher auch daran gelegen und nicht nur an ihm selbst.

Ähnlich erfolglos war der damalige IBM-Mitarbeiter als parteiinterner Bewerber für die Bundestagskandidatur im Jahre 1983. Auch hier hatte die Böblinger Kauffrau Doris Odenthal, Sachbearbeiterin für Verkauf, Personal- und Rechnungswesen, die Nase vorn. Sie wurde 1981 nicht nur zur Kreischefin der SPD gewählt, sondern auch als Kandidatin der Böblinger Kreisgenossen aufgestellt und gelangte 1983 in den Deutschen Bundestag, dem sie bis 1998 angehörte.

Das Ende der politischen Karriere kam für Erwin Staudt 1986, als er beruflich nach Berlin wechselte. Trotzdem blieb er bei der Leonberger SPD weiterhin Mitglied. Erwin Staudt war Leonberger SPD-Chef und inzwischen Assistent in der IBM-Geschäftsführung, und zwar des obersten Vertriebsmanagers von IBM, von Bernhard Dorn. Dieser ließ ihn in sein Büro kommen und stellte ihm die rhetorische Frage, was er eigentlich werden wolle. Politiker oder Manager? Bevor Erwin Staudt überlegen konnte, fuhr er fort: „Gehen Sie jetzt mal nach Hause und fragen Sie ihre Frau, ob Sie mit Ihnen nach Berlin geht."

„Ich mußte mal kurz schlucken in diesem Moment, als Dorn mir diese Perspektive eröffnete", bekennt Erwin Staudt. Er entschied sich für die Managerkarriere. Gehaltserhöhungen hatte es jedes zweite Jahr gegeben, sie waren vornehmlich an die Leistung im Unternehmen gekoppelt. Nun rückte er mit einem Mal noch ein ganzes Stück weiter in der Einkommenstabelle nach oben – und bekam dazu eine reizvolle Aufgabe übertragen: Die Leitung der IBM Niederlassung am Berliner Ernst-Reuter-Platz. Im Leben der Familie Staudt sollte sich damit einiges ändern.

Zuvor hatte Erwin Staudt noch seinen engsten Vertrauten angerufen, Günter Salb. Solle er in Leonberg so gut wie alles aufgeben? Einen Strich unter seine Stuttgarter IBM-Zeit ziehen? Seine musikalischen Leidenschaften zurückstellen und die Band im Stich lassen, die er mit Salb gegründet hatte? Salb warnte ihn. In Berlin regiere Siemens. Berlin sei eingemauert. Die guten Leute des Konzerns seien nicht nach Berlin, sie seien irgendwohin ins Bundesgebiet gegangen oder ins europäische Ausland. Salb fürchtete, Berlin könne für seinen Freund beruflich das Aus bedeuten.

Aber dieser hörte nicht auf seinen Kumpanen, ließ Leonberg Leonberg sein, und suchte sich in Berlin ein schnuckeliges Reihenhaus in Spandau, mit einem eigenen Zugang zum Pichelsee, einem eigenen Bootssteg, idyllisch gelegen, direkt an der Havel. Good Bye Eltingen, hello Berlin. Auch die aktive Vereinsarbeit gehörte mit diesem Schritt der Vergangenheit an – und die schöne Zeit mit der Musikband ging damit ebenfalls zu Ende.

„Marmor, Stein und Eisen bricht, aber unsere Liebe nicht", den Song von Drafi Deutscher, hatte Erwin Staudt auf seiner Trompete geschmettert hoch über Eltingen in seiner Bude unterm Dach. 40 Jahre später gilt diese Treuebekundung der Leonberger Connection.

In Eltingen – heute und damals

Es ist der 21. Oktober 2007. Im Leonberger Stadtteil Eltingen wird der 100. Geburtstag des Hotels und Gasthauses Hirsch gefeiert. Der halbe Ort ist auf den Beinen. Im Hof hat der Wirt Heiner Eiss ein Partyzelt aufgebaut, überall hängen Bündel mit bunten Luftballons. Es spielt eine Combo, das Außenthermometer zeigt sechs Grad Celsius. Der Ministerpräsident des Landes, Günther Oettinger, gibt sich die Ehre, es werden Reden geschwungen auf die Tradition der alteingesessenen Gastronomenfamilie – doch der eigentliche Star an diesem ungemütlichen Sonntagmittag ist der VfB-Präsident.

Die offizielle Feier findet in geschlossener Gesellschaft statt, viel lokale Prominenz hat sich eingefunden, alles, was in Leonberg und im Teilort Eltingen Rang und Namen hat. Man liebt es, unter sich zu sein; in der dörflichen Idylle zwischen Besenwirtschaften und Fachwerkhäusern trifft Bodenständigkeit auf schwäbischen Fleiß. Hier ist Erwin Staudt daheim, hier liegen seine Wurzeln und zu denen steht er auch im dunklen Anzug und mit einer gewichtigen Miene. Schließlich ist er hier jemand, hier huldigen sie ihm. Wie eine Ureltingerin, eine von vielen, die nur darauf gewartet hat, ein paar Worte mit dem berühmten Sohn der Kleinstadt am Rande der Autobahn zu wechseln. Sie sei ebenfalls VfB-Mitglied geworden, ob er das wisse?

Erwin Staudt kann seine Anspannung kaum verbergen. Im Moment hat er gewiß andere Sorgen – nach der Niederlage seines Clubs, der sich nach einem 1:4 in Hamburg tags zuvor im freien Fall in Richtung Tabellenkeller befindet. Bevor er zur Krisensitzung um 19 Uhr nach Stuttgart fährt, wird er sich zu Hause noch eine Stunde aufs Ohr legen. Immer wieder müssen sich Erwin Staudt und Gattin Vilja mit ein paar Bekannten und Freunden für ein Foto aufstellen. Schließlich sind dies kostbare Momente, wenn ihr Erwin vor Ort ist.

Der weitgereiste Manager läßt selten eine Gelegenheit aus, um in seinem Stammlokal Hirsch mit lieben Freunden einen Rostbraten zu essen. Dazu gibt es meist einen Trollinger – den der Italienkenner Staudt kaum weniger schätzt als einen Chianti. In der guten Stube des Restaurants hängen Bilder mit Promis, darunter auch Fotos mit Erwin Staudt, die ihn mit dem verschmitzt lächelnden Besitzer zeigen. Daß der fünf Jahre ältere Heiner Eiss für die CDU im Gemeinderat und im Kreistag saß und mitunter gegen die Staudtsche SPD gewettert hat, scheint ohne Belang. Für den Präsidenten der Roten mit dem roten Parteibuch ist das kein Hindernisgrund, eine Freundschaft mit Eiss zu pflegen. Einmal im Jahr lädt der VfB die schreibende Zunft in das Gasthaus Hirsch ein, und der Trainer und der Präsident stehen Rede und Antwort.

Auch sonst ist der Fußballchef hin und wieder präsent, eröffnet in Leonberg eine Kunstausstellung oder liest für die Volkshochschule in einer Eltinger Weinstube aus seiner Lieblingslektüre vor. Nicht ohne für seine Leidenschaft – die Informationstechnologie – zu werben oder seine Botschaften zu verbreiten, daß Fußball durchaus etwas mit Kultur zu tun habe und man bei diesem Sport fürs Leben lernen könne.

Oft jagt ein Termin den anderen, und Erwin Staudt düst einmal mehr über die nahegelegene Fernstraße oder mit dem nächsten Flieger davon. Dann entkommt der Global Player der provinziellen Enge. Fast wäre er hier nicht heraus gekommen und so geblieben wie sie, die im Alltag vor sich hinwerkeln, für die eine Straßen-Hocketse oder eine Jubiläumsfeier in einem Partyzelt der Höhepunkt des Jahres bedeutet. Eltingen – für Erwin Staudt ist das sein Basislager.

Aber auch sein Feriensitz in der Toskana ist ihm lieb und teuer, wo er mit sich und der Welt ins Reine kommt. Und er sehnt sich nach dem Flair der Großstadt, nach Berlin, wo er immer noch seine guten Kontakte pflegt und eine Wohnung sein eigen nennt.

Der erfolgreiche Leonberger braucht nach dem Trip in die große weite Welt den Kontrast, das warme, vertraute Nest, die ländliche Idylle, wie er sagt. Hier möchte er bleiben, wenn ruhigere Zeiten anbrechen – vielleicht nach seiner VfB-Präsidentschaft. Eltingen ist für ihn der Nabel der Welt – er wird immer hierher gehören.

Wenn er Vorträge hält, weiht er seine Zuhörer ein, daß er nicht in großbürgerlichen Verhältnissen aufgewachsen ist, daß er als Junge keine Ferien an der Cote d'Azur gemacht hat. Erwin Staudt kokettiert nicht mit diesen Bemerkungen, nein, ihm geht es darum, zu erklären, weshalb aus ihm das wurde, was er geworden ist. Und vor allem, daß er immer noch der ist, der er schon immer war. Das mag manchen befremden, vor allem jene, die über ihre bescheidene Herkunft lieber den Mantel des Schweigens hüllen. Erst recht wird es aber diejenigen wundern, die bisher angenommen hatten, er komme wie sie aus der Oberschicht. Wie sonst hätte er es ganz an die Spitze bringen können? Die Karriere des Erwin Staudt – vor diesem Hintergrund kommt sie einem fast wie ein Märchen vor, wie ein Traum. Wundersam. Ein Aufstieg, den er vielleicht in einer amerikanischen Firma leichter als in deutschen Unternehmen vollziehen konnte – bei IBM. Ein Fall einer Bilderbuchkarriere: Der Sohn eines Schneiders, der als Beerdigungsmusiker sein erstes Geld verdiente und als Fußballer nur mäßigen Erfolg hatte, ist bis zum Firmenchef aufgestiegen und Präsident eines Fußball-Bundesligavereins geworden.

Nein, für einen Urlaub in Südfrankreich hatten seine Eltern kein Geld. Er habe eine Dauerkarte für das Eltinger Freibad gehabt, berichtet Staudt seinen Zuhörern. Wie seine Freunde, die er während der Sommerferien täglich auf der Liegewiese traf, wo man natürlich auch kicken konnte. Ansonsten jagte er auf dem Sportplatz dem runden Ball nach. „Unser Leben damals hat sich dort abgespielt", sagt Erwin Staudt. Das präge einen Menschen. „Ja", bekennt er, „das bin ich."

Der aufstrebende Erwin Staudt wußte schon früh um seine Schwächen und Stärken. Weshalb sollte er sich weiterhin auf die Beine kloppen lassen in der Kreisklasse? „Wenn du dich noch so sehr anstrengst bei etwas, was dir nicht liegt, wird das nichts", erkannte der leidgeprüfte Linksaußen des TSV Eltingen. Er entschloß sich, die Seite zu wechseln und wurde Schiedsrichter. Dieses Metier lag ihm mehr. Schon im Alter von zwanzig Jahren pfiff er Begegnungen in der Amateurliga.

Doch auch als Mann in Schwarz stellte er fest: Das Fußballfeld war nicht sein Ort der Selbstverwirklichung. Bei den Auseinandersetzungen der Dorfmannschaften ging es ohne Rücksicht auf Verluste zur Sache, und das Publikum, vor allem der Heimelf, war nicht immer glücklich mit den Entscheidungen des Pfeifenmannes. Bruder Günter, der ihn meistens zu den Spielen begleitete, mußte den gefährdeten Schiedsrichter einmal vor den erbosten Zuschauern in Sicherheit bringen. Zuvor holte er noch dessen Sachen aus der Umkleidekabine und warnte ihn: Heute könne er nicht duschen gehen. Die Staudt-Brüder bestiegen rasch ihr Auto und suchten das Weite.

Der heutige Clubchef verteidigt seine damaligen Leistungen als Unparteiischer und nimmt die Zunft generell in Schutz: „Zu 99,9 Prozent wollen Schiedsrichter nichts anderes als gerecht sein." Rückblickend zieht er das Fazit: „Ich habe damals gelernt, Verantwortung zu übernehmen." Nach zwei undankbaren Jahren quittierte er den Dienst in Schwarz und hängte auch die Fußballschuhe endgültig an den Nagel. Überdies hatte er auch nicht mehr die Zeit, hinter dem Ball her zu rennen, denn schließlich nahm ihn sein Studium jetzt voll in Anspruch.

Wenn er nach wie vor Spaß am Vereinsleben hat und daran mitwirkt, liegt es daran, daß er ein Leben lang nichts anderes gemacht hat. Von 1983 bis 1986 lenkte der VfB-Präsident als Vorsitzender des TSV Eltingen die Geschicke des örtlichen Clubs, und was er im kleinen lernte, konnte er später im großen anwenden.

Wer genau hinsieht, dem offenbart sich die alte Verbundenheit mit dem Heimatclub in Staudts Stuttgarter Präsidentenbüro. Neben dem Wimpel der Champions-League-Begegnung des VfB gegen den FC Chelsea hängt, drei Schritte von seinem Schreibtisch entfernt, der gelb-schwarze Wimpel eines Freundschaftsspiels des VfB gegen den TSV Eltingen. Erwin Staudts Großvater war im Eltinger Arbeitersportverein aktiv, in den zwanziger Jahren war im Dorf eine Turnhalle gebaut worden. Der Vater war bei der Feuerwehr, im Gesangsverein, beim Bund der Selbständigen und Obermeister in seiner Handwerkerinnung. Für Erwin Staudt ist klar: Die Gesellschaft funktioniert nur, wenn sich möglichst viele Menschen engagieren und bereit erklären, ein Stück Verantwortung zu übernehmen, ein Risiko einzugehen und etwas von ihrer kostbaren Zeit zu investieren.

Einen nachhaltigen Einruck hat auf ihn das Treffen nach 30 Jahren hinterlassen, das er mit seiner alten Schulklasse erlebte, in der er stets als Klassensprecher fungierte. Dieses Wiedersehen wiederum war mit keinerlei Risiko verbunden, denn alles war so wie früher. Alle saßen auf ihren angestammten Plätzen im Klassenzimmer, Erwin Staudt stand vorne und übernahm die Moderation. Jeder sollte in drei Minuten erzählen, was er in den vergangenen drei Jahrzehnten erlebt hat. Nach einer halben Stunde sei es wieder wie früher gewesen. Es gab die Zweifler, die Schwachen, die Starken – und die Alphatiere. Er selbst, sagt Erwin Staudt, habe sich gegenüber damals auch nicht wesentlich verändert.

Genuß und Intellekt

Die Familie und die kleinen Freuden

Erwin Staudt ist viel unterwegs. Das ist er einerseits nicht ungern, das Reisen gehört inzwischen zu seinen Leidenschaften. Der neugierige Leonberger geht dabei einer Lieblingsbeschäftigung nach: Menschen kennenlernen. Für so ein „Hobby" braucht man Zeit, und die gönnt sich Erwin Staudt, selbst wenn er hin und wieder zu Terminen zu spät kommt, weil er mit einem neuen Freund oder einer Bekannten ausgiebig geplaudert hat.

Andererseits verbringt er genauso gerne einen ruhigen Abend zu Hause in seinem Arbeitszimmer und genießt den grandiosen Blick auf den Garten mit dem Seerosenteich, den Ehefrau Vilja anlegen ließ. In seinem Refugium steht eine Musikanlage, die Trompete ist in greifbarer Nähe, auch einen Fernseher hat er und natürlich viele Bücher um sich herum. In einer Ecke hat er eine „Ego-Wand" gestaltet, mit zahllosen Fotos aus früheren Jahren, Erinnerungsstücken und kleinen Mitbringseln aus allen möglichen Ländern.

Die Stunden, die der VfB-Chef mit seinen drei Kindern und seiner Frau Vilja zusammen sein kann, sind selten. Sonntage sind ihm deshalb heilig. Im Idealfall ist er am Sonntagnachmittag gejoggt, hat zuvor die Sauna angeheizt, dort ein bißchen gedöst und gelesen und im Radio die Spielberichte der zweiten Fußball-Bundesliga verfolgt. Das Mittagessen fällt sonntags aus, um so mehr schätzt es der Familienmensch, wenn man abends zusammen Essen geht oder Ehefrau Vilja eine Pasta zubereitet mit einer würzigen Salsa. Am liebsten macht er dazu „einen Kracher" auf, wie er sagt, einen italienischen Rotwein, möglichst aus der Toskana. Das ist für ihn die ideale Sonntagskonstellation.

„Im Alter von Anfang 40 habe ich festgestellt, daß ich von Wein eigentlich keine Ahnung habe. Ich trank zwar Rotwein- und Weißwein, hatte aber dennoch kaum einen Schimmer von dem, was mir da im Glas entgegenblinkte." Er versuchte, dem Problem auf den Grund zu gehen. Einiges lernte er von seinem IBM-Vertriebschef Bernhard Dorn, der ihm bei besonderen Gelegenheiten – wenn sie beim Essen saßen – die Rebsorten, Lagen, Anbauvarianten, die Bedeutung des Klimas und die Jahrgänge von Weinen nahebrachte. Und bei den Begegnungen in Berlin oder in der Toskana diskutierte der frischgebackene Weinliebhaber mit seinen Freunden über die Qualität der Tropfen, die sie verköstigten. Nachdem er in Italien ein eigenes Domizil erworben hatte, kamen bevorzugt Chiantis, Brunellos, Barberas oder Barolos auf den Tisch, jedes Mal verbunden mit einer kleinen Lehrstunde über das Einmaleins des Weinanbaus. Bald hatte er, der stets wißbegierige und gelehrige Schüler, fast annähernd das Wissen eines guten Sommeliers. Die Gaumenschmeichler jedenfalls konnte er nun beurteilen.

An Wochenenden und zu besonderen Anlässen greift der Weinkenner zu den internationalen Topgewächsen, unter der Woche verhält er sich wie ein gediegener Schwabe. Der Leonberger gönnt sich dann einen Lemberger von seinen Lieblingsproduzenten Haidle, Wörwag, Aldinger oder von dem Nachwuchswinzer Greiner. Wenn er irgendwo einen Vortrag hält, und das kommt – außerhalb der Urlaubszeit – im Durchschnitt zwei- bis dreimal in der Woche vor, erhält er oft Weinpräsente, so daß für Nachschub gesorgt ist. Bisweilen sind seltene Tropfen aus Italien oder Frankreich darunter, die im Staudtschen Weinkeller nicht sehr alt werden, frei nach dem Motto: „Was du heute kannst entkorken, das verschiebe nicht auf morgen."

Sprüche wie diese sind sein Markenzeichen. In Gesellschaft blüht er auf, bei gemeinsamen Essen und feucht-fröhlichen Zusammenkünften. Wenn er noch Autofahren muß, trinkt er allerdings nur Mineralwasser, eine eiserne Regel. Deshalb ging für ihn ein Traum in Erfüllung, als Vilja Staudt einen original italienischen Pizzaofen für die heimische Gartenlaube orderte. In den Sommermonaten werden dort genußvolle Feste gefeiert oder man verlebt beschauliche Abende mit guten Freunden – immer dann natürlich, wenn es die Zeit zuläßt.

Dann zeigt der VfB-Chef auch mit Stolz die Kunstwerke, die den Garten schmücken, Plastiken etwa des örtlichen Künstlers Matthias Eder, von Peter Römpert und Hans-Daniel Sailer. Oder er durchstreift mit seinen Gästen die Räume des Hauses am Rande von Leonberg und führt ihnen die Neuerwerbungen einer beachtlichen Kunstsammlung vor, die er mit seiner Ehefrau im Laufe der Jahre zusammengetragen hat. Überhaupt hat es ihm die Kunst seit einigen Jahren angetan. Erwin Staudt besitzt Werke von Hölzel, Ackermann, Pechstein und vielen anderen, aber auch moderne abstrakte Kunst, vor allem von seinem Freund Scharein. Mitunter eröffnet er selbst eine Kunstausstellung, oft im trauten Leonberg, meist dann, wenn seine Frau als Künstlerin oder als Organisatorin mit von der Partie ist. Kunst ist in der Familie ein verbindendes Element geworden, sehr zur Freude von Vilja Staudt, die ihren Mann während seiner 30 Berufsjahre bei IBM oft missen mußte. Als Autodidaktin hat sie zur Fotokunst gefunden, die in ihrem Leonberger Domizil selbstverständlich ihren Platz beansprucht. Mit ihrem scharfen Blick für das eher Unscheinbare, Unspektakuläre hat sie schon immer gerne ihre Beobachtungen mit der Kamera festgehalten. Für ihre Arbeiten verwendet Vilja Staudt seltene Fundstücke und Naturmaterialien wie Äste oder Blätter, entdeckt rätselhafte Ansichten auf Keramik- oder Stahlflächen und ist fasziniert vom Gewirr der Pflanzen. Mit der Zeit gelangte sie zu einer reduzierten Formensprache und entwickelte eine hohe Abstraktion. Die Vorliebe für das Klare und Schlichte ist im übrigen etwas, was das Ehepaar Staudt gleichermaßen schätzt.

Und noch eine Gemeinsamkeit verbindet: Sie mögen Tiere. Ein Esel graste schon im Staudtschen Garten, und statt eines Abends zu zweit bekam Vilja Staudt von ihrem Mann zum Geburtstag einmal ein tête à tête mit einer Namensschwester in der Stuttgarter Wilhelma geschenkt, mit der betagten Elefantendame Vilja.

Der Vielreisende ist froh, daß seine Gattin in Leonberg ihren eigenen Freundeszirkel aufgebaut hat. Sie gründete zusammen mit der Leiterin des städtischen Kunstamtes, Christina Ossowski, eine private Initiative unter dem Motto „Kunst und Genuß". Aus einem anfangs kleinen Kreis interessierter Frauen ist zu Beginn des Jahres 2008 eine Gruppe von 70 passionierten Kunstgenießerinnen geworden, die gemeinsam Ausflüge in Museen und Galerien unternehmen und sich in regelmäßigen Abständen in Leonberg zum Frühstück treffen, um anschließend die aktuelle Ausstellung in der Leonberger Galerie zu besuchen. Eine der Teilnehmerinnen, Hildrun Schlicke, sagt voll Anerkennung über Vilja Staudt: „Sie ist eine Schafferin und eine Aktivistin wie ihr Mann." Inzwischen haben auch die Ehemänner der Frauen ein Meeting – allerdings abends und mit einem eigenen Programm.

Kunst und Klassik

Im Hause Staudt hingen früher keine Werke der klassischen Moderne an den Wänden. Im Wohnzimmer der Eltern, Erwin Staudt hat es noch genau vor Augen, prangte über dem Sofa ein industriell gefertigtes Bild, wie es eben in bescheidenen Verhältnissen üblich war. Es zeigte einen Hirsch, der an einem Bach trinkt. Mehr Kunst war nicht vorhanden, mit der sich der Heranwachsende hätte auseinandersetzen können. Ein Bild gab es aber doch noch. Im Kinderzimmer. Erwin Staudt erinnert sich nur ungern daran. Das Werk zeigte einen Matrosen, der auf einem gekenterten Schiff auf dem Kiel gestanden und eine deutsche Kriegsflagge hochhielt. Zu geistigen Höhenflügen hat diese Kunst Erwin Staudt sicher nicht verholfen.

Der Sproß der Schneiderfamilie war etwa zwölf Jahre alt, als er das erste Mal erlebte, was der Kunst- und Kulturgenuß für einen Stellenwert haben kann. Er war unterwegs in den Nachmittagsunterricht, als ihm auf der Leonberger Straße ein Junge entgegenkam, der es sehr eilig hatte. Es war Max Schilling, der Sohn des Lehrers. Die Uhr zeigte kurz vor eins. Erwin Staudt fragte ihn, weshalb er denn so schnell laufe. Der Junge, der zwei Klassen über ihm in das Albert-Schweitzer-Gymnasium ging, antwortete in knappen Worten: In wenigen Minuten übertrage der Süddeutsche Rundfunk die Sinfonie aus der Neuen Welt von Antonín Dvořák. Der zwölfjährige Pennäler war sprachlos. Wie konnte man nur so verrückt nach klassischer Musik sein? Der ältere Junge entgegnete, das sei ganz einfach. Dvořáks Sinfonie könne als Filmmusik unter sämtliche Westernszenen gelegt werden. Für Erwin Staudt war das ein Schlüsselerlebnis. In jenen Jahren war die Jugend Eltingens verrückt auf Wild-West-Filme. Sonntags durften sie immer in die Kindervorstellung ins Leonberger Centralkino, wo sie die Westernhelden John Wayne und Robert Mitchum bewunderten.

Die Sinfonie hat er sich kurz darauf im Schallplattenladen besorgt, es war seine erste Klassik-LP. Einige Jahre sollten vergehen, bis er dann Rossini-Fan wurde. Den Anstoß gab der Journalist des Süddeutschen Rundfunks, Gerhard Konzelmann. Erwin Staudt lernte ihn kennen, als er IBM-Kommunikationschef war und ein Event vorbereitete für die Kunden des Unternehmens. Konzelmann schlug das Sponsoring eines Rossini-Festivals im Schloßpark von Schwetzingen vor. Erwin Staudt erhielt aus der IBM-Führungsetage grünes Licht und zum ersten Mal Zugang zu der Musik des großen italienischen Komponisten. Seitdem ist Gioachino Rossini der Favorit im Klassik-Plattenschrank der Staudtschen Musiksammlung.

Auch zur Bildenden Kunst fand Erwin Staudt erst recht spät. Das war nach seinem Dienstantritt als IBM-Niederlassungsleiter 1986 in Berlin, bei Michael Fernholz, dem damaligen Vorstandsmitglied der Deutschen Bank Berlin AG. Die beiden Manager hatten sich nicht nur über das Geschäft unterhalten, sondern auch über die Malerei. Für Erwin Staudt war es ziemlich neu zu sehen, daß es neben den nackten Zahlen und Fakten auch noch etwas anderes gab, das einen Menschen wie Fernholz beschäftigen konnte: Die Bilder, die in der Vorstandsetage die Flure säumten und vor allem jene Werke, die unmittelbar um ihn herum in seinem Büro seine ständigen Begleiter waren. Zwei dieser Kunstwerke faszinierten Staudt, weil sie ganz einfach strukturiert waren: Sie waren in Punkten gearbeitet, ähnlich gerastert wie ein Zeitungsfoto.

Staudt meinte zu Fernholz: „Das ist ja interessant, der Künstler arbeitet genauso, wie wir programmieren und Daten speichern. Nach dem Prinzip Eins-Null-Eins-Null und so weiter, mit einem Punkt oder keinem Punkt. Und das am laufenden Band." Die Werke hatte der Berliner Maler Günter Scharein geschaffen, und Fernholz meinte: „Den müssen Sie einmal kennenlernen."

Also rief er Scharein an und vereinbarte einen Atelierbesuch. Man trank zusammen Champagner, und Scharein legte seinem neuen Bewunderer die Stationen seines Werdegangs dar. Von der Pop-Art über den Siebdruck zu seinen gestreiften Bildern bis hin zu den gepunkteten Werken. Erwin Staudt, dessen Lieblingsfarbe eigentlich Rot ist, schwärmte vor allem von einem Werk mit den „hunderttausend gelben Punkten", und nannte es „Chinesenwiese". Eines dieser gelb-flirrenden Kunstwerke Schareins hat heute einen Ehrenplatz im Staudtschen Eigenheim und strahlt mit seiner Leuchtkraft eine unbändige Lebensfreude aus. Die Farbe Gelb gilt als Farbe der Erkenntnis, steht für einen permanenten Unruhezustand und spiegelt zudem eine gewisse Launenhaftigkeit wider – alles Aspekte, unter denen auch die Person Erwin Staudt zu sehen sind.

Scharein, der in der Nähe von Bremen geborene und heute in Berlin lebende Künstler und gelernte Kunsterzieher, führte den Kunstlaien pädagogisch-geschickt an die Malerei heran. Immerhin hatte der IBM-Chef in den Chefetagen der Firmen, die er besuchte, schon etwas von der Stuttgarter Schule gesehen, von Ackermann, Baumeister, Hölzel, Fleischmann, Schuhmacher, auch Werke von Kandinsky waren darunter. In seinem eigenen Büro hatte Erwin Staudt einen Erich Heckel hängen, eine Bodenseelandschaft. Die Bäume waren blau, der Himmel grün – für Erwin Staudt hatte das etwas. Scharein arbeitete noch abstrakter, mit einem Punkte-Raster, das man vom Zeitungslesen kennt, wenn man eine Seite mit der Lupe anschaut. Wenn die Punke weiter zusammenliegen, wird es dunkel, sind sie weiter auseinander, wird es heller.

Diese Begegnung fand zu einem Zeitpunkt statt, als Erwin Staudt im heimischen Leonberg noch lange keine so ausgesuchte Kunstsammlung pflegte wie heute. Der damals eher weniger an Kunst interessierte Berliner IBM-Chef war tief beeindruckt – zum ersten Mal in seinem Leben setzte er sich wirklich mit Kunst auseinander und begriff auch die Bedeutung der Vita eines Künstlers, die hinter seinem Schaffen steckte. Es war der Beginn einer wunderbaren Freundschaft. Die berufliche Karriere Erwin Staudts sollte künftig eng mit dem Namen Scharein verbunden sein.

Wer ist dieser Künstler, Erwin Staudts Lieblingsmaler, der die Kunstfreunde fasziniert und im engeren Kreis einfach nur „Schari" genannt wird? Der einzigartige, großformatige Symphonien geschaffen hat in Gelb, Blau oder Schwarz-Rot? Mit einem zeitaufwendigen Farbauftrag – mit dem Pinsel und einer Punkt-für-Punkt-Technik? Der monumental wirkende Flächen entstehen ließ, Imaginationen, die bei genauerem Hinsehen alle möglichen Farben erahnen lassen? Die für den Erschaffer wie für den Betrachter die Chance zur Meditation bieten?

Scharein spricht von einem eher unbewußten Akt der Reduktion, mit der er die auf der anderen Seite bei ihm existierende Komplexität der Wahrnehmung bekämpft. Einem zielgerichteten und um das Wesentliche bemühten Menschen wie Erwin Staudt, der die Dinge ebenfalls gerne kurz auf den Punkt bringt, mußte das imponieren. Ebenfalls Eindruck gemacht hat auf ihn die Tatsache, daß Scharein als Flüchtlingskind ein Außenseiter war und sich, lediglich mit einer Körpergröße von 1,62 Metern ausgestattet, im Leben durchgebissen hat. Ähnlich wie der Schwabe aus Leonberg, körperlich gehandicapt und von eher schmächtiger Statur. Der in jungen Jahren politisch hoch interessierte Einzelgänger Scharein las in den sechziger Jahren das „Kapital" von Karl Marx und galt in der Schule als Kommunist, obwohl er nie einer Partei beitrat. „Schari" stand der Adenauer-Ära kritisch gegenüber, wie auch Erwin Staudt, der etwa zur selben Zeit den Jungsozialisten beitrat. Der Künstler und der Firmenmanager: Seelenverwandte, Brüder im Geiste, Querdenker, von der Arbeit besessen, hochgradig erfolgsorientiert, die die Jalousien herunterlassen, wenn sie zu emotional zu werden drohen.

Und was beide noch gemeinsam haben: Den Hang zum guten Essen, das möglichst selbst gekocht und gemeinsam genossen wird. Scharein berichtete Staudt von seinen Begegnungen mit Edzard Reuter, den er schon 1980 kennengelernt hatte und der eine Art Ziehvater für ihn geworden ist. Reuter riet ihm zum Beispiel, weniger Zeit in seine Werke zu investieren und seine Kunst nicht so teuer zu verkaufen.

Wenn der einstige IBM-Globetrotter Scharein besucht, und das tut er regelmäßig und mehrmals im Jahr, dann reden sie auch über die Passion des Reisens und über das Fernweh. Sie suchen das „Reise-Traum-Zimmer" des Künstlers auf, wo er Erinnerungsstücke aus den entferntesten Ecken der Erde aufbewahrt – wie etwa die Klangschalen der Bewohner aus dem gebirgigen Hochland von Nepal. Riesige Fotos hängen dort, die Landschaften zeigen und Menschen rund um den Globus. „Wichtig ist für mich immer wieder das unterschiedliche Licht im Norden, Süden, Osten und bei uns, im Ablauf der Tage, des Jahres", verrät Scharein. Wichtig seien aber auch die Emotionen: das Glück, die Verzweiflung, die Liebe, der Verlust, die Trauer. Diese Gefühle und Stimmungen bezieht er in seine Arbeit ein und nutzt jede Chance des Gedankenaustauschs mit seinen illustren Gästen, die oft aus den Vorstandsetagen großer Konzerne kommen.

Ist es Zufall, daß eine Ausstellung in der IBM-Niederlassung Berlin ausschlaggebend werden sollte für den Aufstieg des rastlosen Netzwerkers Staudt in die höheren Etagen des Computerunternehmens? Ja und nein. Einerseits ist es den spannenden Kunstwerken Schareins zuzuschreiben. Andererseits wäre die Freundschaft zwischen dem Berliner Künstler und dem Firmenmanager 1986 nie zustande gekommen ohne die uneingeschränkte Neugierde und Offenheit des lernbegierigen Mannes aus Leonberg.

Einige Jahre zuvor hatte Scharein ein Atelierstipendium der Karl-Hofer-Gesellschaft erhalten, von einer Institution, die verheißungsvolle Künstler fördert. Damals führte Edzard Reuter noch den Vorsitz. Bei einer Ausstellung der Hofer-Gesellschaft sah Reuter seine Bilder und fand sie interessant. Scharein kannte den Daimler-Boß vorher gar nicht. Reuter wollte ihm zwei Bilder abkaufen, doch der Maler lehnte zunächst ab.

Nach einigem Hin und Her einigten sich Künstler und Mäzen darauf, daß wenigstens ein Werk den Besitzer wechseln sollte. „Reuter hat mich sofort als Gegenüber akzeptiert", schildert Scharein diese erste Begegnung. Der Mercedeschef sei einer von bis dahin wenigen Zeitgenossen gewesen, der sich intensiv und auf hohem Niveau mit ihm über seine Kunst unterhielt: „Ich spürte, daß er tatsächlich mit meiner Arbeit etwas anfangen konnte." Edzard Reuter sei selbst auch ein hochemotionaler Mensch. Auf dessen Initiative hatte Scharein im Show-Room der Daimler-Benz AG ausgestellt, und wenig später auch bei IBM, wo es zu jenem Treffen Reuters mit dem damaligen IBM-Deutschlandchef Henkel gekommen war, der nach dem gelungenen Event Erwin Staudt als seinen General-bevollmächtigten ins Kalkül gezogen hatte. Schareins Werke sind in vielen öffentlichen Sammlungen vertreten, wie etwa in der Staatsgalerie Stuttgart oder in der Sammlung Hoppe-Ritter in Waldenbuch, etliche Arbeiten zählen auch zu den Kunst-schätzen der Daimler AG und – natürlich der IBM. Dafür hat Erwin Staudt gesorgt.

Edzard Reuter ist heute froh, wie alles gekommen ist. Für ihn sei es eine sehr große Erleichterung gewesen, daß Erwin Staudt seinen Vorsitz bei der Hofer-Gesellschaft übernommen habe. Rund 700 Mitglieder des Freundeskreises, der den Namen des ersten Direktors der damaligen Staatlichen Hochschule für Bil-dende Kunst trägt, haben dafür gesorgt, daß inzwischen rund 200 Meisterschüler der Universität der Künste als Stipendiaten noch zwei Jahre nach Abschluß ihrer Ausbildung mit einem Atelierstipendium gefördert werden können. Weil diese Aufga-be eine gute Kontaktpflege einschließe, Menschen zu überzeu-gen und für die Nachwuchskünstler zu begeistern, und nicht zuletzt für Sponsoren zu sorgen, sei gerade Staudt ein sehr guter Nachfolger gewesen „Er macht das mit Bravour", lobt der ein-stige Daimler-Chef den VfB-Präsidenten.

Das Handicap und das Affirmative

Auch in punkto Egozentrik gibt es zwischen Günter Scharein und Erwin Staudt Parallelen. „Man muß sich selbst imponieren, um auch bei anderen anzukommen", hat Erwin Staudt erkannt. Als Kunstlehrer ging Scharein mit einem Zopf in die Schule, in Hosen aus Seide, außerdem verwendete er Wimperntusche und einen Kajalstift. Auch der VfB-Manager legt einen gesteigerten Wert auf sein äußeres Erscheinungsbild: Er trägt mit Vorliebe dunkle, maßgeschneiderte Anzüge aus feinstem Zwirn, auch bei den Spielen seiner Mannschaft tritt er wie aus dem Ei gepellt auf und schlank wie ein Dressman im reiferen Alter. Tradition verpflichtet, Kleider machen Leute – wie sollte es auch anders sein im Hause Staudt.

Der VfB-Chef nimmt auch durchaus gerne Fototermine wahr. „Ich bin niemand fürs Hinterzimmer, ich bin einer für das Schaufenster", hat er einmal gesagt. Zu Beginn seiner Präsidentschaft gab er viele Interviews und vertrat seinen Club auch nach den Fußballspielen in der Öffentlichkeit. Seitdem er den Manager Horst Heldt an seiner Seite hat, hält er sich ein wenig zurück und spinnt die Fäden im Hintergrund.

Die Ambivalenz der Staudtschen Persönlichkeit ist lediglich seinen besten Freunden bekannt. Nur sie haben Erwin Staudt auch schon als Zweifler erlebt. Als einen Menschen, dem es in einer schwachen Stunde unheimlich werden kann bei dem Gedanken, wohin ihn seine Karriere als Sproß einer einfachen Handwerkerfamilie geführt hat. Diese andere, den meisten unbekannte Seite, hat Scharein kennengelernt. Es war wohl an einem Herbstabend 1998 in Berlin, als die beiden wieder einmal zusammen gesessen hatten und Erwin Staudt ihm gegenüber bekannte: „Schari, ich möchte nicht vorne, ich möchte hinten stehen. Mir ist viel lieber, ich verdiene gutes Geld."

Kurz vorher war er gefragt worden, ob er IBM-Chef Deutschland werden wolle, und Hans-Olaf Henkel hatte ihm die Direktive mit auf den Weg gegeben: „Überlegen Sie sich das übers Wochenende." In amerikanischen Unternehmen sind schnelle Entscheidungen üblich. Wenige Momente später schlußfolgerte Erwin Staudt an jenem Abend glasklar: „Ich habe keine Wahl. Ich muß Ja sagen." Die Beförderung hatte freilich auch eine sehr angenehme Seite. „Er hat sich das bezahlen lassen", sagt Scharein. Und zwar nicht zu knapp. Salär plus Beteiligung, sein Freund müsse heute kein Geld mehr verdienen: „Erwin hat ausgesorgt."

Viele Menschen wissen bis heute nicht, daß Erwin Staudt mit einer partiellen Lähmung lebt, weil er ganz selbstverständlich bei der Begrüßung die linke Hand hinstreckt. Sie komme bekanntlich vom Herzen, bekommt er oft zu hören, ohne daß die Person gegenüber erkennt, daß Erwin Staudt gar keine Alternative hat. Die rechte Hand hat er meist in der Jackentasche. Hanne Jahn, Staudts ehemalige Sekretärin, vermutet: „Leute, die den Grund nicht kennen, halten das für unhöflich." Der Rechtshänder kann mit seiner rechten Hand immerhin schreiben, aber nicht telefonieren, weil die Kraft im Arm fehlt. Er hat sein körperliches Handicap hinnehmen müssen und sich nicht weiter darum gekümmert. Dafür hat er unaufhörlich an seinen geistigen Fähigkeiten gearbeitet und sein Wissen erweitert und kann heute sagen: „Schaut her, auch ich habe es zu etwas gebracht." Scharein, der sich mit ihm über dessen und auch über sein eigenes Leben in langen Nächten ausgetauscht hat, weiß, daß „Erwin seiner Mutter gerne bewiesen hätte, daß ihr Sohn aus seinem Leben etwas gemacht hat". Daß er das Bundesverdienstkreuz in der Stuttgarter Villa Reitzenstein im Jahr 2001 von Ministerpräsident Erwin Teufel entgegen nehmen durfte. Erwin Staudts Mutter ist jedoch leider früh gestorben.

Der Schneidersohn hat gelernt, seine Behinderung in vielfacher Hinsicht wegzustecken: „Konzentriere dich nicht auf deine Schwäche, die bekommst du nicht weg. Wenn du behindert bist, bist du eben behindert. Wenn du blind bist, darfst du nicht davon träumen, etwas zu sehen." Erwin Staudt hat versucht, seine Stärken zu entwickeln und zu mobilisieren. Und diese liegen unter anderem in einer „phänomenalen Auffassungsgabe", wie der Künstlerfreund festgestellt hat.

„Ich möchte, daß einer sagt, das packe ich auch, was der packt", lautet eine der Botschaften von Erwin Staudt, mit denen er allen Mut macht, die ein ähnliches Handicap haben wie er. Darüber hinaus habe er überhaupt nichts drauf, „was andere Leute nicht auch drauf haben". Er sei nicht intelligenter als andere, habe von klein auf immer etwas dazugelernt, immer etwas von anderen abgeguckt. Er war immer an den Geschehnissen interessiert, hat immer andere beobachtet, und immer verfolgt, was die Welt zusammenhält: „Ich bin zwar kein Philosoph, aber ich versuche trotzdem, manchen Dingen auf den Grund zu gehen." Sicher gebe es noch vieles, bei dem er einen großen Nachholbedarf habe.

Ups and Downs, die Höhen und Tiefen im Leben, beschäftigen den Erfolgsmenschen ungemein. Wenn Erwin Staudt bisher ein wirklich negatives Ereignis zu verarbeiten hatte, dann war es vor allem das bittere Erlebnis der Diphterie-Impfung mit allen Konsequenzen. Gegen einen solchen Schicksalsschlag kann man sich nicht wappnen. Aber man kann versuchen, auf ihn möglichst positiv zu reagieren und das Beste daraus zu machen. Menschen wie er, denen so etwas widerfahren ist, gehen nicht mit einem Stahlpanzer um sich herum durch das Leben. Sie sind verletzbarer als andere, und sie beschäftigen sich eingehender mit den Pendelschlägen des Schicksals, auch mit den möglichen Attacken von außen, die unvorhergesehen alles verändern können.

Lebenshilfe bieten in gewisser Weise esoterische Schriften. „Ich bin jeder Lage gewachsen", empfiehlt die Vertreterin des neuen Denkens Louise L. Hay ihren Zeitgenossen als Lebensmotto und beschwört die Macht der Affirmation. Ihre Lebenseinstellung ist geprägt von einem kraftvollen Denken und einem unerschütterlichen Selbstbewußtsein: „Ich kann es!" lautet eine andere Formel von Louise L. Hay, wie auch ein Buch von ihr heißt, das die Staudtgattin Vilja empfiehlt und ihrem Mann irgendwann einmal auf den Nachttisch gelegt hat. „Ich kann mein Leben und das der anderen zum Positiven verändern", formuliert die Propagandistin eines ungestümen Optimismus'. Erwin Staudts Maxime resultiert aus dieser Bejahung des scheinbar Unumstößlichen, die auf die Umkehr der gegebenen Vorzeichen abzielt, wenn er sich und anderen die Marschroute nahelegt: „Tue nicht das, was du nicht gut kannst, sondern arbeite an deinen Fähigkeiten, damit du noch besser wirst."

Die Freunde Erwin Staudts schätzen an ihm besonders den absolut positiv denkenden Menschen. Selbstmitleid sei etwas, was ihm ziemlich fremd sei, sagt der Weggefährte Scharein. Würde er mit sich und der Welt hadern, wäre das nur verständlich. Aber die Körperbehinderung sei eigentlich nie ein Thema gewesen. Daß Erwin Staudt deswegen ein Vorbild ist, dem viele in seiner Umgebung nacheifern, bestätigen zahlreiche Freunde und Bekannte.

Erwin Staudt ist von dieser Macht der Affirmation beseelt. „Ich bin mir sicher, daß ich für jedes Problem, das mir begegnet, auch eine Lösung finde." Dieser das Selbstbewußtsein stärkende Slogan, den ebenfalls Louise L. Hay geprägt hat, kennzeichnet das Denken und das Wirken des heutigen VfB-Präsidenten. Daraus schöpft er seine Gelassenheit und seine Zuversicht, daß sich die Dinge zum Guten wenden können, daß er die Geschehnisse konstruktiv gestalten kann. So schnell kann ihn nichts erschüttern.

Freilich: Ausnahmen bestätigen die Regel. Eine zuweilen mittlere Katastrophe ist ein schlechtes Spiel seiner Mannschaft, ein verlorenes Match. Dann kann es passieren, daß er morgens mit einer miesen Laune im Büro eintrifft und noch einige Zeit das negative Erlebnis verarbeiten muß. Im Normalfall aber erinnern seine Auftritte an die eines Sunnyboys, an eine Stimmungskanone. Erwin Staudt hat meist einen Scherz auf den Lippen, strotzt vor Dynamik und glänzt dabei mit Wissen.

Literarische Vorlieben

Der Literaturfan Staudt sammelt Bücher wie andere Briefmarken, quer Beet, so ziemlich alles, was ihm in die Finger kommt, und liest – wenn er Zeit hat – leidenschaftlich gern. Er nimmt jede sich ihm bietende Gelegenheit wahr, um für Nachschub zu sorgen. Als ihn einmal der frühere Stuttgarter Leiter der Deutschen Presse Agentur, Ise Scheib, interviewte, kamen die beiden auch auf die Literatur zu sprechen und Erwin Staudt fragte den belesenen Journalisten nach dessen Lieblingsschmöker. Scheib schwärmte von dem Schriftsteller Gabriel Garcia Marquez und empfahl den Titel „Die Liebe in den Zeiten der Cholera". Das sei das tollste Buch, das auf dem Markt sei. Der wißbegierige Bücherwurm besorgte sich das Werk, las es durch und beschäftigte sich vor allem mit dem Wertesystem des kolumbianischen Autors: Was empfindet er als wichtig, was als unwichtig? Unablässig arbeitet er an der Erweiterung seines Horizonts, doch muß ein literarisches Werk zu der Lebenssituation passen, in der er sich befindet, sonst legt er es wieder weg.

Seine Vorlieben auf diesem Gebiet verriet der VfB-Präsident schon den Hörern der Volkshochschule Leonberg, die prominente Zeitgenossen einlädt, ein Buch ihrer Wahl vorzustellen. Es war an einem trüben Novemberabend im Jahr 2003, als die Volkshochschule Leonberg Erwin Staudt zu einer Lesung bat und er wieder einmal zur Hochform auflief. Er hatte ein Heimspiel – im Nebenraum der Eltinger Traditionsgaststätte Hirsch. Der Raum war bis auf den letzten Platz gefüllt. Gespannt erwartete man den Hauptdarsteller des Abends – und als er endlich auftauchte und einen Blick in die gute Stube warf, zuckte er zurück und raunte: „Wow, sind so viele Leute hier?"

Zu jener Zeit hetzte der Vielgefragte in Sachen Fußball tagtäglich von einem Termin zum anderen. Deshalb kam der Stargast auch gleich zur Sache. Er sehe eigentlich nur so gut aus, weil er geschminkt sei. Eben hatte er noch ein Fernsehinterview zum Thema „Das Wunder von Cannstatt". „Wir", sagte Erwin Staudt, „wir sind zurzeit Everybody's Darling", und strahlte. An jenem Abend schwebte er mit seinem VfB auf Wolke sieben, die jungen Wilden seines Clubs sorgten in der Champions League erstmals für Furore. Diese Gunst mußte er nützen. So viele Interviews wie zuletzt hatte er bis dahin in seinem ganzen Leben noch nie gegeben. Eigentlich hatte er kaum Zeit zum Lesen und bekannte offen, daß er sich meist nur der Zeitschrift „Kicker" und der Zeitung mit den vier Buchstaben zuwenden könne.

Zu Hause liegen bei ihm in der Regel drei, vier Bücher herum, in die er je nach Laune hineinschmökert. So wie er stets nach Stimmungslage Musik hört, von der Popgruppe Creedance Clearwater Revival oder auch Rossini oder Verdi. Erwin Staudt mag Schriftsteller, die zu klaren Worten fähig sind. „Tolstoj oder Dostojewskij machen mich fertig", sagt er. Günter Grass? Der braucht für 300 Seiten, was ein Bernhard Schlink in wenigen Zeilen erledigt.

Erwin Staudt schätzt eine knappe, prägnante Sprache. An diesem Abend in der Eltinger Weinstube wählte er Schlinks Roman „Der Vorleser" aus, der ihn während seines letzten Toskana-Urlaubs fasziniert hatte. In der Geschichte lernt ein 15jähriger eine 35jährige Frau kennen, die sich von dem Jungen vorlesen läßt. Die Begegnungen entwickeln sich meist nach demselben Schema. „Vorlesen, duschen, ins Bett", brachte es der Literaturkenner treffend auf den Punkt. Fast atemlos trug er die Passagen aus dem Buch vor, beschleunigte das Tempo, um es dann wieder zu drosseln. Ein Autor muß zum Nachdenken anregen, Fragen aufwerfen, in andere Welten führen und nicht zuletzt desillusionieren, so wie es Schlink tut. Die Geliebte des Jungen hat eine schlimme Vergangenheit: Sie kann nicht nur nicht lesen, sie war KZ-Aufseherin.

Wenn der Literaturfan Staudt über den Vorleser nachdenkt, fällt ihm das Leonberger Konzentrationslager ein, in dem 3000 Menschen eingesperrt waren. Sie mußten den Engelbergtunnel zu einer Kriegsfabrik ausbauen, litten unter der schweren Arbeit, unter den Schlägen und dem giftigen Staub. Es gab Seuchen, Typhus und Fleckfieber. Wie viele Leonberger KZ-Häftlinge tatsächlich starben, ist nicht bekannt: Offiziell wird von 389 Toten gesprochen. Die Fragen von Schuld und Sühne sind für Erwin Staudt noch immer ungelöst. „Wird sich die Generation nach uns weiter damit beschäftigen?" wandte er sich an jenem Abend in der Eltinger Weinstube an sein Auditorium und diskutierte nach der Veranstaltung bei zwei Glas Bier noch zwei Stunden weiter.

Charakterstärken

Fans hat Erwin Staudt überall, und als „Mannschaftsspieler", wie er sich selbst bezeichnet, kann er nicht gut alleine sein. Doch stimmt auch das nicht ganz. Morgens genießt er es zum Beispiel, wenn noch niemand unterwegs ist und er mutterseelenallein durch den Wald joggt. Er überlegt sich dann Strategien und Problemlösungen und arbeitet im Kopf seine Reden aus. Beim Laufen möchte er nicht behelligt, nicht beobachtet werden, sonst müßte er ja schon wieder Gas geben und Leistung zeigen. In diesen Minuten denkt er ausnahmsweise auch einmal nicht an die Arbeit, wenn er ganz alleine ist, und läßt die Seele baumeln.

Angriff ist die beste Verteidigung, lautet die Marschroute für gewöhnlich. „Laß dich nicht unterkriegen, auch wenn du einen Streifschuß bekommst", heißt ein weiteres Lebensmotto von ihm. Man dürfe sich nie als Außenseiter präsentieren, empfiehlt der VfB-Chef, weder im Berufsleben noch auf dem Fußballfeld. Nur wer selbstbewußt und offensiv zu Werke gehe, könne auf Erfolg hoffen. Der höhere Leistungsdruck, den er seit 1998 als Vorsitzender der IBM Deutschland verspürte, habe ihn nie gestört. Das behauptet er jedenfalls. Er habe stets versucht, den Streß sportlich zu nehmen. Diese Zeit liegt hinter ihm, und er ist nicht unglücklich darüber. Von nennenswerten Rückschlägen weitgehend verschont geblieben, hat er nach eigener Einschätzung mehr erreicht, als er sich jemals zugetraut hätte. Trotz seines herausragenden Engagements auf allen möglichen Ebenen sieht er sich selbst nicht als der Supermann von Leonberg, sondern als jemand, der wie jeder andere auch Schwächen und Ängste kennt.

Carpe diem – nutze den Tag – ist Erwin Staudts Leitmotiv. Er ist ein akribischer Schaffer, sein Tempo raubt anderen den Atem. Eigentlich geht ihm nichts schnell genug. Seine größte Schwäche ist wohl die Unrast und die Ungeduld, die er nur schwer zügeln kann. „Ich möchte immer neue Projekte anstoßen und laufe dabei Gefahr, bereits begonnene zu vernachlässigen", räumt er selbst ein. Sein Freund Scharein weiß: „Erwin hat sich für den Erfolg krumm gelegt, auf Freizeit verzichtet und einen beträchtlichen Teil seines Familienlebens geopfert."

Wer Erwin Staudt näher kennt, weiß, daß er ein überaus harmoniebedürftiger Mensch ist. „Ich würde mir wünschen, daß er konfliktfähiger ist", sagt der enge Vertraute Scharein. Streit versucht er tunlichst zu vermeiden. Auch sein ehemaliger Chef Henkel hat bemerkt: „Er hat die Gabe, unangenehmen

Dingen aus dem Weg zu gehen." Er zeige keine Kanten, was nicht unbedingt falsch sei: „Erwin Staudt löst Konflikte mit seiner Persönlichkeit." Diese Art, findet Henkel, sei eine Besonderheit für einen Manager. Wenn er seinen Trainer Armin Veh entlassen müßte, würde er wohl einen anderen vorschicken. Erwin Staudt ist kein guter Überbringer von schlechten Nachrichten.

„Er versucht mit anderen Mitteln als ich zu einer Konfliktlösung zu kommen. Bei ihm dauert es länger. Wenn er aber das Problem gelöst hat, ist es auch schneller wieder aus der Welt geschafft, weil die Leute dann mitmachen", faßt Henkel den Führungsstil und die Überzeugungskraft seines einstigen Mitarbeiters zusammen. Ob diese Methode unter dem Strich erfolgreicher oder weniger erfolgreich ist, bleibt dahin gestellt.

Während Erwin Staudt von allen, die ihn kennen, eine hohe emotionale Intelligenz bescheinigt wird, konnte man bei Hans-Olaf Henkel eine extreme Orientierung an der Sache beobachten. Die Loyalität gegenüber der Aufgabe ist bei Henkel immer stärker ausgeprägt gewesen als seine Verbundenheit mit Personen und Parteien. Der Hanseat gilt als weitgehend kompromißlos. Mag sein, daß diese Attitüde auf eine noch schwerere Kindheit und Jugendzeit zurückzuführen ist. Henkels Mutter war Kriegerwitwe, er und seine beiden Geschwister mußten sehen, wie sie zurechtkamen. Der gebürtige Hamburger meisterte einen harten Weg: mittlere Reife, eine Lehre in der Speditionsfirma Kühne und Nagel. Anschließend studierte er auf dem zweiten Bildungsweg an der Hochschule für Wirtschaft und Politik in Hamburg. Auch deshalb glaubten die Sozialdemokraten noch 35 Jahre später, als Henkel BDI-Präsident wurde, einen der ihren vor sich zu haben.

Seine Fähigkeiten und seine Art und Weise, in schwierigen Situationen zu bestehen, haben Erwin Staudt Respekt, eine breite Akzeptanz und viel Sympathien eingetragen. Der VfB-

Chef hat einen ausgeprägten Sinn dafür, wo die Konflikt- und Kompromißlinien bei Verhandlungen verlaufen und weiß das Geben und Nehmen unter Geschäftspartnern fair zu gestalten. Er ist ein Diplomat der alten Schule und „stellt niemanden in den Senkel", sagt sein Freund Scharein. Auch Günter Salb bewundert die Moral seines Weggefährten: „Erwin ist nett und will niemandem weh tun. Er wartet deshalb bei Entscheidungen lieber ab." Dann aber zeigt auch er die notwendige Härte, wenn es sein muß. Er hat das im Laufe der Zeit gelernt.

Die Abberufung bei IBM
und der Lockruf des VfB

Die Zahlen schrumpfen

Daß die Umsatzzahlen bei IBM zu Beginn des neuen Jahrtausends zu wünschen übrig ließen, mochte kritischen Beobachtern durchaus eingeleuchtet haben. Im internen Kreis stand das Thema schon einige Zeit auf der Tagesordnung, und man konnte sich in Stuttgart-Vaihingen vorstellen, daß die amerikanischen Konzernchefs keineswegs amused, überhaupt nicht happy, waren über die geschäftliche Entwicklung. Weil die Gemütslage im Mutterhaus bekannt war, ahnte man in der Deutschland-Zentrale, daß die Bosse rasch handeln würden. Genauso, wie sie es an anderen Standorten getan hatten, wenn es um personelle Dinge und um betriebliche Umstrukturierungen gegangen war.

Seit dem 1. März 2002 hatte Samuel J. Palmisano weltweit das Ruder bei IBM übernommen. 2002 sollte für den Computerriesen ein schwieriges Jahr werden. Wie für mehr oder weniger sämtliche Technologiefirmen – zumal nach den Anschlägen des 11. September in New York. Besonders die großen US-Konzerne gerieten ins Wanken und mußten herbe Geschäftsverluste hinnehmen. Auch die IBM-Aktien verloren innerhalb einiger Wochen deutlich an Wert.

Palmisano löste den langjährigen IBM-Chef Louis V. Gerstner ab, der den Vorsitz im Verwaltungsrat des Computerriesen noch bis zum Jahresende behalten sollte. Gerstner selbst war 1993 an die IBM-Spitze gekommen und wurde nun ersetzt. Nach Firmenangaben hatte der Umsatz 2001 rund 83 Milliarden Dollar betragen, ein Jahr später schlugen noch 81,2 Milliarden US-Dollar zu Buche. Und auch der Gewinn war in diesem Zeitraum geschrumpft: Von 6,9 Milliarden US Dollar auf 4,2 Milliarden.

Palmisano, der als sehr durchsetzungsfähig und für sein ergebnisorientiertes Handeln bekannt war, sollte das Umsatzwachstum wieder in höhere Sphären führen. Der neue IBM-Boß, Jahrgang 1951, war wie Staudt 1973 in den Konzern eingetreten, hatte als Verkäufer – ähnlich wie der Schwabe – schnell Erfolge verbucht und war rasch in der IBM-Hierarchie aufgestiegen. Palmisano machte das Computer-Dienstleistungsgeschäft zur wichtigsten Geschäftssparte, zum bedeutsamsten Wachstumsträger, und päppelte den angeschlagenen Großcomputer-Bereich wieder hoch. Der konsequente Sanierer hatte sich auch die Zahlen von Erwin Staudt sehr genau angesehen.

Zwei Jahre zuvor und auch 2002 schnitt IBM deutlich besser ab als die meisten Konkurrenten. Es ging dem Konzern nicht einmal schlecht. IBM war der weltweit größte Anbieter von Informationstechnologie in den Bereichen Hardware, Software und Services und führend bei den sogenannten E-Business-Lösungen – der computermäßigen Unterstützung von Geschäftsvorgängen. Das Unternehmen beschäftigte rund um die Erdkugel etwa 320 000 Mitarbeiter und verkaufte seine Produkte in mehr als 170 Ländern.

Die nicht erreichten Geschäftsziele aber sollten Erwin Staudt den Job kosten. Obgleich es hieß, der amerikanische IBM-Konzernchef sei ein umgänglicher Mann.

Für die Medien war der Führungswechsel an der Spitze der IBM Deutschland eine Überraschung. Der Vorsitzende der Geschäftsführung, der damals 54jährige Erwin Staudt, mußte am 14. Januar 2003 seinen Chefsessel räumen und mit sofortiger Wirkung dem 48jährigen Walter Raizner den Posten übergeben. Raizner war zuvor in den USA für IBM tätig. Staudt, so hieß es, solle dafür den Aufsichtsrat der IBM Deutschland GmbH übernehmen. Dieser Stabwechsel war in einer dürren Presseerklärung mitgeteilt worden: „Die Anforderungen von Kunden, Geschäftspartnern und der Öffentlichkeit an das Unternehmen erfordern eine Neuaufstellung auch des Managements." Hugh – Manitu, der große Häuptling jenseits des großen Teiches, hatte gesprochen.

Die Konjunktur lahmt

In Deutschland stockte der Absatz zu Beginn des neuen Jahrtausends besonders im Bereich der Server und Großrechner, aber auch in der Sparte der Personalcomputer. Mittlerweile erwirtschaftete die deutsche Tochter nur noch acht Prozent des Konzernumsatzes, wenige Jahre zuvor waren es zehn Prozent gewesen. In der IBM-Presseabteilung in Stuttgart versuchte man, die insgesamt mißliche Entwicklung positiv zu interpretieren, in dem man in den Sparten stärker differenzierte und die in einzelnen Bereichen einigermaßen passablen Ergebnisse hervorhob. Die deutsche IBM-Tochter schreibe schwarze Zahlen, hieß es. Man habe auf einigen Gebieten sogar Marktanteile hinzugewinnen können und sich gegenüber anderen Konkurrenten besser positioniert. Die deutschen Zahlen würden einen Vergleich mit denen des Konzerns aushalten, kommentierten die Analysten in Stuttgart die Lage, man stehe nicht schlechter da als IBM insgesamt.

Erwin Staudt hatte IBM Deutschland unter dem Strich keineswegs erfolglos geführt. Die deutsche Tochter war im Jahre 2001 die größte Ländergesellschaft in Europa und verfügte über 26 000 Beschäftigte, die in mehr als 40 Niederlassungen in der Republik tätig waren. Mit rund 1700 Mitarbeitern – Informatikern, Ingenieuren und Technikern – war die IBM Deutschland Entwicklung GmbH mit Sitz in Schönaich die damals größte Denkfabrik außerhalb der USA.

Die Position von Erwin Staudt stand bei Palmisano dennoch zur Disposition. Bei einer solchen Ausgangslage wie der in Deutschland mußten andere Ergebnisse möglich sein. So jedenfalls sah es Palmisano und verkannte die konjunkturelle Situation nach der Wiedervereinigung. Die Unternehmen hielten sich mit Investitionen auch bei der Büroausstattung zurück. Nach dem Aufbau im deutschen Osten waren die Wirtschaftszahlen Jahre später merklich in den Keller gerutscht, Industrie, Handwerk und die Dienstleister gingen in die Knie.

Hinzu kam, daß aus Deutschland vor allem in der Zeit, als Erwin Staudt Kommunikationschef war, kaum negative Wasserstandsmeldungen über den großen Teich gelangten. Auch später nicht, als er die Funktion des Deutschlandchefs übernommen hatte. Seine Presseabteilung gab zumeist eine optimistische Einschätzung der gesamtwirtschaftlichen Lage ab. Die Zuversicht und das positive Denken wurden dem IBM-Chef letzten Endes zum Verhängnis. Als nämlich die eigenen Ergebnisse hinter den Vorgaben der amerikanischen Bosse herhinkten, die von stetigen Profitsteigerungen ausgegangen waren. Ihnen war nur schwer klarzumachen, daß das weniger am Firmenchef lag. Weshalb sollte das vorher mögliche Wachstum plötzlich nicht mehr erzielt werden können, fragte man sich im IBM-Hauptquartier. Weshalb sollten die Umsätze dermaßen schwächeln?

Die Amerikaner würden in dieser Hinsicht ziemlich einfach denken, meint Hans-Olaf Henkel, der ehemalige IBM-Vorsitzende der Geschäftsführung und Vorgänger Staudts. Bringt der Topmann oder die Topfrau die Geschäftsergebnisse nicht, wird ausgetauscht. Erwin Staudt für die einknickenden Umsatzkurven verantwortlich zu machen, war absurd. Als er seinen Schreibtisch räumte, wurden auch andere Statthalter von amerikanischen Firmen in Deutschland ersetzt. Auch sie hatten die anvisierten Ziele nicht erreicht. Henkel nennt die Unternehmen

AOL, Kodak, Ford, General Motors und Microsoft. In den USA grassierte die große Unzufriedenheit mit den deutschen Spitzenmanagern. Wenn sämtliche Deutschlandchefs erfolglos waren, konnte das doch wohl kaum an deren Führungsfähigkeiten oder an deren Geschäftssinn liegen. Wenn deutsche Unternehmen selbst immer mehr im Ausland investierten, durfte man sich nicht wundern, wenn im Inland weniger Computer über die Ladentheken gingen.

Die Marktanpassung

Rasante Marktentwicklungen hatte es aber immer schon gegeben. Das in den siebziger und achtziger Jahren in Deutschland stark expandierende Unternehmen IBM hatte bereits unter der Ägide Henkels mit dem Umbau der internen Geschäftsfelder begonnen. Die Anpassung leiteten die Chefs in der US-Hauptverwaltung in die Wege. Es ging um die Straffung der internen Organisation, den Abbau von Produktionsstätten. So wurde beispielsweise das Werk in Hannover geschlossen. Die IBM verlagerte ihren Schwerpunkt: Weg von der Software-Entwicklung, hin zu Serviceangeboten. So mancher Programmtüftler wurde in seinem Arbeitsgebiet überflüssig. Der Konzern setzte auf die natürliche Fluktuation und hoffte darauf, daß sich die Mitarbeiter wegbewarben oder in den vorzeitigen Ruhestand gingen. Viele der Angestellten mußten Umschulungsmaßnahmen über sich ergehen lassen und wurden auf anderen Arbeitsfeldern eingesetzt.

Im Sommer 2002 hatte der Konzern den Abbau von 15 000 der insgesamt weltweit 320 000 Beschäftigten angekündigt. Daß es in Deutschland zu keinen nennenswerten Entlassungen kam, war sicher auch ein Verdienst von Erwin Staudt, denn per saldo änderte sich die Zahl der Beschäftigten im Jahr 2002 nicht. „Erwin Staudt hätte niemanden wegschicken können", erinnert sich die ehemalige IBM-Chefsekretärin Birgit Wacker. Er habe nicht auf Menschen einprügeln können. Gab es unangenehme Entscheidungen zu fällen, sei ihr Vorgesetzter an seine Grenzen gestoßen. Lieber habe er noch einmal eine Nacht darüber geschlafen und nach einer Lösung gesucht. Möglichst niemand sollte in dem zu verantwortenden Bereich seinen Arbeitsplatz verlieren. Während andere Chefs den Druck weitergaben, nahm Erwin Staudt diese Belastung auf sich und versuchte das Problem selbst oder mit seinen Vorgesetzten in Amerika zu lösen. Das Prinzip hire and fire hat es unter Erwin Staudt nicht gegeben.

Der beliebte IBM-Chef

Als der treusorgende Deutschlandchef Adieu sagte, standen einige Jobs auf der Kippe. Hanne Jahn, Staudts rechte Hand in Stuttgart, fragte ihn zum Abschied, ob sie sich über ihren Arbeitsplatz Sorgen machen müsse. Er habe sie beruhigt und verneint. Sie habe ihm geglaubt. Die einstige Vorstandschefsekretärin wechselte in die Marketingabteilung des Unternehmens. Manchmal habe auch er eine harte Entscheidung treffen müssen. Das sei selten vorgekommen, denn „Erwin Staudt ist kein knallharter Typ".

Der Manager, der als extrem erfolgsorientiert gilt, setzte die Meßlatte für seine Mitarbeiter stets ziemlich weit oben an. Mit Mittelmaß gab er sich nie zufrieden. In der Computerfirma spornte er sein Team unermüdlich zu höheren Leistungen an, so, wie er es heute beim VfB tut. Locker bleiben, es sportlich nehmen, lautet seine Devise, selbst in Streßsituationen kann er noch einen launigen Spruch loslassen, sagen seine Mitarbeiter, damals wie heute. „Auch deshalb war er bei IBM immer sehr beliebt", resümiert Jahn. Selbst in nahezu aussichtslosen Situationen habe er seine positive Einstellung nicht verloren. Zum

Beispiel, wenn er nur wenige Minuten vor einem Termin erfuhr, daß man einen Beitrag erwartete. Seinen Assistenten bemühte er ohnehin selten, wenn eine Rede vorzubereiten war. Die Fakten hatte er im Kopf. Sollte er etwas referieren bei Sitzungen oder im Kollegenkreis, machte er das aus dem Stegreif und zündete mit seinem Elan häufig ein verbales Feuerwerk.

Die frühere Mitarbeiterin Wacker kommt ins Schwärmen, wenn sie vom Leistungswillen ihres ehemaligen Chefs spricht: „Alles, was er tat, hat er mit vollem Engagement betrieben. Und dabei hatte er immer ein freundliches Wort für uns. Er hat uns mitgerissen." Staudts Berliner Intimus Scharein hat die Atmosphäre in Staudts Büro kennengelernt, als er im Unternehmen seine Bilder zeigte. Während andere Chefs morgens, wenn sie ins Büro kamen, erst nach den Unterlagen fragten, hat Erwin Staudt sich nach dem Befinden seiner Mitarbeiter erkundigt.

Hanne Jahn, die von Oktober 1995 bis Januar 2003 für Erwin Staudt arbeitete, hatte sich eigens aus der IBM-Niederlassung in München nach Stuttgart beworben, als bekannt wurde, daß Staudt aus Paris zurück in die schwäbische Metropole wechseln würde. „Weil er ein lustiger und freundlicher Typ ist", und weil sich seine Führungsqualitäten im Konzern und in der Öffentlichkeit herumgesprochen hatten. Das Wochenmagazin Stern führte mit ihr im Frühjahr 2003 ein Interview, in dem es um ihren früheren Chef ging – die Böblingerin wurde dadurch selbst ein bißchen berühmt. Hatte der VfB ein Spiel verloren, mußten die Mitarbeiter ihren Chef morgens eine Weile in Ruhe lassen. Wenn ihm einige Sachen gleichzeitig durch den Kopf gingen, war er manchmal ziemlich in Gedanken versunken, berichtet Jahn. Einmal eröffnete sie ihm, sie hätten einen anonymen Brief erhalten. Wie aus der Pistole geschossen habe er gefragt: „Von wem?"

Die Demission und die Nachfolge

Es war kurz nach dem Jahreswechsel im Januar 2003, als der Anruf aus der Konzernzentrale kam. Staudt hielt sich gerade in seinem Urlaubsdomizil in der Toskana auf. Die Entscheidung sei gefallen, sie werde am 14. Januar verkündet, hieß es. Er habe die wirtschaftlichen Ziele, die der Konzern vorgegeben habe, nicht erreicht. Im Vergleich zu anderen europäischen Ländern sei Deutschland beim Wachstum das Schlußlicht gewesen. Und dies nicht erst seit einem Jahr. Der angebotene Aufsichtsratschefposten bedeutete nach der Einschätzung von Branchenkennern nicht unbedingt eine Beförderung. Bis zum inoffiziellen Pensionsalter für IBM-Spitzenkräfte blieben immerhin noch sechs Jahre. Er hatte enge Kontakte zur Politik gepflegt, und diese sollte er in seiner neuen Funktion weiter führen. Neben den üblichen Aufgaben im Kontrollgremium könne er sich verstärkt um Kunden in der Politik und in der Verwaltung kümmern, lautete der Vorschlag der IBM-Konzernspitze. Von Staudt erwartete man zudem, daß er seine Funktion in der Initiative D 21 beibehalte. Dafür sollte er den Titel Vice President bekommen, und selbstverständlich würden seine Aufgaben per Anstellungsvertrag geregelt werden, erklärte damals ein IBM-Sprecher.

So lange wie Erwin Staudt hatte es kaum ein Manager in der obersten Führungsetage des Unternehmens ausgehalten. Die deutsche IBM-Tochter von 1998 an fast viereinhalb Jahre geleitet zu haben, verdiente in Fachkreisen eine hohe Anerkennung. Immerhin hatte Erwin Staudt maßgeblich dazu beigetragen, daß die neuen Technologien verstärkt in das öffentliche Bewußtsein gerückt waren. Und er hatte es fertiggebracht, den damaligen Bundeskanzler Gerhard Schröder dafür zu gewinnen. Erwin Staudt hatte immer in der Öffentlichkeit gestanden, nun meinte man, man brauche jemanden, der weniger Aufsehen machte, dafür aber die gewünschten Resultate lieferte.

Ein Diplomkaufmann aus Aalen im Ostalbkreis sollte jetzt das Ruder übernehmen. Trotz der schwäbischen Herkunft war dessen Name dem Gros der hiesigen Mitarbeiter unbekannt. Raizner, sechs Jahre jünger als Staudt und in der Freizeit Marathonläufer, sollte vor allem wieder für Wachstum sorgen. Er hatte bei Hoechst und Nixdorf gearbeitet, bevor er 1984 zu IBM Deutschland gestoßen war. Auch Raizner hatte Karriere gemacht, war über den Vertrieb und das Marketing 1995 für die IBM in die USA gegangen, später als Leiter des Hardware-Vertriebs nach Deutschland zurückgekehrt und hatte dann Aufgaben in Großbritannien und danach erneut in den USA übernommen. Zuletzt war Raizner für das weltweite Speichergeschäft von IBM verantwortlich gewesen und hatte in Somers im US-Bundesstaat New York 7000 Mitarbeiter unter sich.

Der Staudt-Nachfolger sollte allerdings nicht lange in seiner neuen Funktion tätig sein. Im Februar 2003 kaum richtig gestartet, ging dem Aalener Marathonmann die Puste aus. Denn auch Raizner konnte die IBM-Zahlen nicht wesentlich pushen. Am 1. November 2004 wechselte er zur Deutschen Telekom. Der glücklose Manager verlor im dortigen Vorstand bald ebenfalls an Einfluß: Ihm wurde der Kundenschwund im Festnetzbereich angelastet. Ende 2006 sah sich Raizner von seinen Funktionen entbunden.

Über die offizielle Demission Staudts waren die Mitarbeiter eher kurzfristig ins Bild gesetzt worden. „Er hat es bei einem Meeting kurz und schmerzlos bekanntgegeben", erinnert sich Jahn. Als sie in den großen Konferenzsaal in Stuttgart-Vaihingen gerufen wurden, sei ihnen klargewesen, was jetzt verkündet werden sollte. Er wurde in Anwesenheit des IBM-Europachefs verabschiedet. Es gab standing ovations – so habe ihr Chef seinen Abgang gut ertragen.

Der VfB meldet sich

Der deutsche IBM-Lenker war ganz offensichtlich ein Opfer der deutschen Standortbedingungen geworden. Eines Tages rief Erwin Staudt seinen früheren IBM-Chef Henkel an, um ihm zu sagen, daß er gehe. Henkel sann darüber nach, was man „mit diesem phantastischen Talent in der deutschen Wirtschaft anfangen könnte". Er sprach mit einigen Leuten in den Führungsetagen, von denen er wußte, daß sie in nicht allzu ferner Zukunft einen neuen Vorstandsvorsitzenden brauchen könnten. Große deutsche Unternehmen waren darunter. Während sich Erwin Staudts Fürsprecher Gedanken machte, wem er den Topmanager vermitteln könnte, erhielt er einen weiteren Anruf von Erwin Staudt, in dem ihm sein ehemaliger Zögling mitteilte, welche neue Aufgabe er übernehmen wolle: das Amt des Präsidenten des VfB Stuttgart. Er sei das erste Mal sauer auf ihn gewesen und redete auf ihn ein: Das könne er doch nicht machen, sein Talent an einen Fußballverein verschleudern.

Genug Geld verdient habe Erwin Staudt ja schon, meint Henkel. Der kühle Hanseat kommt noch heute in Wallung: „Unberechtigterweise habe ich mich als Vorbild gesehen. Schließlich arbeitete ich ehrenamtlich für den Bund Deutscher Industrieller für ein symbolisches Honorar von einem Dollar im Jahr. Ich habe viereinhalb Jahre lang als Leibnizpräsident fungiert und bin als Professor an der Uni Mannheim eingestiegen. Alles das ohne Geld. Ich will für mein Land noch etwas tun. Und Erwin Staudt?" Dieser wollte VfB Präsident werden. Ein Mann in diesem Alter, mit diesem Potential, mit dieser Energie und diesen Verbindungen, könne doch wirklich für die Gesellschaft mehr tun als für Dieter Hundt beim VfB Stuttgart zu arbeiten, wetterte Henkel.

Im Januar 2003 war die Frage erneut aufgeworfen worden, ob Erwin Staudt das Präsidentenamt beim VfB übernehmen würde oder nicht. Nach der Abberufung war die Situation völlig offen. Sicher hatte er noch ganz andere Möglichkeiten, seine berufliche Laufbahn fortzusetzen und konnte auch irgendwo anders eine reizvolle Aufgabe übernehmen.

Daß diese Entscheidung erneut anstand, hatte Erwin Staudt bereits zum Jahreswechsel 2002/2003 geahnt. Er war in die Toskana gefahren, um einen klaren Kopf zu bekommen. In der Firma hatten sich die Anzeichen seiner Demissionierung verstärkt. Wie sollte er sein weiteres Leben im Beruf und mit der Familie gestalten? Sollte er das Angebot annehmen, das nun sicher kommen würde, um den Verein als Kapitän auf der Kommandobrücke in ein ruhigeres Fahrwasser zu führen? Durch alle Stürme des Bundesligaalltags und des internationalen Geschäfts hindurch?

Bereits einen Tag nach seiner Abberufung bei IBM erreichte ihn der Lockruf des VfB Stuttgart. Der VfB-Aufsichtsratschef Dieter Hundt und Erwin Staudt kannten sich schon länger. Hundt hatte den zehn Jahre jüngeren Staudt erstmals im Jahr 2000 bei Beiratssitzungen der Allianz Versicherung in Stuttgart getroffen. Staudt war Mitglied, Hundt fungierte als Vorsitzender dieses Gremiums, das nach der Schließung der Stuttgarter Allianz-Geschäftsstelle später wieder aufgelöst wurde. Der Uhinger Unternehmer war selbst schon einige Male gefragt worden, ob er das Präsidentenamt beim VfB übernehmen wolle, hatte aber abgelehnt. Er habe diese Aufgabe zeitlich nicht in Einklang bringen können mit seinen Verpflichtungen als Chef eines mittelständischen Unternehmens mit rund 1800 Beschäftigten sowie als Präsident der Bundesvereinigung der Deutschen Arbeitgeberverbände. Das Bedauern in seiner Stimme ist nicht zu überhören.

Der leidenschaftliche Fußballanhänger leitete bis Anfang 2008 die Automobilzulieferfirma Allgaier. 2002 war er beim VfB als Aufsichtsratsvorsitzender eingestiegen, jedoch nur unter der Bedingung, daß er selbst die Mitglieder aussuchen und den Verein künftig mehr unter wirtschaftlichen Gesichtspunkten führen werde. Bei einem Fußballverein spiele neben dem sportlichen Erfolg natürlich das Emotionale eine große Rolle, stellt Dieter Hundt fest, doch könne auch ein Sportclub nur so viel ausgeben, wie er einnehme. In früheren Jahren ist das nicht unbedingt die oberste Maxime beim VfB gewesen.

Der Ökonomieexperte Hundt suchte deshalb für den Aufsichtsrat sportlich begeisterte und erfolgreiche Funktionäre aus der Wirtschaft und hätte 2002 gerne auch den IBM-Manager Staudt in dem VfB-Gremium gesehen. Doch konnte Staudt als damaliger deutscher Geschäftsführer des Computerriesen nicht sicher sein, wie dieses Engagement im IBM-Konzern ankommen würde. Staudt lehnte ab, weil er dafür wohl nicht die Zustimmung der IBM-Führungsspitze erhalten hätte.

Als Erwin Staudt dann bei IBM abgelöst wurde, fuhr Hundt am nächsten Morgen spontan zu ihm ins Büro und teilte ihm mit, daß es sein persönlicher Wunsch, aber auch der des gesamten Aufsichtsrates sei, ihn als nächsten Präsidenten an der Spitze des VfB zu sehen. Die Zeit sei nun gekommen, diesen Posten zu übernehmen. Dieter Hundt arbeitete daran, die ehrenamtliche Vereinsführung zu professionalisieren und auf solidere Beine zu stellen. Das Präsidentenamt beim VfB sollte keine Nebenbeschäftigung mehr sein, sondern ein Fulltime-Job. Und dafür kam nur jemand aus der Wirtschaft in Frage, der Erfolge vorzuweisen hatte und dessen Herz für den Fußball und den VfB schlug. Konnte es überhaupt eine idealere Besetzung als Erwin Staudt geben? Es sollte ein Glücksfall sein: Staudt stand zur Verfügung.

Der bisherige VfB-Chef Manfred Haas, der Vorsitzende der Stuttgarter Sparkassenversicherung, hatte seinem Aufsichtratschef bereits signalisiert, daß er nicht länger in dieser sportlichen Funktion tätig sein wolle, vor allem nicht als hauptamtlicher

Präsident. Die Pensionierung des Sparkassenchefs stand unmittelbar bevor. Der Stabwechsel konnte also eigentlich ohne Probleme über die Bühne gehen, zumal die Suche nach einem neuen Präsidenten kaum Zeit in Anspruch genommen hatte. Doch der Leonberger bat erst einmal um Bedenkzeit. Vier oder fünf Wochen vergingen, die beiden führten einige Gespräche. Hundt akzeptierte die nicht gerade entschlußfreudige Haltung seines Verhandlungspartners. Weshalb aber zögerte der Mann noch, der seit fast 40 Jahren ein begeisterter Roter war?

Um das Gehalt ging es nicht, darüber war man sich schnell einig geworden. Das Jahressalär des VfB-Präsidenten liegt im unteren Drittel eines sechsstelligen Betrages. Man unterhielt sich über andere Dinge, wie etwa über die künftige Positionierung des Clubs vom Cannstatter Wasen. Erwin Staudt wollte sicher sein, daß die Ziele Hundts auch mit seinen eigenen Vorstellungen übereinstimmten. Denn eines war klar: Er mochte den Job nur übernehmen, wenn er Großes mit dem VfB verwirklichen konnte. Es ging um die Verbesserung der Infrastruktur des Vereins und des Managements, um die Verstärkung der Mannschaft, das Sponsoring und letzten Endes um das sportliche Ziel: Der VfB sollte ein Spitzenclub werden, in Deutschland und in Europa.

Erwin Staudt verneint heute ganz offen die Frage, ob er das Präsidentenamt zu jener Zeit als einen echten Traumjob angesehen habe. Im Bekanntenkreis hatte er zuvor vielfach vom Gegenteil gesprochen. Die Sache war gar nicht so einfach, die Entscheidung wollte gut überlegt sein. Vorher war er Chef von 26 000 Mitarbeitern gewesen, das hatte eine andere Dimension gehabt. Und sein IBM-Aufsichtsratsposten, den er im Frühjahr 2003 angenommen hatte, war auch nicht unbedingt zu verachten. Ganz zu schweigen von den anderen Möglichkeiten, die sich später hätten ergeben können. Und schließlich lag ihm auch noch der technologische Fortschritt in Deutschland am Herzen.

In wenigen Jahren hatte sich die Gesellschaft total verändert, und seine Firma mußte schauen, in Deutschland nicht den Anschluß zu verlieren.

Offenbar trug sich der Leonberger zunächst mit dem Gedanken, IBM die Treue zu halten und dort den Posten des Aufsichtsratsvorsitzenden einige Zeit zu bekleiden. Mit 55 Jahren aber fühlte sich Erwin Staudt auch noch zu jung, um an seiner Position im Unternehmen Abstriche machen zu lassen und ins zweite Glied zu rücken. Schließlich war er von den IBM-Bossen abgelöst worden, obwohl er letzten Endes nicht viel gegen die schrumpfenden Umsatzzahlen hatte tun können.

Der Durchbruch bei den Gesprächen mit Dieter Hundt kam dann bei einem gemeinsamen Abendessen. Man habe im Stuttgarter Schloßgarten Hotel in der Zirbelstube gespeist, erinnert sich der damals heftig Umworbene, wo sich die Prominenz aus Wirtschaft, Kultur und Sport zu treffen pflegt – auch um Verträge zu besiegeln. Dem Ex-IBM-Chef war es wiederum recht, mehr noch, es schmeichelte ihm, daß ihn der VfB wollte. Die Entwicklung des Vereins, die sportlichen Höhen und Tiefen, hatte er in den vergangenen Jahrzehnten genau verfolgt und konnte ermessen, daß nun am Wasen eine neue Epoche eingeläutet werden sollte.

Hundt hegte nie einen Zweifel daran, Staudt für das Amt gewinnen zu können. Einen wichtigen Trumpf hatte er dabei noch im Ärmel: Der Aufsichtsrat sei neu besetzt worden und zwar primär nach wirtschaftlichen Gesichtspunkten. Die Roten sollten künftig aus den roten Zahlen kommen. Einem soliden Schwaben und kühlen Rechner wie Erwin Staudt imponierte das Vorhaben. Auch deshalb gab er in der Zirbelstube im Schloßgarten Hotel sein endgültiges Ja-Wort. „Für mich hat diese Aufgabe gepaßt", bilanziert der heutige Clubchef. Er habe ein altes Buch zu- und ein neues aufschlagen können.

Die VfB-Oberen hatten sich nicht nur einen Sanierer gewünscht, der Club benötigte einen Experten aus der Praxis,
der die Ärmel hochkrempelt und dieses Fußballunternehmen
nach vorne bringt. Der Verein für Bewegungsspiele brauchte
dringend einen Denker und Lenker mit einem weiten Horizont,
mit guten Kontakten und Visionen. Am 1. September 2003 trat
Erwin Staudt als erster hauptamtlicher Präsident sein Amt beim
VfB Stuttgart an.

Diesen Schritt hat ihm sein einstiger IBM-Chef bis heute
nicht verziehen: Er war erschüttert. Sein Nachfolger ging zu
einem Fußballclub! Die IBM-Chefs vor und nach Staudt, Hermann-Josef Lamberti und Walter Raizner, wechselten auf Vor-
standsposten. Und was machte Erwin? Das sei eine Herabset-
zung des IBM-Amtes gewesen, „ganz klar und deutlich gesagt:
ein Abstieg", regt sich Henkel heute noch darüber auf.

Lamberti etwa, Mitte der achtziger Jahre zu IBM gekommen
und nach der Bekleidung diverser Führungsposten 1997 zum
Deutschland-Chef avanciert, wurde 1999 Vorstandsmitglied
der Deutschen Bank, übernahm 2001 die Kunden- und Ver-
triebssparte und betreute von 2002 an als Chief Operating
Officer das Kosten- und Infrastrukturmanagement, die Informationstechnologie, das Gebäude- und Flächenmanagement
sowie den Einkauf. Das waren Karriereschritte, die sich sehen
lassen konnten. Im Jahr 2005 soll Lamberti einschließlich Son-
dervergütungen 5,3 Millionen Euro verdient haben, ein Jahr
zuvor waren es nach Verlautbarungen in der Presse 4,8 Millionen Euro.

Auch Staudt hatte bei IBM ein Spitzengehalt bezogen, das
mit den Beteiligungen die Eine-Million-Euro-Grenze im Jahr
locker überschritten haben dürfte. Und nun vergleichsweise
für „einen Appel und ein Ei" sein Tagwerk verrichten? Henkel
hat als Fan des Hamburger SV verfolgt, welche „Figuren und
Persönlichkeiten" normalerweise Präsidenten vom HSV oder

dem FC St. Pauli gewesen seien. Für ihn sind die Vereinsführer „ein Sammelsurium von gescheiterten Wirtschaftstypen und von Leuten aus dem Rotlichtmilieu". Daß der Fußball auch früher schon die Leidenschaft des Erwin Staudt gewesen sein soll, war ihm 2003 völlig neu. Er hatte es erst in jenem Telefonat erfahren und ging Erwin Staudt barsch an, als dieser ihm offenbarte, daß er seinen Traumjob gefunden habe. Als Henkel die Leitung des deutschen Seglerverbandes angeboten wurde, sei er auch nicht auf die Idee gekommen, das zu tun. Den Namen Staudt hatte Henkel das eine oder andere Mal in Wirtschaftskreisen ins Gespräch gebracht. Als er aber erwähnte, daß dieser Präsident des VfB Stuttgart sei, „ist bei allen die Klappe runter gegangen". Für keinen headhunter, für keinen Aufsichtsrat sei das eine Empfehlung, selbst dann nicht, wenn der Verein deutscher Meister sei. „Mit dieser Referenz kann man höchstens Vortragsredner werden oder Präsident der Bundesvereinigung der Deutschen Arbeitgeberverbände", stichelte der sonst so wohlgesonnene Henkel.

Beobachtern der Szene ist tatsächlich immer noch nicht klar, weshalb Erwin Staudt diesen Job angenommen hat. Tat er es wirklich aus Leidenschaft? Oder aus Verzweiflung, weil er seinen Job verloren hatte? Oder weil er sich gesagt hatte, er bleibe dabei länger jung? Die Wirtschaftswelt trauert dem agilen Manager heute noch nach. Schließlich hatte er in Deutschland einiges bewegt. Seitdem er weg ist, hört man nicht mehr viel von der Initiative D 21. Der alte Schwung ist dahin.

Seine ablehnende Haltung gegenüber der Herzensentscheidung von Erwin Staudt hat Hans-Olaf Henkel inzwischen relativiert. Aus heutiger Sicht müsse er sagen, der Erfolg habe ihm recht gegeben. Man müsse Respekt haben vor Menschen, die das machen, was ihnen Spaß macht, und dann auch noch mit vorzeigbaren Ergebnissen.

Für andere wie Günter Salb hatte es viel mit Zufall zu tun, daß der ehemalige Frontmann der Firma die Aufgabe beim VfB übernahm. Wenn der Posten zwei Jahre früher neu besetzt worden wäre oder zwei Jahre später, hätte der Topmann der deutschen Wirtschaft abgewunken und schon einen anderen Job gehabt. Bei seinem IBM-Abgang jedoch wußte Erwin Staudt, daß man ihn auf dem Wasen mit offenen Armen empfangen würde. Nun stieg der ehemalige Kapitän des IBM-Tankers auf die in Fahrt gekommene Hobby-Yacht VfB um. Immerhin nahm der Verein unter Trainer Felix Magath im Herbst 2003 erstmals an den Spielen in der europäischen Königsklasse teil. Und zudem mußte das VfB-Schiff wegen des insolventen Medienmoguls Leo Kirch den Turbulenzen trotzen.

Kirch hatte die Fernsehrechte der Vereine für drei Milliarden Euro erworben, danach war dessen Medienimperium zusammengebrochen. 2002 stürzte er die Liga in ihre bis dahin schwerste Finanzkrise. Statt der fest einkalkulierten 820 Millionen Euro für die folgenden zwei Spielzeiten mußten die Clubs mit 600 Millionen Euro Fernseheinnahmen auskommen. So manchen Verein brachten die unerwarteten Millionenausfälle an den Rand des Ruins, denn die TV-Honorare machten oft mehr als die Hälfte eines Clubetats aus. Auf Erwin Staudt wartete eine reizvolle Aufgabe. Er hatte zunächst dafür zu sorgen, daß der VfB finanziell nicht ebenfalls ins Trudeln geriet.

„Der Seckelesclub" und die Toskanafraktion

Die Berliner Connection

Als er im Herbst 1986 nach Berlin umzog, machte er eine für ihn völlig neue Erfahrung. Leonberg war für ihn immer ein gemähtes Wiesle gewesen, ein sicheres, vertrautes Terrain. Daran hatte schon sein Großvater gearbeitet, sein Weiterkommen war nur die logische Fortsetzung dessen, was die Familie aufgebaut hatte. In Leonberg galt der Name Staudt etwas. In Berlin bemerkte er jetzt zum ersten Mal, wie es war, weder Familie noch Freunde, noch sonst irgend jemanden um sich zu haben. Das soziale Netzwerk, auf das er sich zu Hause verlassen konnte, zählte hier gar nichts, sein Clan spielte überhaupt keine Rolle. Jetzt war nur er gefragt. Erwin Staudt war ein Nobody und ganz auf sich selbst gestellt.

In der alten Metropole gab es zahlreiche Repräsentanzen deutscher und internationaler Unternehmen. Trotz der damaligen Insellage, als West- und Ost-Berlin noch durch die Mauer getrennt waren. Hier wehte ein anderer Wind, das spürte auch der Neuankömmling. Die Konkurrenz war groß, dementsprechend auch das geschäftliche Erfolgs- und Machtstreben auf allen Ebenen. Es gab jede Menge Seilschaften von Funktionären und Chefs aus Wirtschaft und Politik. Der Klüngel war nicht zu unterschätzen. In diesen Kreis mußte Erwin Staudt nun irgendwie hineinstoßen.

Damals fanden noch Empfänge der Alliierten statt, besonders zum Jahreswechsel. Eingeladen waren jeweils jene 500 Leute, die in Berlin etwas zu sagen hatten. Man hätte sie mit Bussen von einem Event zum nächsten chauffieren können. Von den Amerikanern zu den Franzosen und von dort zu den Engländern. Eine geschlossene Gesellschaft, zu der auch er bald zählte.

Ende 1986 aber war Erwin Staudt der einsamste Mensch in diesem Moloch Großstadt. Der Newcomer mußte erst Kontakte knüpfen und suchte Anschluß.

Eines Abends, es war bei dem Empfang der amerikanischen Verbündeten, stand er mit einem Sektglas in der Gegend herum und unterhielt sich mit ein paar anderen Gästen, als sich ihm von hinten eine Hand auf die Schulter legte und eine Stimme sagte: „Sie schwätzet ja Schwäbisch." Er drehte sich um und stand vor Peter-Hans Keilbach, dem Werksleiter von Daimler-Benz in Berlin-Marienfelde. Keilbach kannte die Restaurants mit den besten Spätzle an der Spree und engagierte sich für die Berliner Olympia-Bewerbung. Er hatte alle möglichen Ämter und Funktionen in der Wirtschaft, der Politik, in der Kultur und im Sport inne. Erwin Staudt war sich schnell bewußt, daß er hier auf einen äußerst wichtigen Mann getroffen war. Keilbach, Jahrgang 1940, war so etwas wie die graue Eminenz von Berlin, freundlich und einflußreich und noch dazu ein wortgewandter Schwabe. Es war der Beginn einer wunderbaren Freundschaft und die Geburtsstunde der Spätzle-Connection, die bis heute gepflegt wird.

Keilbach schlug Erwin Staudt als Mitglied im Rotary-Club in Berlin vor, und bald gehörte der Leonberger zum Kreis der Einflußreichen mit Sitz in Tempelhof. Kurze Zeit später gelangte er auch in den Aufsichtsrat der Bankgesellschaft Berlin. Keilbach war es gewesen, der Erwin Staudt mit Michael Fernholz bekanntgemacht hatte, dem Vorstandsmitglied der Deutschen Bank Berlin, die am Ernst-Reuter-Platz gegenüber der IBM-Zentrale ihr Domizil hatte.

Die erste Verabredung wäre fast geplatzt. Der IBM-Niederlassungschef hatte an jenem Morgen vor dem geplanten gemeinsamen Mittagessen in der Hauptzentrale des bekannten Schuhhauses Leiser in Neukölln einen Geschäftstermin, bei dem es um die Einführung eines neuen Kassensystems ging. Das Essen mit Fernholz in der Gästekantine der Deutschen Bank war auf zwölf

Uhr terminiert, der Besuch bei Leiser auf neun Uhr. Erwin Staudt dachte noch auf der Fahrt dorthin, daß er es locker schaffen würde.

Doch dann lief alles ganz anders. Bei Leiser war die gesamte Führungsspitze der Firma versammelt. Ihm und seinem Vertriebsmitarbeiter, der ihn begleitete, wurde eröffnet, daß sie ihr Angebot noch einmal darstellen sollten. Gleichzeitig hatte Leiser noch zwei andere Mitbewerber eingeladen, die ebenfalls ihre Angebote unterbreiten durften. Man saß in abgetrennten Räumen. Die Leiser-Manager riefen zu den jeweiligen Vertragspunkten nacheinander mehrmals die Firmenvertreter zu sich, um sich die Offerten anzusehen. Es zog sich und zog sich. Erst um zwei Uhr nachmittags war das Schaulaufen bei Leiser beendet. Dann hieß es nichts wie rein ins Auto und Richtung Reuter-Platz. Sich so zu verspäten, war Erwin Staudt enorm peinlich.

Selbstverständlich hat er bei der Deutschen Bank anrufen und ausrichten lassen, sein Eintreffen werde sich verzögern. Als er dann in das Bankhaus hastete, empfingen ihn ziemlich pikierte Mitarbeiter des Bankvorstandes und erklärten ihm, daß sie eigens wegen dieses Treffens mit dem Mittagessen gewartet hätten. Jetzt war ihm die Verspätung erst recht peinlich. Als er aus dem Fahrstuhl in die Führungsetage trat, lief er Fernholz in die Arme, der ihn mit einem milden Lächeln begrüßte. Er war ganz und gar nicht verärgert. Er habe vollstes Verständnis, beruhigte er seinen Gast, schließlich gingen Kundengespräche vor. Und im übrigen sei das gar kein Problem, man werde einfach schauen, was die Küche jetzt noch zu bieten habe.

Fernholz, Jahrgang 1938, ist Badener und hatte auch schon in Stuttgart bei der Deutschen Bank gearbeitet. Fortan pflegten er und Staudt einen immer engeren Kontakt. Zum weiteren Gedankenaustausch trafen sie sich zumeist abends in den einschlägigen Berliner Kneipen. Der vor kurzem noch einsame

Staudt hatte es geschafft. Er war angekommen im Haifischbekken Berlin und hatte seinen eigenen, kleinen Zirkel, in dem vertraute Gespräche möglich waren. Spaßeshalber hob man einen Namen aus der Taufe. Zu vorgerückter Stunde kam das baden-württembergische Trio einmütig überein: Jeder von ihnen sei doch eigentlich ein „Seckel". Einer, der als erster das Licht an und als letzter wieder ausmacht. Der exklusive „Sekkelesclub" war geboren.

Deutsche-Bank-Berlin-Vorstand Fernholz schrieb eine Satzung für die illustre Runde. Als andere Berliner Promis von der Existenz des Kreises erfuhren, wollten viele ebenfalls dem kleinen, aber feinen Club beitreten. Als Aufnahmebedingung galt, daß der Aspirant Schwabe sein mußte und im Sinne der Spaßtruppe anpassungsfähig. Einer hat den Sprung in den erlauchten „Seckelesclub" noch geschafft – der gebürtige Stuttgarter und damalige Sprecher der Geschäftsführung der Firma Voith, der spätere BDI-Präsident und Konzerngeschäftsführer des Unternehmens mit Stammsitz Heidenheim: Michael Rogowski.

Das Kleeblatt war komplett, ein Hochkaräter war dazu gestoßen. Rogowski, Jahrgang 1939, der profilierte Wirtschaftsfunktionär, trat nicht umsonst von Januar 2001 bis Ende 2004 als BDI-Chef die Nachfolge von Hans-Olaf Henkel an. Als Neoliberaler hatte er sich bereits 1997 in einem Interview der „Frankfurter Allgemeinen Zeitung" für eine grundlegende Reform des Steuerwesens, des Sozialsystems, der Subventionspraxis und der Tarifstrukturen ausgesprochen, weil er eine überregulierte Wirtschaft und eine zu starke Bevormundung des Bürgers durch den Staat zu erkennen glaubte, wodurch – aus seiner Sicht – die Eigeninitiative und Innovationsbereitschaft abgewürgt würden. Außerdem plädierte er für die Abschaffung der paritätischen Mitbestimmung, was Staudt allerdings nicht befürwortete. Die Mitspracherechte gehören für ihn zur Demokratie, darauf bestand der Sozialdemokrat. Im „Seckelesclub" ist zwischen dem Rechtsausleger Rogowski und Erwin Staudt eins ums andere Mal deshalb heiß diskutiert worden.

Hin und wieder wohnte auch der Berliner Künstler Scharein als Gast den Ausführungen im „Seckelesclub" bei und bereicherte die Runde. Neben gehobenem Nonsens gab es freilich auch Diskurse über Macht, Geld und Einfluß. Es sei viel um Anerkennung, Außenwirkung und Eitelkeiten gegangen, auch um Bundesverdienstkreuze, weiß Scharein. 1996 hatten Keilbach und Fernholz diese Auszeichnung erhalten, fünf Jahre später Erwin Staudt.

Daß den Manager aus Leonberg auch Selbstzweifel plagten, hat er seinem Künstlerfreund Scharein in vertraulichen Gesprächen offenbart. Schließlich erlebte Erwin Staudt in Berlin hautnah, wie Spitzenpositionen neu besetzt wurden, wie Manager kamen und gingen. Diese Kälte, die Arroganz der Macht war ihm schon immer zuwider gewesen. Wenn er als Chef in seinem Wirtschaftsunternehmen agierte, tat er dies auf eine menschliche Art.

Der Weggefährte Scharein kann sich auch an eines der zahlreichen Gespräche erinnern, in dem es wieder einmal um die Karriereplanung von Erwin Staudt gegangen war. Die nächste Beförderung stand an, und Erwin Staudt kam ins Grübeln. Wie weit sollte er noch nach oben streben? Wo doch ein banales, aber wahres Sprichwort besagt: Wer hoch hinaus will, kann auch tief fallen.

Die Entscheidung, ob er eine weitere Stufe auf der Karriereleiter erklimmen sollte oder nicht, war trotzdem ganz einfach. Natürlich nahm er das Angebot des weiteren Aufstiegs an. Also sagte er selbstverständlich seinem Chef Hans-Olaf Henkel zu, wurde dessen Nachfolger und rückte im Konzern an die Spitze. Das war einige Jahre nach der Gründung des kleinen Clubs der Kooperationspartner – 1998, als Erwin Staudt wenig später den Posten des IBM-Chefs Deutschland übernahm.

Die vier von der Spree und das Freundesduo Staudt-Scharein trafen sich, wenn möglich, auch weiterhin. Nach dem Wechsel in die IBM-Deutschland-Zentrale in Stuttgart richteten sich die Staudts eine Wohnung in Berlin ein, die der VfB-Präsident heute noch gerne zu Aufenthalten nutzt. Die Berliner Connection ist geblieben, den „Seckelesclub" gibt es heute noch, wie auch die Kontakte zu einflußreichen Politikern in der Bundeshauptstadt nach wie vor Bestand haben.

Trotz des hohen Faktors an Prominenz, den Erwin Staudt im Alltag erlebt, behandelt er niemanden als Mensch zweiter Klasse. Wenn er früher als IBM-Chef einen Fahrer hatte, der ihn zu einem Dinner mit der Crème de la Crème der deutschen Wirtschaft chauffierte, bat er ihn ins Restaurant und sorgte dafür, daß auch der Dienstmann etwas zu essen bekam. Bei Managertreffen der IBM in geselliger Runde saß der Chauffeur im Gasthaus wie selbstverständlich mit am Tisch. Tafelte er mit Mitarbeitern und Freunden, ging die Rechnung selbstverständlich auf Erwin Staudt. Und seine ehemalige Berliner Chefsekretärin Birgit Wacker weiß: Er sei nie auf die Idee gekommen, dies steuerlich abzusetzen.

Einen seiner größten unternehmerischen Erfolge verbuchte er im Juni 2002, als er mit dem Bundesinnenminister und Parteigenossen Otto Schily ein Abkommen über die kostengünstige Lieferung kompletter Computernetzwerke an Deutschlands Behörden schloß. Der IBM-Chef stach damit den Konkurrenten Microsoft aus. Ein Husarenstück, das beim Mutterkonzern durchaus geschätzt wurde, denn gegen den weltgrößten Anbieter von PC-Software versuchte man das kostenfreie Betriebssystem Linux weltweit durchzusetzen. Der Deal wurde wenig später vom Deutschen Bundestag bestätigt. Für seine zentralen Rechner gab die Bundesverwaltung Linux gegenüber den durch Microsoft gesteuerten Netzwerken den Vorzug. Die Lobbyarbeit und das Verhandlungsgeschick Erwin Staudts hatten wieder einmal Früchte getragen. Und darüber hinaus war er durch seine Bemühungen bei der Einführung der Greencard für dringend gesuchte ausländische Fachkräfte sowie durch sein Engagement für ein modernes Einwanderungsgesetz zu einem verläßlichen Ansprechpartner der rot-grünen Bundesregierung geworden. Wie konnte es anders sein: Geschäftliches und politisches Interesse verstand der rote Netzwerker in Berlin geschickt zu verknüpfen.

Das Refugium

Neben Berlin haben sich die Staudts in der Toskana ein zweites Standbein außerhalb der heimatlichen Hemisphäre geschaffen. Im Alter von Anfang vierzig hatte der Genießer des schwäbischen Rostbratens und des Trollingers erst eine leise Ahnung von dem, was Weinfreunde in Italien erwartet. In seinem Stammlokal in Alt-Eltingen, im Gasthof Hirsch, gab es zwar stets ganz passable Tropfen. Erst jenseits der Alpen aber sollte er erfahren, was Weinkeller noch alles bieten können.

In den achtziger Jahren fuhren die Staudts mit ihren Kindern regelmäßig nach Bella Italia an die Adria. Als der Nachwuchs größer war, suchten sich die Dolce-Vita-Verwöhnten im etwas ruhigeren Val di Chiana bei Siena ein passendes Quartier und beschlossen, sich ein eigenes Feriendomizil zuzulegen. Weiter im Hinterland, in der Toskana, wurde ihnen von dem ehemaligen IBM-Kollegen Norbert Lehmann ein Hausteil im Erdgeschoß eines wiederaufgebauten alten Landsitzes angeboten mitsamt einem Stück Land, mit einem Tennisplatz und einem Swimmingpool. Beides wird dort von der kleinen Ferienkolonie gemeinsam genutzt. Die vier bis fünf Häuser bilden einen kleinen Weiler, der geschützt in den Hügeln liegt, und den man kennen muß, um dorthin zu finden. Lehmann, der nach seinem Abschied von der Computerfirma Beteiligungsgeschäften nachgeht, wollte das Anwesen abstoßen, um andernorts zu investieren.

Lehmann zeigte Erwin Staudt das Objekt, und der Italienfreund war sofort begeistert: „Das will ich haben, wir kaufen es", befand er. Es war die Idylle pur – und weit genug weg vom großen Getriebe, dem sich der VfB-Präsident bisweilen gerne entzieht. Am Zufluchtsort im Herzen der Toskana zieht der adrenalingesteuerte Promi bei einer Flasche besten Chiantis mehrere Male im Jahr Bilanz und sinniert über die Weltlage und die Bundesligatabelle. Das „Wo-Stehen-Wir?" und „Wo-Wollen-Wir-Hin?" sind Kernfragen, die Erwin Staudt andauernd beschäftigen.

Das Prozedere des Aufbruchs in den Süden ist immer dasselbe. Gattin Vilja besteht auf den bewährten Ablauf. Morgens um drei weckt sie ihren Mann und verfrachtet ihn mit Decken und Kissen in den Van, wo er weiter schlummern darf. Das Gepäck ist bereits verstaut, eine Straßenkarte benötigt sie nicht, sie kennt die Strecke bereits aus dem Effeff. Es geht durch die Schweiz bis Como-Chiasso, wo dann allmählich – je nach Jahreszeit – der Morgen graut. Üblicherweise legen die Staudts dann in einer ganz bestimmten Cafébar an der Fernstraße einen Stop ein und frühstücken. Gegen halb ein Uhr mittags kommen die Ausflügler in der Regel an, ein Mittagsschläfchen läutet die Ferien ein.

Später lädt Vilja Staudt den Wagen aus und geht einkaufen: Hausmann Erwin nimmt in der Zwischenzeit den Staubsauger und entfernt die Spinnweben in den Ecken. Ist alles so weit getan, bereitet Signora Staudt Pasta und andere Köstlichkeiten vor, zu denen sämtliche Toskana-Freunde aus der näheren Umgebung eingeladen sind. Auf der Terrasse geht es dann zumeist hoch her bis in die frühen Morgenstunden.

Eine Woche etwa dauert es, bis der Adrenalingestreßte die richtige Ruhe findet. Während der ersten Tage durchstreift er mit eingeschaltetem Handy die Hügel. In seinem Refugium atmet der Clubpräsident auf, zwischen Olivenhainen findet er zu sich. Das Domizil ist zu einem sicheren Fixpunkt geworden, und man weiß, wen und was man dort antrifft. Zugegebenermaßen eine Tatsache, die für den umtriebigen Manager im fortschreitenden Alter – bei aller Neugier und ungebrochener Abenteuerlust – immer wichtiger wird.

Unter den Hedonisten dort – auch er selbst bezeichnet sich als einen solchen – fühlt er sich geborgen. Auch die politische Couleur im näheren Umfeld stimmt. „Alles Linksintellektuelle", sagt Staudt, „man weiß, was sie essen und trinken – und was sie wählen." Vor allem Schweizer sind noch dort, die ebenfalls ein Haus erworben haben, und der Freund Günter Salb mit seiner Familie, auch er ein stolzer Eigenheimbesitzer in den toskanischen Bergen.

Mit Salb und anderen hat Erwin Staudt schon nächtelang Pläne geschmiedet. Seine Freunde wissen, daß er jemanden braucht, um sich zu unterhalten, daß er den Gedankenaustausch mit Gleichgesinnten sucht, vor allem dann, wenn wieder einmal eine Entscheidung anfällt. Irgendwann, Mitte der neunziger Jahre, hatten Salb und er erkannt, daß es für sie nicht wirklich weiter voran geht. Nach ein paar Abenden kamen sie darauf: Die Konzernspitze verfolgt eine perfide Strategie. Bewährte Mitarbeiter wurden auf ihren Posten belassen, als Bonbon gewährte man ihnen eine Gehaltserhöhung. Ihre Unentbehrlichkeit schloß letztlich jede Beförderung aus. Nach ein paar Flaschen Vino Nobile di Montepulciano, Brunello und Chianti reifte dann der wegweisende Entschluß zum Gegenangriff. Die beiden schworen einander, man werde wieder mehr Gas geben und sich auf die Hinterbeine stellen.

Zum weinfreudigen Philosophierzirkel stieß im Sommer 2002 auch Scharein, der ein paar Urlaubstage im toskanischen Refugium verbrachte, als sie der Anruf des VfB-Aufsichtsratsvorsitzenden Dieter Hundt erreichte. Dieser wollte Staudt schon damals für den VfB gewinnen. Scharein wußte um die Zweifel seines Freundes, und konnte ihn nur zu gut verstehen. Nach dem Telefonat war er ziemlich außer sich und hatte gezetert: „Ich, Fußball-Präsident werden? Das ist doch ein Tagesgeschäft! Nie im Leben!" Erwin Staudt hatte große Bedenken, ob das für ihn das Richtige sei, ob er dieses Wagnis eingehen sollte, diese Abhängigkeit vom Verein und von den Spielern, wo doch alles von Siegen und Niederlagen abhängen würde. Als Vereinslenker würde er darauf im Endeffekt kaum Einfluß nehmen können.

Auf der Terrasse in der Toskana hatte man Verständnis dafür, Scharein bestärkte den Umworbenen in dessen Einsicht. Schließlich konnte man nicht wissen, was ein solcher Schritt bei einem Fußballverein im Alltag nach sich ziehen würde. Zumal Erwin Staudt damals noch fest in Diensten von IBM stand. Aus Loyalität zur Firma hatte er das Angebot dann abgelehnt.

Später änderte auch Scharein seine Meinung und mußte erkennen, daß es in Wirklichkeit wohl doch ein Herzenswunsch von Erwin Staudt war, den Verein für Bewegungsspiele zu unterstützen, für den er seit Jahrzehnten eine enge Verbundenheit spürte. Weshalb sollte er es nicht tun? Falls es schiefgehen sollte, was hätte er zu verlieren? Schließlich hatte er finanziell längst ausgesorgt. Konnte dabei ein Lebenstraum in Erfüllung gehen?

Zu den Gästen in der Toskana zählten auch zwei Mitglieder des „Seckelesclubs", die auf der Terrasse der Staudtschen Villa an der Tafel saßen: Peter-Hans Keilbach und Michael Fernholz. Sie staunten nicht schlecht, als ihnen Erwin Staudt den Kommunikationstrainer Siegfried W. Kartmann vorstellte, der neben Salb und einigen Freunden aus der Schweiz zum harten Kern der Toskanafraktion zählt. Kartmann, Jahrgang 1944, der einstige IBM-Vertriebsspezialist, bietet in Bad Harzburg Seminare in Rhetorik an, in Führung, Moderation und Konfliktbewältigung und bezeichnet sich als Deutschlands Zuhörtrainer Nummer eins. Auch Erwin Staudt ist bei ein paar guten Tropfen edler Rebsorten bereits durch seine Schule gegangen. Kartmanns Credo ist das effektive Kommunizieren, frei nach Goethe wirbt er in eigener Sache mit dem Slogan: „Der Mensch hört nur, was er versteht." Selbstverständlich haben Kartmann und Staudt schon Medienauftritte analysiert und diskutiert, die sich seit dem Amtsantritt des VfB-Präsidentschaft gegenüber früher vervielfacht haben.

Sein mediales Meisterstück lieferte der VfB-Chef nach jener langen Nacht, als die Meisterschaft gefeiert wurde und er erst in den frühen Morgenstunden nach Hause kam, mit der Meisterschale unter dem Arm. Es blieben nur noch wenige Stunden bis zum Fernsehinterview mit den Journalisten des Deutschen Sportfernsehens, die bereits um halb zehn Uhr morgens ihre Kameras im Garten der Staudts aufgebaut hatten. Der VfB-Chef machte es sich auf einem Gartenstuhl bequem, trug ein blütenweißes, frisch gebügeltes Hemd und wirkte auch sonst völlig aufgeräumt. Nach einer langen Nacht braucht er nie viel Schlaf, um wieder auf der Matte zu stehen und eine gute Figur abzugeben.

Er legt Wert auf einen super-korrekten Auftritt, bei dem alles stimmen muß: Die Kleidung, die Haltung und die Sätze, die er von sich gibt. Wenn er vor laufenden Fernsehkameras oder vor der schreibenden Zunft redet, kommen ihm druckreife Formulierungen über die Lippen – und entgegen seiner sonstigen Gewohnheiten nur selten ein Scherz. Vor allem dann nicht, wenn er überregionalen Sendern und Journalisten Rede und Antwort steht. Höchstens in der Sendung Sport im Dritten im Südwestfernsehen läßt er seinen Humor aufblitzen und kommentiert dann verschmitzt die Erfolge seines Clubs.

Allein an der Sprache hatte die Sekretärin Hanne Jahn erkennen können, daß das Herz ihres Chefs schon früher für den

Fußball schlug. Das konnte sie schon in den neunziger Jahren an Ausdrücken festmachen, die er gebrauchte, wenn es hart auf hart ging. Etwa wenn er sagte: „Da muß er eben Gras fressen." Solche Sätze nimmt er nur in den Mund, wenn er sich sicher fühlt, wenn er sich in einer Umgebung weiß, der er vertrauen kann.

Nein, es seien keine Anflüge von Arroganz festzustellen, die bei seinen Auftritten in der Öffentlichkeit mitschwingen, und schon gar keine aalglatte Attitüde, wenn er Interviews gebe, sagt die andere ehemalige Chefsekretärin des IBM-Chefs Staudt, Birgit Wacker. Wenn dieser Eindruck bei Leuten entstehe, die ihm vielleicht etwas weniger wohlgesonnen seien, sei das gewiß falsch. Ihr Ex-Chef wolle auf jeden Fall, daß immer alles richtig rüber komme und gebe sich deshalb nicht immer so locker, wie man es von ihm gewohnt sei. Wie oft schon hat sich der Stratege vom Cannstatter Wasen falsch interpretiert gesehen. Vor seinen Mitarbeitern macht er manches Mal keinen Hehl daraus, verschafft sich ungebremst Luft und brüllt dann ungeniert: „Was schreibt denn der wieder für einen Scheiß!"

Erwin Staudt ist als VfB-Chef schon häufiger in der Presse heftig und unverschämt angegriffen worden und hat gegen Anfeindungen angemessen reagieren müssen. Kommunikationstrainer Kartmann wird in der Toskana wohl noch manche Stunde gefordert sein – solange Erwin Staudt im Rampenlicht steht und ihn auf seine Terrasse einlädt.

Die Weichenstellungen beim VfB

Der Arbeitsalltag – swing, when you are winning

Werktags klingelt der Wecker um 6.30 Uhr. Eigentlich würde er gar keinen benötigen. Seine innere Uhr sagt ihm, wann es wieder Zeit ist zum Angriff. Dann zieht er seinen weißen Bademantel an und tritt vor den Spiegel. Im Hintergrund läuft der Radiosender SWR 1. Das neueste aus der Politik, der Kultur, des Sports, das Wetter, die Verkehrsmeldungen. Noch vor der Morgentoilette sind gymnastische Übungen und Liegestützen angesagt und ein paar Minuten Bauchmuskeltraining. In der Küche gibt es ein Müsli, meist eine Banane und Kaffee, den seine Frau Vilja schon vorbereitet hat. Sie ist Frühaufsteherin, und geht bei schönem Wetter im Sommer um fünf Uhr morgens in den Garten, um den Tag zu begrüßen. Manchmal nimmt sie ihre Fotokamera mit und trifft hinter ihrem Anwesen, das an eine Waldlichtung grenzt, auf scheue Gäste. Wenn der Tau noch auf dem Gras und auf den Bäumen liegt, die Sonne aufgeht, beobachtet sie ihre Lieblinge: die Vögel und die Rehe.

Er habe noch kein Flugzeug und keinen Termin verpaßt, sagt der Mann vom Leonberger Silberberg. In seiner IBM-Zeit stellte er den Wecker auf 4.30 Uhr, denn oft ging es mit der ersten Maschine nach Hamburg, München oder ins Ausland. Zum allmorgendlichen Ritual zählt die Zeitungslektüre der Stuttgarter Nachrichten und der Stuttgarter Zeitung. Als interessierter Zeitgenosse lese er dennoch nicht jeden Artikel. Ihn interessieren die Prioritäten des Zeitgeschehens sowie die Themenmischung. Zuerst nimmt er sich den Wirtschaftteil vor, wo er die Dax-Werte studiert. Der schlaue Geschäftsmann hat einen nicht unbeträchtlichen Teil seines Vermögens in Aktien angelegt. Danach durchkämmt er die Firmenberichte und den regionalen

Teil, weil er immer ganz nah dran sein möchte an den Geschehnissen. Nicht was Partys anbetrifft, über die in der Klatschspalte berichtet wird, nein, ihm geht es um die Kommunal- und Landespolitik. Er legt keinen Wert darauf, in der Boulevarddecke aufzutauchen, und beherzigt das Motto, das ihm einmal ein guter Freund empfahl: „Willst du etwas gelten, dann mach dich selten."

Der Höhepunkt der Zeitungslektüre ist dann der Sportteil, zuletzt überfliegt er noch die Todesanzeigen. Daß mit den Jahren immer mehr Menschen in seinem Alter sterben, geht ihm nicht aus dem Sinn. Beim Frühstück habe sein Vater, ein ehemaliger Wehrmachtssoldat, den denkwürdigen Spruch geprägt: „Die Einschläge werden dichter."

Die dunklen Gedanken verfliegen wieder, wenn er ins Auto steigt und auf dem Display eine CD von Robbie Williams wählt: „Swing, when you are winning." Befindet sich der VfB auf der Erfolgsspur, ist Erwin Staudt nicht zu bremsen. Besonders, wenn ihm ein echter Lustgenuß vergönnt ist und die Sonne lacht. Dann öffnet er das Verdeck seines Porsches und düst zur Arbeit. Meistens ist er 40 Minuten unterwegs, weil im dichten Berufsverkehr aus Richtung Leonberg die ganze Stadt zu durchqueren ist. Wenn er nicht SWR 1 hört, dann etwas aus der Konserve. Meistens trällert er mit. Wenn die Schlafmützen vor ihm nicht gerade wieder Zicken machen. Erwin Staudt kann fluchen wie ein Bierkutscher. Am meisten ärgert ihn, wenn die anderen zögernd die Fahrbahn wechseln. Das haßt er: Unentschlossenheit.

Gegen neun Uhr stürmt er dann in die Geschäftstelle in der Mercedesstraße. Wie in seiner Zeit bei IBM hat der erfahrene Manager binnen kürzester Zeit sämtliche Mitarbeiter für sich einnehmen können. Loni Braun, die Chefsekretärin, weiß den Stil des Präsidenten zu schätzen. Trotz des stressigen Alltags ist er fast immer gut drauf, und was besonders wichtig ist: Er verströmt Zuversicht. Selbst dann, wenn es beim VfB nicht so gut läuft: Erwin Staudt – der Chefoptimist.

Der Präsident und sein Gesamtkunstwerk – das Team und die Vereinsphilosophie

Seit seinem Amtsantritt hat er beim VfB einiges angepackt. Er setzt auf Spontaneität und Flexibilität. Ihm kommt es darauf an, wie er sagt, „sehr kompakt aufgestellt" zu sein, um schnell auf veränderte Situationen zu reagieren. In der Regel finden die Besprechungen auf Zuruf statt. Ob mit dem sportlichen Leiter oder dem Finanzvorstand Ulrich Ruf. Ansonsten werden Entscheidungen im erweiterten Vorstand gefällt. Dieses unkomplizierte Verfahren hat er so eingeführt und hat das Team zu einem verschworenen Haufen geformt.

Bei wichtigen Telefonaten hat er am liebsten alle um sich, damit sie mithören und anschließend mit ihm diskutieren können. Auch Erwin Staudts Assistent, Alexander Wehrle, blüht in diesem Arbeitsklima auf und profitiert von dem Vertrauen, das ihm sein Boß entgegenbringt. Der VfB-Präsident läßt jeden in der Truppe selbständig arbeiten, akzeptiert aber nur Spitzenergebnisse. Wenn eine Aufgabe ansteht, gibt er meist eine Parole aus oder sagt wenigstens ein paar nette, motivierende Worte, wie etwa „gib' Gas, hau' rein".

Bei Weichenstellungen oder Kurskorrekturen werden neben seinem Vorstandskollegen Ulrich Ruf der Pressesprecher Oliver Schraft, Controllingchef Markus Schmidt, die beiden Geschäftsführer der Marketing GmbH Jochen Röttgermann sowie Rainer Mutschler und natürlich die Sportmanager Jochen Schneider und Horst Heldt mit eingebunden. Dann sitzen sie im Büro des Präsidenten am runden Besprechungstisch und reden Tacheles. Bisher seien sämtliche Beschlüsse im Team einstimmig gefaßt worden. Der VfB-Häuptling legt Wert auf diese

Feststellung: „Bei mir wird keiner überrumpelt oder übergangen." So sind aber auch alle im Verein mehr oder weniger mitverantwortlich, für den Erfolg wie auch für den Mißerfolg.

Nach den Spielen trifft sich die Führungsriege im Business-Center, das so heißt, weil dort die Sponsoren ein- und ausgehen: in der V.I.P.- Lounge. Bei einer Flasche Mineralwasser wird die Lage der Roten dann sehr nüchtern erörtert. Im Krisenfall findet sonntags eine Sitzung des erweiterten Vorstandes mit Ruf und Heldt statt, zu der mitunter auch die anderen der Führungsebene stoßen, bevor man am Montag in die Woche startet. Wie nach den Niederlagen zu Beginn der Saison 2007/08, als die Mannschaft von Armin Veh als „Zufallsmeister" verspottet wurde und den Abstiegsrängen in der Bundesligatabelle gefährlich nahe gekommen war. Eine solche Serie von Flops kann sich auch ein Verein wie der VfB höchstens einmal in einer Spielzeit leisten.

Dann wächst am Wasen der Druck der Öffentlichkeit, wie auch zu Beginn der Rückrunde im Februar 2008 und zwei verlorenen Spielen, als das Thema Abstieg erneut aufkam. In solchen Krisenmomenten stellen dann Kritiker grundsätzliche Personalfragen und treffen damit auch schon Mal unter die Gürtellinie. Es melden sich die Defätisten und notorischen Nörgler zu Wort. Ist Armin Veh auf Dauer doch nicht der geeignete Trainer? Ist der junge Sportmanager Horst Heldt noch zu grün? heißt es dann. Hat etwa der Präsident vom Fußball zu wenig Ahnung? Sind die falschen Spieler eingekauft worden? Fragen wie diese kursierten unter den Sportjournalisten Anfang 2008 immer häufiger, bevor es im Frühjahr wieder aufwärts ging.

Neben dem Teamgeist fordert Erwin Staudt einen leidenschaftlichen Fußball, der in der Saison nach der Meisterschaft häufig vermißt wurde. Wie kaum ein VfB-Chef vor ihm propagiert Erwin Staudt den Leistungswillen, auf Angriff zu spielen. So wie er selbst im Leben stets Angriffsgeist gezeigt und diese sportliche Haltung anderen vermittelt hat, erwartet er das auch von dem Personal auf dem grünen Rasen. Selbst wenn es in der Champions League 2007 nicht so gelaufen ist wie gehofft, ist es für den VfB-Chef wichtig sagen zu können: „Wir sind unseren Gegnern auf Augenhöhe begegnet." Was in der Mannschaft von Armin Veh steckt, hat sie zumindest phasenweise gezeigt – wie beim letzten Spiel der europäischen Königsklasse gegen die Elitekicker vom FC Barcelona, das mit 1:3 verlorenging. Aber auch daraus zieht der VfB-Präsident etwas Positives, das er sowohl intern als auch gegenüber den Medien glaubhaft vermittelt: „Wir haben daraus gelernt. Wir kommen wieder in den internationalen Wettbewerb."

Dafür sollen schwäbische Tugenden wie Bodenständigkeit und Seriosität sorgen, deren Grundlage die intensive Jugendarbeit ist. Laut der Vereinsphilosophie baut der VfB auf die Jugend und auf Modernität. Das ist der Stuttgarter Weg. Daran soll festgehalten werden, vor allem dann, wenn es einmal schlechter laufen sollte. Um die Imagearbeit und das Geschäft zu forcieren, wurde Jochen Röttgermann für die Marketingabteilung unter Vertrag genommen, ehemals Manager der Agentur Sportscom, die bereits die Firma Debitel als Sponsor des VfB betreute. Röttgermann formulierte im Bewerbungsgespräch den entscheidenden Satz: „Beim VfB gibt es noch Luft nach oben." Er wolle Mercedes in das Sponsorenboot holen – der Vereinschef war beeindruckt.

Erwin Staudts Ziel ist es, die Erfolge zu verbessern. Das gilt auch für den Umgang mit den Sponsoren. Sie sollen immer enger an den Verein gebunden werden, allein deshalb pflegt der einstige IBM-Chef die Nähe zur regionalen Wirtschaft. Als er 2003 als Präsident das Geschäft übernahm, zauberte er eine Vision aus dem Ärmel, auf die noch keiner gekommen war: Aus dem Club der Landeshauptstadt sollte ein „FC Württemberg" werden. Für die Fans genauso wie für die Geldgeber und Imageträger aus der Wirtschaft. „Wir arbeiten an einem Gesamtkunstwerk", sagt der Vereinschef, und ist selbst die Personifizierung dieses Wandels.

Die Zusammenarbeit mit dem VfB Stuttgart soll für die Unternehmen etwas Besonderes, etwas ganz Exklusives sein. Die Sponsorengruppe besteht deshalb nur aus zwölf meist regional relevanten Firmen, für weitere Partner war Ende des Jahres 2007 kein Platz mehr vorhanden: „Weil wir unser Sponsorenmodell nicht verwässern wollen." Statt dessen sollen die Kunden weiterhin individuell betreut und in die Werbestrategie eingebunden werden. Der ehemalige Ministerpräsident des Landes, Erwin Teufel, soll schon vor Jahren neidisch gewesen sein. Beim VfB sei mehr Wirtschaftskompetenz versammelt als bei den Regierungsparteien im Bundeskabinett.

Auch den Trainer- und Mitarbeiterstab hat der VfB-Präsident straff organisiert und mit kompetenter Manpower ausgestattet. Momentan stehen rund 200 Beschäftigte auf der Gehaltsliste. Ein vergleichbarer Verein mit ähnlich vielen Sportabteilungen wie der Traditionsclub Borussia Dortmund verfügt über 290 Mitarbeiter. Der Spielerkader beim VfB entspricht einem Drittel des Personals. Hochmotiviert agieren die Roten auch in Sachen Scouting. Inzwischen sind die Späher aus Stuttgart nahezu überall in Europa im Einsatz, um geeignete Fußballer im Ausland ausfindig zu machen. Dafür ist diese spezielle Abteilung aufgerüstet worden, in der nun drei Kräfte fest angestellt sind. Hinzu kommt ein Netz aus zahlreichen freien Mitarbeitern im In- und Ausland. Und weil die Balltreter sozusagen das lebende Kapital des Vereines sind, tut der Schwaben-Club alles, um sie zu hegen und zu pflegen.

Der VfB hat für einen hohen Standard gesorgt, angefangen von eigenen Parkplätzen für die Spieler über ausgezeichnete Trainingsbedingungen bis hin zu einer Wohlfühlsauna. Alles vom Feinsten, schließlich soll das Leistungsklima gefördert werden. Man ließ die gesamte Platzanlage rund um das Stadion und die Geschäftsstelle umbauen und in einen Top-Zustand versetzen. Zwei Millionen Euro flossen in das Vorhaben.

Chic ist auch das Carl-Benz-Center mit dem neuen Dienstleistungszentrum. Für den Verein und die Fans ging ein langgehegter Traum in Erfüllung. Um ihn zu verwirklichen, hat Erwin Staudt seine guten Beziehungen spielen lassen und dafür einen finanzstarken Investor finden können: Rudi Häussler. Er ist ein Freund aus alten Tagen, den Staudt bereits 1985 kennenlernte, als er bei IBM noch Assistent war. Häussler ist ein Sinnbild des deutschen Wirtschaftswunders. Als Inhaber eines kleinen Stuttgarter Handelsunternehmens, das schwäbische Firmen mit Büromöbeln und Büromaschinen belieferte, ist er heute „ein weltweit tätiger Spezialist für gesamtwirtschaftliche Baulösungen aus einer Hand", wie er sein kleines Bau- und Finanzdienstleistungsimperium selbst nennt.

Das „Cleverle" Häussler war es, das auf die Idee kam, ein schmuckes Gebäude mit einem Hotel, mit Gastronomie und einem Fan- und Vereinsbereich für den VfB Stuttgart zu errichten, das sich auf Dauer selbst trägt. Der gesamte Komplex ist ein sogenanntes Profit-Center: Unter dem Strich bringt es sogar noch Geld ein. Die 70-Millionen-Investition ist ein wirtschaftliches Unterfangen, betont der VfB-Vereinschef, und ein perfekter Deal obendrein. Häussler überläßt dem Club einen Teil aus der Vermarktung der Namensrechte, so daß der VfB mit dieser Summe die jährlichen Mietzahlungen kompensieren kann. Rund um das einstige Neckarstadion erstrahlte in wenigen Jahren so ziemlich alles in neuem Glanz, getreu nach dem Motto von Laotse, das Erwin Staudt zu seinem eigenen gemacht hat: „Fürchtet Euch nicht vor Veränderungen, sondern vor dem Stillstand."

Am 16. Mai 2007 wurde das epochale Bauwerk zwischen der Porsche Arena und dem Gottlieb-Daimler-Stadion eröffnet. Mit seiner Architektur erinnert es an den Bauhaus-Baumeister Le Corbusier und fügt sich elegant in die postmoderne High-Tech-Landschaft. Als Hauptmieter logiert heute das Vier-Sterne-Hotel Hilton Garden mit 150 Betten in dem Komplex und einem Gastronomiebereich, der 600 Gästen Platz bietet. Ein Fünftel der gesamten Nutzfläche von 20 000 Quadratmetern steht dem VfB zur Verfügung. Im Carl-Benz-Center hat der Club seine Ticket-Zentrale einquartiert, die Marketing- und Merchandising-Abteilung sowie einen modernen, 700 Quadratmeter großen Fanshop eröffnet. Nach einem Spiel können die Fans in einer 2000 Personen fassenden Halle namens Carl-Benz-Arena über eine Leinwand die Pressekonferenz erleben und noch ein Bierchen trinken. Und noch für einen weiteren Luxus wurde gesorgt: Die VfB-Anhänger müssen ihre Fahnen und Transparente nicht mehr wie früher nach Hause schleppen. Dafür gibt es nun ein Lager, wo die rot-weiße Fanausstattung bis zum nächsten Spiel deponiert werden kann. Zu den Annehmlichkeiten zählen zudem Räume, in denen Spruchbänder angefertigt werden können. Zum Beispiel: „Vorstand raus !"

Darüber hinaus befindet sich im Benz-Center nun die Jugendakademie mit Lehrräumen und 18 Zimmern, die den Jugendspielern zur Verfügung stehen. Sie werden von vielen Mitarbeitern umsorgt, auch eine Hausaufgabenbetreuung gehört dazu. Die Betreuerfamilie und der Jugendleiter wohnen ebenfalls in der Akademie, den Jugendlichen soll es an nichts mangeln. Es gibt Aufenthaltsräume, eine Küche und einen Eßraum. Der Knüller ist ein Kunstrasenspielfeld auf dem Dach, wo der Nachwuchs unter Flutlichtstrahlern Tag und Nacht kicken kann.

Zur Rundumversorgung gehört außerdem noch die sogenannte Reha-Welt, die das rot-weiße Reich komplett macht. Hier sorgen Physiotherapeuten und Ärzte dafür, daß die Spieler nach Verletzungen wieder auf die Beine kommen oder nach einem Trainingsrückstand Kräfte sammeln können. Der Verein hat im Zuge dessen personelle und räumliche Möglichkeiten geschaffen, die auch von Normalverbrauchern genutzt werden können. Nicht nur die Starfußballer, auch ganz „normale Patienten" können sich hier wieder fit machen lassen.

Die Finanzen und die IT

Der sportliche Erfolg auf dem grünen Rasen ist das eine, ein professionelles Management das andere. Zwar kursiert in der Branche zu Recht die simple Erkenntnis, daß Geld keine Tore schießt. Wer aber nicht gewappnet ist, läuft Gefahr, daß ihm die guten Spieler weggekauft werden. Im Jahr 2005 ging es dem VfB Stuttgart finanziell zwar besser als noch zu Zeiten des Präsidenten Gerhard Mayer-Vorfelder, als eine hohe Schuldenlast drückte. Den Nationalstürmer Kevin Kuranyi, der aus der eigenen Jugendabteilung hervorgegangen war, konnte man dennoch nicht halten. Auch Alexander Hleb, der weißrussische Nationalspieler, ebenfalls am Wasen für das Fußballspielen ausgebildet, verließ den VfB. Für die geschätzte Ablösesumme von 15 Millionen Euro wechselte er zu Arsenal London.

Die jungen Wilden lockte das große Geld. Der VfB konnte und wollte das Gehalt von Kuranyi nicht weiter aufstocken. Der Revierclub in Gelsenkirchen, Schalke 04, erhöhte das Salär des Starkickers und zahlte dem VfB eine Ablösesumme von sieben Millionen Euro. Der Abgang war für alle Beteiligten schmerzhaft, besonders die Fangemeinde trauerte dem Stürmerstar nach. Und Kuranyi plagt immer noch das Heimweh, nach wie vor zieht es ihn ins Ländle zurück. Er soll, wie man hört, im Stuttgarter Stadtteil Möhringen noch eine Wohnung besitzen. Der VfB hatte nach dem Verkauf der Topstürmer zwar Geld auf dem Konto, das er wieder in andere Spieler investieren konnte. Doch das Herz des Teams war gesprengt.

Erwin Staudt und die VfB-Führungsspitze waren um eine bittere Erfahrung reicher, zumal sich in der Saison 2005/2006 herausstellen sollte, daß die Weichen falsch gestellt worden waren. Bei Personalveränderungen im Fußball, wirbt der VfB-Chef um Verständnis, sei immer ein sehr hohes Risiko im Spiel. Mal paßt es, mal paßt es nicht. Es gehört auch einiges an Glück dazu, wenn neue Spieler verpflichtet werden. Nicht immer ergänzen sie automatisch das Mannschaftsgefüge. Bewährte Kräfte sollte ein Club deshalb nicht so ohne weiteres ziehen lassen – auch nicht für Millionensummen.

Der Club am Wasen sah sich einmal mehr in seinem Bestreben gestärkt, auf ein modernes Management und Controlling zu setzen. Erwin Staudts erstes Projekt war Anfang 2004 ein computergestütztes, sogenanntes Balanced-Scorecard-Programm. Unternehmen wie Siemens, Bosch oder BASF verwenden ebenfalls das vor rund zehn Jahren von den Amerikanern David Norton und Robert Kaplan geschaffene Steuerungssystem, das auf Kennzahlen basiert, die jeweils eine aktuelle Aussage über die Entwicklung des Vereins zulassen.

Dazu zählen nicht nur Tabellenstände, Transfersummen und Gehaltsausgaben, sondern auch Bereiche, die bisher schwerer kontrollierbar waren. Zum Beispiel die Jugendarbeit im Verein. Ist sie erfolgreich genug oder kann sie noch verbessert werden? Vor allem *wie* kann sie weiter entwickelt werden? Das Controlling in diesem Bereich beschäftigt sich damit, die Einsätze von Spielern aus der eigenen Jugend in der Bundesliga zu ermitteln, diese entsprechend der Dauer ihrer Vereinszugehörigkeit zu gewichten und die Zahlen mit denen der anderen Bundesligisten zu vergleichen. Zurzeit arbeitet der VfB mit 130 Kennziffern, hundert sind für die verschiedenen Sportabteilungen relevant, 30 Kerndaten führt sich stets der Vorstand zu Gemüte.

Mit diesem Kontrollsystem betrat der VfB Stuttgart Neuland. Vergleiche mit anderen Bundesligavereinen waren bis vor kurzem kaum möglich, weil es bisher nicht üblich war, seine Zahlen, vor allem ein solches umfangreiches Datenmaterial, auf diese Weise zu erheben.

Sinn und Zweck ist, die Einnahmen im Auge zu behalten. Die Fernseheinnahmen variieren je nach Tabellenstand, 2006 machten sie beim VfB rund 20 Millionen Euro aus. Des weiteren geht es um die Kontrolle der Zuschauereinnahmen: 2006 wurden sie für die Liga auf 380 Millionen Euro beziffert. Aus dem Topf der Zuschauergelder erhielt der VfB im Jahr 2007 im Durchschnitt etwa 600 000 Euro pro Heimspiel. Das kann sich zwar sehen lassen, doch kassieren andere Clubs noch ganz anders ab. Der Rekordmeister FC Bayern München zum Beispiel kam nach Presseberichten auf rund 1,7 Millionen Euro und ein englischer Topclub wie Manchester United auf drei Millionen Euro. Überall geht es in den Clubs um Liquidität, um enorme Summen, die beim VfB Stuttgart von Vorstand Ruf mit viel Fingerspitzengefühl verwaltet werden.

Das Programm der Balanced Scorecard, mit Hilfe dessen der VfB nie mehr aus dem geschäftlichen Gleichgewicht kommen und seinen Kurs halten möchte, war erst der Beginn für den Einsatz weiterer Instrumentarien. Gemeinsam mit dem FC Bayern München entwickelten die Schwaben die Planungssoftware Professional Sports Planner des Grazer IT-Hauses Winterheller weiter. Finanziell befinden sich die Bundesligavereine meist auf einer Gratwanderung und stehen nicht selten am Rande der Existenz, je nach dem, wie die Spiele verlaufen und wie viel Geld das zahlende Publikum in die Kasse spült. Die Champions League, der UEFA-Cup und der DFB-Pokal sind Einnahmequellen, die ganz unterschiedlich ausfallen können und darüber entscheiden, ob die Mannschaft durch einen neuen Spieler verstärkt werden kann oder umgekehrt vielleicht sogar ein guter Akteur abgegeben werden muß. Die Kalkulatoren beim VfB ermitteln dafür den schlechtesten Fall und den bestmöglichen

Fall des sportlichen Abschneidens. Auf der Grundlage dieser Zahlen wird dann ein mittlerer Wert gebildet, der als Prognose dient und als Handlungsspielraum für die kommende Saison.

Dieses Planungsmodul soll dem VfB helfen, verschiedene Entwicklungsszenarien durchzuspielen. „Damit simulieren wir zum Beispiel, welche Auswirkungen es für unsere Liquidität hat, wenn wir aus Wettbewerb X ausscheiden und gleichzeitig Spieler Y verpflichten wollen", erklärt der VfB-Vorstandsassistent Alexander Wehrle. Die Erfahrung damit zeigte, daß sich die Saison tatsächlich meist so entwickelte, wie man es angenommen habe. Kleinere Ausreißer wie die deutsche Fußballmeisterschaft nimmt man beim VfB gerne in Kauf.

Seit kurzem setzt der Verein noch auf einen weiteren informationstechnologische Baustein: auf die Wissens-Management-Software Knowledge Miner. Mit diesem Programm können interne und externe Datenquellen durchforstet werden: Presseberichte, Aufsichtsratsprotokolle, Informationen von Institutionen und Verbänden. Per E-Mail werden die Mitarbeiter des Managements über die aktuellen Geschehnisse informiert. Mit dieser Strategie möchte der VfB besser denn je den Unwägbarkeiten im Fußballgeschäfts begegnen und nicht nur reagieren, sondern auch agieren können.

Mit den neuen technologischen Errungenschaften ist im übrigen auch die vereinsinterne Kommunikation verbessert worden. Sogar die Pressearbeit des Chefs der VfB-Öffentlichkeitsarbeit, Oliver Schraft, steht auf dem Prüfstand. So wird genau verfolgt, ob die Presse neben der allgemeinen Bundesligaberichterstattung auch Themen aufgreift, die Schraft lanciert hat. Ob etwa über eine Wohltätigkeitsaktion des VfB berichtet wird, die geschäftliche Entwicklung oder das Fitnesstraining eines verletzten Spielers.

Erwin Staudt wäre nicht Erwin Staudt, wenn er künftig nicht noch intensiver auf die Trumpfkarte IT setzen würde. Mit einer weiteren Software-Lösung ist der VfB dabei, den Servicebereich zu professionalisieren. Mit dem sogenannten Customer-Relationship-Management werden die rund 44 000 Mitglieder, die rund 250 Fanclubs und die mehr als 60 000 Kunden erfaßt. Werbeaktionen und Kampagnen sollen noch gezielter und damit effektiver gesteuert werden. Interessant ist zum Beispiel, wie viele Spielertrikots die Fans in welchem Zeitraum gekauft haben und wer von ihnen im Besitz einer Dauerkarte ist. Auf der Grundlage dieser Informationen können der Fangemeinde maßgeschneiderte Angebote unterbreitet und das Geschäft angekurbelt werden.

Eine weitere wirtschaftliche Maxime des Vereinspräsidenten ist, in dem „mittelständischen Unternehmen der Unterhaltungsindustrie" so kostengünstig wie möglich zu agieren. Die Kosten für Computer und Software liegen bei rund 200 000 Euro jährlich. Drei Mitarbeiter sorgen für ein computergestütztes Management, das der VfB ständig weiterentwickelt und den Anforderungen im Verein anpaßt.

Der innovative Club am Neckar ist auf dem IT-Sektor nicht nur in der Bundesliga in der Vorreiterrolle und hat sich den Respekt der Sponsoren und nicht zuletzt der Kreditinstitute gesichert. Selbst in den höchsten Vereinskreisen in Europa machten die Schwaben auf führungstechnischem Gebiet Furore. Erwin Staudt hat dem Topclub FC Barcelona schon Nachhilfeunterricht in Sachen professionelles Management gegeben. Dafür ist eigens eine VfB-Delegation nach Spanien gereist, um dort vor Ort über die Möglichkeiten der verschiedenen Steuer- und Kontrollsysteme zu informieren.

Der technische Fortschritt am Cannstatter Wasen ist auch künftig nicht aufzuhalten. Bald sollen das mobile Ticketing und die Fancard eingeführt werden. Eintrittskarten für das Stadion sind dann auch über das Handy zu bestellen, mit einer Fancard soll alles rund um den Spielbetrieb bezahlt werden können –

vom Stadionbier über den Fanschal bis zur Parkgebühr. Das Pilotprojekt ist mit den Anbietern Visa oder Mastercard geplant. „Damit sind wir der erste Eventorganisator, der so etwas macht", sagt der Staudt-Assistent Wehrle. Über das neue Tikketsystem sollen den Fans per Mobiltelefon zusätzliche Mannschafts-, Vereins- und Serviceinformationen geboten werden.

So mancher Bundesligamanager hat schon die kleine VfB-Geschäftsstelle in der Mercedesstraße besucht, um sich bei den schwäbischen Vereinsmanagern etwas von diesem Know-how anzueignen. Im Gegensatz zu vielen anderen Ligakonkurrenten haben die IT-Spezialisten vom Cannstatter Wasen einen zeitnahen Überblick über ihre finanzielle Situation und sind auf Abenteuer auf dem Spieler-Transfermarkt vorbereitet.

Der einstige IBM-Chef hat sich auf dem Gebiet der Informationstechnologie eine eigene Spielwiese geschaffen, auf der er sich nach Herzenslust austoben kann. Mit ihm als cleveren Rechner kann der Club überdies auf einen solide denkenden Vereinspräsidenten bauen. Bei allen Unwägbarkeiten im schnelllebigen Fußballgeschäft versichert dieser: „Wir werden den Pfad der Vernunft nicht verlassen."

Magath, Veh, Heldt und Co. – gemeinsam durch dick und dünn

Die großen Rivalen

An der Tür zu seinem Büro in der VfB-Geschäftsstelle hing bis vor kurzem ein Stück Papier mit ein paar Zeilen aus Schillers Glocke: „Gegen des Unglücks Macht, steht mit des Hauses Pracht! Doch mit des Geschickes Mächten, ist kein ewger Bund zu flechten, und das Unglück schreitet schnell. Wohl! Nun kann der Guß beginnen." Für den VfB- Präsidenten sind diese Worte Warnung, Trost und Ansporn zugleich. Kann ein noch so versierter Vereinsmanager den Lauf der Dinge im Fußball letztlich lenken? Das Wohl und Wehe eines Clubs, das auch von einem Mann wesentlich abhängt, vom Trainer?

Um den Jahreswechsel 2007/2008 herum erhärtete sich das Gerücht, daß der große FC Bayern München wieder einmal den emsig an seiner Zukunft arbeitenden VfB Stuttgart ausbremsen wolle. Schon einmal hatten die Herren von der Isar mit ihren dicken Portemonnaies und einer mit Stars gespickten Elf den Schwaben einen Trainer weggekauft: Felix Magath, den Mann, der den Verein mit den jungen Wilden wieder salonfähig gemacht und 2003 in die Champions League geführt hatte. Wie Phönix aus der Asche waren sie damals auferstanden am Cannstatter Wasen. Nun war „Zauber"-Veh im Gespräch – würden ihn die Bayern holen? „...des Unglücks Macht..." – sollte der VfB erneut den Kürzeren ziehen? Der Meistertrainer hatte doch seinen Vertrag um ein weiteres Jahr bis 2009 verlängert.

Bei einem Glas Champagner verriet der Manager des FC Bayern München in der Silvesternacht 2007/08 einem Reporter, daß er den Vertrag von Trainer Ottmar Hitzfeld nicht mehr verlängern werde. Der manchmal explosiv geladene Uli Hoeneß hat meist dann sein Coming Out, wenn der Vereinsstolz leidet – der FC Bayern hatte kein erfolgreiches Jahr 2007 hinter sich nach der verpaßten Teilnahme an der Champions League. Wenn Hitzfeld gehen mußte, sollte dann Veh kommen?

Die Ära Felix Magath

Auch dem „Kaiser" Franz Beckenbauer waren schon verbale Fauxpas unterlaufen, vor allem, wenn er vor Wut schäumte, wenn sein Starensemble mal wieder indisponiert gewesen war – wie 2004, als Beckenbauer durchsickern ließ, daß der FC Bayern den VfB-Trainer Felix Magath für die neue Saison verpflichten werde. Die alte Spielzeit war noch nicht vorbei, als Uli Hoeneß am 18. Mai den Trainerwechsel von Magath nach München bekannt gab. Beim VfB war man empört. „Wir hatten vereinbart, daß wir uns nach dem letzten Spieltag zusammen setzen. Wir haben am Samstag ein verdammt wichtiges Spiel in Leverkusen", kritisierte der VfB-Präsident die Vorgehensweise der Bayern damals.

Drei Tage zuvor war der FC Bayern am 33. Spieltag im Stuttgarter Gottlieb-Daimler-Stadion angetreten. Vor der Begegnung hatte der VfB-Chef verkündet: „Ich kann die Leute verstehen, die sagen, in solchen Spielen geht es nicht um Leben oder Tod, da geht es um mehr." Erwin Staudt sollte kaum falsch liegen. Der FC Bayern kassierte eine 1:3 Niederlage – eine üble Schmach, eine schallende Ohrfeige für die Gäste aus München, für Hoeneß, Beckenbauer & Co. Ihr Club rangierte damit nur noch einen Punkt vor den Schwaben auf Platz zwei der Tabelle und hatte sogar ein um einen Treffer schlechteres Torverhältnis als der VfB. Zudem war Werder Bremen dem Münchener Starensemble bereits unerreichbar auf Platz eins enteilt und stand als Deutscher Meister fest – ebenfalls ein Grund für die Vereinsbosse in Bayern, mit der Truppe und dem Trainer zu zürnen.

Der Grund war schnell gefunden: Ottmar Hitzfeld habe die verwöhnten Superstars an einer zu lockeren Leine laufen lassen. Gegen den VfB Stuttgart hatten sie jedenfalls schon mit 0:3 hinten gelegen, als der peruanische Nationalstürmer Claudio Pizarro für die Bayern erst in der 77. Minute ins Netz von Timo Hildebrand traf. Sechsmal wurden die Münchener vom Schiedsrichter mit einer gelben Karte verwarnt, unter ihnen auch der Kapitän der Deutschen Nationalmannschaft, Michael Ballack. Einige der Gelbsünder waren knapp an einer roten Karte vorbeigeschrammt. Der Frust saß tief über die erneut enttäuschende Leistung. Zu harmlos und zu unmotiviert agierte die gesamte Hitzfeld-Truppe, ganz im Gegensatz zum VfB.

Schon seit einigen Wochen kursierten Gerüchte, daß Felix Magath nach Abschluß der Saison den Cannstatter Wasen in Richtung München verlassen werde. Einer besonderen Motivation gegen den FC Bayern bedurfte es für die Spieler des VfB also nicht. Mit zwiespältigen Gefühlen dürfte aber Magath auf der Trainerbank gesessen sein, schließlich ging es für seinen künftigen Club darum, den zweiten Platz der Tabelle zu sichern, um garantiert von Herbst an in der Champions League zu spielen. Das gleiche Ziel hatte auch der VfB, der sich wenigstens über den dritten Platz noch für diesen lukrativen Wettbewerb qualifizieren wollte. Doch die Sache sollte schief gehen.

Nach der Nachricht, daß sie ihren erfolgeichen Trainer verlieren würden und Felix Magath möglicherweise mit den Gedanken schon ganz woanders war, saß der Schock bei den Spielern tief. Das letzte Match der Saison war ausgerechnet bei Bayer Leverkusen zu bestreiten, einem direkten Mitkonkurrenten um den begehrten dritten Platz. Ein Unentscheiden hätte gereicht, doch das Spiel ging mit 0:2 verloren. Leverkusen kletterte auf Rang drei, der VfB landete auf dem wenig attraktiven vierten Platz. Nun durfte Leverkusen das Ausscheidungsspiel um die Teilnahme an der Champions League bestreiten, und dem VfB Stuttgart war eine mögliche 20-Millionen-Euro Einnahme entgangen.

Zu Beginn der Jahres 2008 herrschte nun wieder Aufregung um einen bevorstehenden Trainerwechsel, wieder ging es um Ottmar Hitzfeld und wieder um den Trainer des VfB Stuttgart. Magath hatte seinerzeit Hitzfeld am 1. Juli 2004 abgelöst, und Hitzfeld wiederum war es, der für Magath als dessen Nachfolger am 1. Februar 2007 erneut den Dienst bei den Bayern antrat.

Daß vertragliche Vereinbarungen im Fußballgeschäft meist nur Makulatur sein können, weiß Erwin Staudt spätestens seit dem Magath-Wechsel. Magath hätte noch eine Saison länger beim VfB bleiben sollen, der FC Bayern hatte mit ihm eigentlich einen Vertrag vom 1. Juli 2005 bis 30. Juni 2008 geschlossen. Dieser Dreijahreskontrakt war dann „einfach" ein Jahr vorher aufgelöst worden. Auf den Protest der VfB-Spitze hin verlautete aus der Münchner Führungsetage, Stuttgart habe dafür bei den Bayern moralisch einen gut: Man habe für Magath keine Ablöse gezahlt.

Felix Magath war als „Feuerwehrmann" im Februar 2001 zum VfB Stuttgart gekommen, als die Wasenkicker auf dem 17. Tabellenplatz standen und akute Abstiegsgefahr herrschte. Was aber noch schlimmer war: Der Verein befand sich damals kurz vor der Insolvenz. Magath konnte aber ohnehin nicht tun, was neue Trainer für gewöhnlich als erstes machen: Neue Spieler einkaufen. Die geltende Wechselfrist auf dem Transfermarkt war verstrichen. Und das war auch gut so. Der zuvor oft als Retter in höchster Not verpflichtete Magath hatte als Coach von Werder Bremen in der Saison 1998/1999 aus nicht weniger als 15 Neuzugängen eine Mannschaft geformt. Beim VfB mußte er nun längerfristig mit jungen Nachwuchsspielern arbeiten, weil kein Geld in der Kasse war. Zum Glück bot der Talentschuppen des VfB alles, was das Trainerherz begehrte. Magath schuf eine junge, hungrige Truppe – es war die Geburtsstunde der jungen Wilden.

Die Wochenzeitung „Die Zeit" schrieb von der „Saison der Armut" beim VfB, der es nicht nur auf Platz acht in der Bundesliga schaffte, sondern über den UI-Cup auch noch bis in die vierte Runde des UEFA-Cups. Die Youngsters siegten und siegten. Felix Magath belebte geschickt den Fußballmythos der einstigen Fohlen-Elf von Borussia Mönchengladbach, mit der die damaligen jungen Wilden Netzer, Heynckes & Co. in den sechziger und siebziger Jahren Fußballgeschichte geschrieben hatten. Ein solcher Mythos war genauso wichtig wie Punkte. Er machte aus dem Club eine starke Marke.

Als Erwin Staudt sein Präsidentenamt im September 2003 im dunklen Maßanzug übernahm, traf er auf Felix Magath, der selbst zu Presseterminen bevorzugt in Trainingsanzug und Badelatschen antrat. Der Mann aus Sailauf bei Aschaffenburg eilte oft zwischen Trainingsplatz und Büro hin und her, schließlich war er Coach und Manager in Personalunion. Aber auch sonst unterschieden sich die beiden Führungskräfte beim VfB: Der Präsident redete gern und viel und zeigte sich jovial, Felix Magath redete wenig und gab sich vorsichtig. Der VfB-Trainer trug den Beinamen „Quälix", weil er die Spieler meist hart ran zu nehmen pflegte. Magath hatte seinerzeit die Frankfurter Eintracht als sinkendes Schiff übernommen und später vor dem Untergang in die zweite Liga bewahrt. Der damalige Eintracht-Profi Jan-Aage Fjörtoft sagte über seinen Coach: „Ich weiß nicht, ob Magath die Titanic gerettet hätte, aber wenigstens wären alle Überlebenden sehr fit gewesen".

Felix Magath, selbst als Fußballer beim Hamburger Sportverein ein brillanter Gestalter im linken Mittelfeld, entwickelte beim VfB eine neue Spielkultur und führte 2003 die blendend agierende Nachwuchstruppe zur deutschen Vizemeisterschaft. Als der neue VfB-Chef Staudt seinen Job aufnahm, waren die Vorbereitungen für die erstmalige Teilnahme an der Champions League in vollem Gange. Die jungen Wilden schlugen sich prächtig, Spielerkäufe waren nicht nötig. „Ich kann mich noch gut an das Gekrampfe erinnern, als die Vorgänger von Magath sechs oder sieben Spieler holten. Sie gingen dann alle am Neckar spazieren. Mit Geschäftsführergehältern", war Erwin Staudt voll des Lobes für seinen Angestellten in Doppelfunktion. Der Manager und Trainer Magath setzte auf das Eigenkapital des Nachwuchses und leistete vorbildliche Arbeit im Verein, der davon noch viele Jahre profitierte.

Außerdem schweißte Felix Magath ein homogenes Team zusammen, wie es nach ihm im Meisterjahr erst wieder Armin Veh gelingen sollte. Die Philosophie des Fußball-Lehrers war nachvollziehbar. Das Ganze der Mannschaft sei mehr als die Summe ihrer Teile, dozierte er. Man könne zwar überall auf der Welt Stars zusammenkaufen, „aber wenn sie sich nicht zu einem Team fügen, werden sie gegen weit schlechtere Spieler verlieren". Der Motivator, Koordinator und Auspeitscher, wie er sich selbst nannte, hatte bei Erwin Staudt einen Stein im Brett: „Der ist einer, der was kann. Er könnte genauso Vertriebsleiter bei IBM oder Daimler sein."

Die Personalpolitik zwischen 2001 und 2004 war der Grundstein für weitere erfolgreiche Jahre der Roten, zumal sie sich durch die Einnahmen der europäischen Königsklasse finanziell aus eigener Kraft aus der Misere befreien konnten. Zum ersten Mal gehörte der VfB im Jahre 2003 zum Kreis der Großverdiener. Schließlich machte die Teilnahme an der Champions League im Vergleich zum weniger lukrativen UEFA-Cup, an dem die deutschen Vereine zwischen Rang drei und fünf der Liga teilnehmen dürfen, runde 15 Millionen Euro aus. Mit dem Geld für die Spiele in der Königsklasse konnte der Verein seine neuen Jungstars halten, um die andere Clubs schon mächtig buhlten, und außerdem in einige neue, wiederum meist junge Spieler investieren.

Zwar ging die erste Begegnung bei den Glasgow Rangers mit 1:2 verloren, doch die Premiere in der europäischen Eliteliga im

Gottlieb-Daimler-Stadion bleibt unvergeßlich. Es herrschte Gänsehautstimmung. Hildebrand, Hinkel, Hleb, Kuranyi & Co. steigerten sich in einen Spielrausch und besiegten den britischen Topclub Manchester United mit 2:1. Das Publikum auf den Sitzplätzen verbrachte die Partie überwiegend im Stehen. Das rhythmische Klatschen und die Anfeuerungsrufe nahmen kaum ein Ende.

Unter der Regentschaft von Erwin Staudt hatte sich beim VfB alles weiterhin hervorragend entwickelt. An Zufälle mochte der Hobby-Schachspieler Felix Magath nicht glauben. „Eine schöne Kombination auf dem Fußballplatz ergibt sich auch nicht einfach so", bemerkte er. Das Wichtigste war für ihn gewesen, daß alle Beteiligten, vom Präsidenten bis zu den Sponsoren, von der Mannschaft bis zu den Journalisten, hinter seiner Strategie standen. Das war ungewöhnlich in der Branche, in manchen Clubs kämpfte hinter den Kulissen bisweilen jeder gegen jeden. Es machte sich das geschickte Händchen des neuen Denkers und Lenkers aus Leonberg bemerkbar. In anderen Vereinen rotierte das Personal in Windeseile, Erwin Staudt baute auf Vertrauen und Kontinuität.

Die Euphorie war groß im Herbst 2003 und auch noch im Frühjahr 2004, genauso groß aber war dann die Enttäuschung, als die Teilnahme an den Champions League-Spielen verpaßt wurde und sich der VfB unerwartet auf Trainersuche begeben mußte.

Das Kapitel Matthias Sammer

„Der Matthias Sammer ist ein Supertyp", erinnert sich der VfB-Chef an den einstigen Antreiber in der Elf des VfB. Als Hochkaräter des deutschen Fußballs sollte er als Trainer beim VfB allerdings eher glücklos bleiben. Auch Sammer verband mit dem VfB Stuttgart schöne Erinnerungen. Für den schwäbischen

Club hatte er zwei Jahre lang bis 1992 die Kickstiefel geschnürt und unter dem Trainer Christoph Daum mit dem VfB die Deutsche Meisterschaft errungen, bevor er für einige Monate zu Inter Mailand wechselte. Als Mittelfeldakteur und Torschütze hatte er die Zuschauer – auch im Daimler-Stadion – oft jubeln lassen: In 63 Spielen 20 Mal. Als Verantwortlicher auf der Trainerbank allerdings oft auch nicht.

Von 1993 an war der gebürtige Dresdner bei Borussia Dortmund unter Vertrag gestanden und hatte als Spieler mit dem Klub nahezu alles gewonnen, was es zu gewinnen gab: Die Deutsche Meisterschaft, die Champions League, den Weltpokal. Als der Verein in der Saison 1999/2000 vor dem Abstieg stand, übernahm der damals 36jährige zunächst als Co-Trainer unter Udo Lattek und in der anschließenden Saison als Cheftrainer die Verantwortung. Sammers größter Erfolg als Nationalspieler war wohl der Gewinn der Europameisterschaft 1996, in diesem Jahr wurde er zum Fußballer des Jahres gewählt, sowohl in Deutschland als auch in Europa. Und auch als Coach hatte er zunächst Erfolg: 2002 wurde er mit den Dortmundern Deutscher Meister. Allerdings gab es 2003 einen Rückschlag, als die Borussia die Champions-League-Teilnahme leichtfertig verspielte. Sammer wurde vorgeworfen, die millionenschweren Stars nicht mehr in den Griff zu bekommen. In der darauf folgenden Saison kamen die Gelb-Schwarzen nicht einmal mehr in den UEFA-Cup.

Dennoch meinte der VfB, mit dem Sachsen den richtigen Trainer als Nachfolger von Felix Magath gefunden zu haben. Schließlich hatten die Stuttgarter bis dato keine verwöhnten Stars zu bändigen – doch sollte sich die VfB-Führungsriege hier mächtig täuschen. Mit Sammer wurde ein Vertrag bis Juni 2007 geschlossen. Für ein Gehalt, das nach Presseberichten etwa nur noch die Hälfte der drei Millionen Euro betrug, die Sammer in Dortmund erhalten haben soll.

Sammer hatte wie zuletzt in Dortmund auch beim VfB nicht den erwünschten Erfolg. Zum Ende der Saison 2005 holte die Mannschaft während des Saisonfinales nur vier Punkte aus sechs Spielen, landete auf einem damals enttäuschenden fünften Tabellenplatz und gelangte abermals nicht in die Champions League. Was aber noch schwerer wog, war das gestörte Verhältnis, das sich zwischen ihm und den Jungstars Kevin Kuranyi und Alexander Hleb entwickelt hatte. Manche Spieler wollten mit dem damals 37jährigen Sammer nicht mehr zusammenarbeiten. Einige im Verein klagten, es werde zu lasch trainiert. Tatsächlich lebte die Mannschaft von den Grundlagen, die Sammers Vorgänger Magath geschaffen hatte.

Hinzu kam, daß die Öffentlichkeit und die Fans die oft lustlosen Auftritte der vormals so engagierten jungen Wilden kritisierten. Die von Sammer verordnete vorsichtige bis defensive Spielweise mißfiel dem Publikum. Mehr als einmal legte sich der Trainer mit den Gästen auf der Haupttribüne an, die ihm die Meinung gesagt oder gepfiffen hatten. Sammer machte seinem Spitznamen „Motzki" alle Ehre und verscherzte sich mehr und mehr seine Sympathien. Also mußte der VfB das Kapitel Sammer schneller zu Ende bringen als ihm lieb war. Zwei Wochen nach Saisonende trennten sich die Wege des eigenwilligen Sammer und des VfB wieder. „In beiderseitigem Einvernehmen", wie der VfB-Präsident bekanntgab. Ausschlaggebend sei das Mentale gewesen, „die ganze Art und Weise, wie wir uns zuletzt präsentiert haben".

Nach dem unbefriedigenden Saisonverlauf wollte man in Stuttgart klar Schiff machen. Sammer und die Mannschaft paßten offenbar nicht zusammen, es gab „atmosphärische Störungen". Zuvor hatte der VfB-Boß intensive Gespräche mit den Spielern geführt, bei denen „Motzki" Sammer aber offenbar keine Rückendeckung mehr genoß. Und selbst den Aufsichtsratchef Dieter Hundt hatte der 37jährige gegen sich. Sammer –

„der Supertyp": Auch dieses Trainerkapitel endete für Erwin Staudt nicht glücklich.

Das Intermezzo mit Giovanni Trapattoni

Für den Verein begann nun erst recht eine schwierige Suche nach einem geeigneten Coach. Internationales Format sollte er haben und ein Erfolgsgarant mit Charisma sein. Der VfB-Präsident hatte die Latte hoch gehängt. Auf dem deutschen Markt war ein solcher Toptrainer nicht zu finden. Ottmar Hitzfeld vielleicht. Der hatte aber schon betont, noch ein weiteres Jahr pausieren zu wollen. Der Blick der Späher fiel auf Dänemarks Nationaltrainer Morten Olsen und wiederum auf Christoph Daum, der in der Türkei bei Fenerbahce Istanbul unter Vertrag stand und einer der Wunschkandidaten von Dieter Hundt war. Dann wollte Erwin Staudt den Norweger Trond Sollied verpflichten, der sich aber schon für einen Vertrag beim griechischen Club Piräus Athen entschieden hatte. Eine Delegation flog extra nach Griechenland – vergeblich.

Bereits bei Magaths Abgang hatte der VfB nach einem renommierten Trainer gesucht. Schon damals habe Giovanni Trapattoni, der 2005 mit Benfica Lissabon portugiesischer Meister wurde, dem VfB sein Interesse bekundet. Nachdem sich alle anderen Optionen als nicht realisierbar herausgestellt hatten, trafen sich die Verantwortlichen mit dem italienischen Starcoach am Frankfurter Flughafen. „Wir waren begeistert von der Persönlichkeit und der Dynamik, die er ausstrahlte" erzählt der VfB-Chef. Man ist sich schnell näher gekommen und traf erste Vereinbarungen.

Als Trapattoni als Trainer beim VfB präsentiert wurde, war das der absolute Knüller. Die Medien waren begeistert, daß „Trap" wieder nach Deutschland zurückkehrte. Dem Medienecho nach schien mit Trapattoni endlich wieder Glamour, Klasse und Stil in den Stadien einzuziehen. Ein Auftritt des italienischen Startrainers nach einer miserablen Vorstellung des FC Bayern München, den er 1994 und von 1996 bis 1998 trainierte, wird der Fußballwelt unvergeßlich bleiben. Insbesondere wegen der lässigen Spielweise von Thomas Strunz, der übrigens auch schon für den VfB kickte, hatte sich Trapattoni 1998 während einer Pressekonferenz in ungewöhnliche Wortkaskaden hineingesteigert und erklärt: „Was erlaube' Strunz ... ware' schwach wie eine Flasche leer." Am Ende seines Wutausbruchs hatte er noch den Kult-Satz geprägt: „Ich habe fertig."

Der VfB-Präsident, der ihn am 17. Juni 2005 einen Zweijahresvertrag bis 30. Juni 2007 unterschreiben ließ, jubelte damals: „Wir haben den erfolgreichsten Trainer der Welt verpflichtet. Außerdem ist er ein wirklicher Gentleman." Es war ein veritabler PR- Coup, auch sonst gestalteten sich die Wochen im Sommer 2005 turbulent. Von den vormaligen Leistungsträgern wurden Kuranyi und Hleb verkauft, Philipp Lahm, der bis dato furiose Linksverteidiger und Leihgabe des FC Bayern München, ging wie vereinbart zu seinem Heimatclub zurück. Besonders Kuranyis Wechsel, der zu Schalke 04 wollte, kostete Zeit und Nerven, bis es am Ende dann doch recht schnell ging. Erwin Staudt konnte in diesem Hauruck-Geschäft allmählich nichts mehr überraschen. „Ich nenne das eher rationelles Arbeiten", erklärte er ironisch. Daß man mit dem Superstürmer in nur ein paar Stunden ein beachtliches Vertragswerk ausgehandelt hatte, war schon bemerkenswert.

In der Presse mußte der Manager Herbert Briem auf die Zerfallserscheinungen reagieren, die die Presse beim VfB registrierte. Es sei geplant, für adäquaten Ersatz zu sorgen. Der Kader solle trotz der Abgänge entsprechend verstärkt werden, man wolle mindestens einen Stürmer internationaler Klasse verpflichten. Es kamen Jon Dahl Tomasson und Jesper Grönkjaer. „Trap" kannte Tomasson vom AC Milan, der dort starke Leistungen gezeigt hatte. Beim VfB konnte er nicht überzeugen. Auch dessen dänischer Sturmkollege Grönkjaer hatte sich als Fußballegionär in Europa bei so namhaften Clubs wie Chelsea London oder Atletico Madrid einen Namen gemacht und sollte für seinen Landsmann Tomasson die Ergänzung im Sturm werden. Die Sache ging jedoch schief. Zu Beginn der Saison 2005/2006 markierte Tomasson zwar ein paar Treffer, doch fehlte ihm die nötige Unterstützung aus dem Mittelfeld, nicht zuletzt von seinem dänischen Sturmpartner, der ebenfalls meist schwach spielte.

Nach vier Begegnungen hatte der hoch gehandelte VfB noch keinen Sieg errungen. Am neunten Spieltag stand man auf Platz neun der Tabelle, hatte insgesamt zehn Tore geschossen und gegen Arminia Bielefeld zu Hause 1:1 gespielt – das vierte Unentschieden mit einem Tor unter Trapattoni. Der Maestro, der offensichtlich Verständigungsschwierigkeiten mit den Spielern hatte und vor der Presse meist italienisch sprach, gab zu Protokoll: „Ich habe bei diesem Spiel meine Stimme verloren, weil ich ständig meine Spieler auf ihre Positionen zurückrufen mußte." Die Defensivtaktik, der italienische „Catenaccio", für den die Clubs in Trapattonis Heimat berühmt-berüchtigt waren, kam in Deutschland schlecht an und verhalf noch dazu dem VfB nicht wirklich zum Erfolg. „Traps" Taktik wirkte veraltet, längst spielte man einen offensiveren Flachpaßfußball über die Flügel, so wie ihn Magath praktizieren ließ.

Der Maestro dagegen agierte mit einem Abwehrbollwerk und wies die Spieler an, den Ball meist lang und hoch in die gegnerische Abwehr zu befördern. Klar, daß Tomasson, meist vorne allein auf weiter Flur, nicht viel ausrichten konnte. „Trap" habe angenommen, daß er mit den dänischen Angreifern etwas reißen könne, meint Staudt, doch besonders was Grönkjaer anbetreffe, sei das leider nicht so gewesen.

Die verkorkste Vorrunde 2005/2006 hatte der VfB auch noch anderen Marotten des Maestros zuzuschreiben. Jon Dahl To-

masson kritisierte, wie einige andere Spieler auch, das ungenü-
gende Trainingsprogramm. Der Italiener absolvierte mit seiner
Truppe weitaus weniger Übungseinheiten als seine Vorgänger,
manche Spieler fingen sogar an, private Trainingsstunden ein-
zulegen. „Seine Arbeit mit der Mannschaft hat sich nicht so
effizient und erfolgreich gezeigt wie von uns allen erhofft," faßte
Staudt am Ende des Jahres 2005 zusammen. „Aus diesem
Grund sind wir gemeinsam zu dem Entschluß gekommen, daß
wir trotz der fortgeschrittenen Saison mit einem neuen Trainer
unser ursprünglich anvisiertes Saisonziel – einen Platz im internationalen Geschäft – erreichen können." Die Betonung lag auf
den Worten „neuer Trainer" – Trapattoni wurde zu Beginn des
Jahres 2006 entlassen.

„Sicher war es nicht der ideale Trainer für den VfB", sagt der
Clubchef heute im Rückblick. Der Maestro habe die Mannschaft leider nie ganz unter Kontrolle bekommen und sie nicht
zu einer Einheit formen können. Die VfB-Spitze hatte sich in
dem ehemaligen Erfolgstrainer grundlegend getäuscht. Es gab
dauernd Unruhe in der Mannschaft und die Elf kickte ziemlich
leidenschaftslos. Manche Personalentscheidungen seien in der
Vergangenheit wohl falsch gewesen, räumte der Chef der Roten
ein, doch seien sie immer von der Führungsspitze des Vereins
gemeinsam getroffen worden. Erwin Staudt zog selbst aus diesem unglücklichen Intermezzo noch etwas Positives: Es sei eine
gute Erfahrung gewesen.

Veh & Heldt – das kongeniale Duo und der Titel

Wieder drehte sich das Personalkarussell beim VfB, diesmal
aber in eine andere Richtung. Die Entlassung Trapattonis sollte
eine Zäsur werden, die Erwin Staudt konsequent für einen
Neuanfang nutzte, wie es ihn zuletzt höchstens unter Felix
Magath gegeben hatte. Nur jetzt konnte und wollte man sich

keinen teuren Trainer mehr leisten. Die Zeit war reif für einen Umbruch, und das betraf natürlich auch das kickende Personal, von dem man sich in einem Umfang trennen wollte wie selten zuvor. Die immer erfolgloser agierenden beiden Skandinavier standen zur Disposition, aber auch Spieler wie Tiffert und Carevic, die ebenfalls nicht überzeugen konnten. Im Sommer 2006 warteten die Vereine erst die Fußballweltmeisterschaft ab, ehe sich auf dem Transfermarkt etwas abspielte.

Zuvor war – unspektakulär und als Inbegriff des „New Deal", wie es Erwin Staudt zu nennen pflegt – Armin Veh als Trainer verpflichtet worden. Der neue Manager Horst Heldt kannte den gebürtigen Augsburger schon seit vielen Jahren. Zuletzt war er eineinhalb Jahre ohne Verein und Job gewesen, nachdem er 2004 beim damaligen Regionalligisten FC Augsburg wenig Erfolg hatte. Aber der gelernte Immobilienkaufmann hatte zuvor Greuther Fürth und später den SSV Reutlingen in die 2. Bundesliga geführt und sein Handwerk von der Pike auf gelernt. 2002 war er zu dem Bundesligaclub Hansa Rostock gewechselt und belegte mit seinem Team zeitweise Platz zwei der Liga. Allerdings verlief die Rückrunde schlecht, und Rostock entging nur knapp dem Abstieg. Auch die ersten Spiele der Saison 2003/04 ließen zu wünschen übrig, und Veh trat von sich aus im Oktober 2003 bei Hansa zurück. „Das war ein Fehler", sagte er später, so etwas würde er nicht mehr machen.

Aber gerade das ist typisch für den Meistertrainer des VfB Stuttgart: Daß er „ein grundanständiger Typ ist mit Moral", wie sein Clubchef weiß. Als er ihn zum ersten Mal persönlich kennen lernte, „habe ich gemerkt, daß er ein guter Mensch ist", betont Erwin Staudt. Armin Veh sei „geerdet", ein durch und durch vernünftiger Mann, und „eine total ehrliche Haut, mit dem man offen reden kann". So jemanden gebe es selten. Veh akzeptierte zunächst einen Vertrag bis zum Saisonende.

Der vormalige Sportmanager Herbert Briem habe den Namen Veh ins Spiel gebracht, erinnert sich der VfB-Chef, danach habe Horst Heldt die Option für gut befunden: „Die Mannschaft bekommt nun neue Impulse und muß in den nächsten Wochen eine entsprechende Reaktion zeigen. Jeder einzelne hat nun die Chance, sich aufs Neue zu beweisen und seinen Pflichten gegenüber dem VfB Stuttgart und seinen Anhängern gerecht zu werden", erklärte der frisch gebackene Manager Heldt, der am 3. Januar 2006 diese Funktion beim VfB übernahm. Er war als Spieler zuvor unter Trapattoni über das Reservistendasein nicht mehr hinaus gekommen. Pikanterweise gehörte es zu einer seiner ersten Amtshandlungen, den Maestro zu entlassen und einen neuen Coach zu verpflichten.

Der Wirtschaftsfachmann Staudt propagierte danach das neue Denken, das eigentlich so neu nicht war. Es mußte ein Neustart erfolgen, die Devise hieß zurück zu den jungen Wilden. Nun war die nächste Generation aus dem Talentschuppen im Neckarpark gefordert. Kontinuierlich sollte eine neue Mannschaft aufgebaut werden, dafür bedurfte es eines hohen Maßes an Geduld und Durchhaltevermögen. Und einer gehörigen Portion Teamfähigkeit, die Armin Veh, Jahrgang 1961, und der acht Jahre jüngere Horst Heldt als kongeniales Duo vorlebten. Das gemeinsame Ziel schweißte sie zusammen: Der VfB sollte wieder leidenschaftlichen Fußball spielen und die Fans begeistern.

Die Rückrunde 2006 aber verlief gar nicht gut. In den ersten drei Spielen schoß der VfB kein einziges Tor und wurde am Ende nur neunter. Auch aus dem UEFA-Cup schied man vorzeitig aus. „Es hat Zeit gebraucht, jeden im Verein zu überzeugen, daß Armin Veh der richtige Trainer ist", sagt Horst Heldt heute. Erwin Staudt ließ im April 2006 einen weiteren Ein-Jahresvertrag ausarbeiten und sorgte für eine Vertragsverlängerung mit Veh bis zum Sommer 2007.

Zu Beginn des Meisterjahres im August 2006 suchten die Übungsleiter auf dem Trainingsgelände noch nach der passenden Formation. Thomas Hitzlsperger war noch nicht der Mittelfeldmotor, zu dem er später wurde. Die jungen Wilden wie Sami Khedira oder Serdar Tasci mußten erst Selbstvertrauen tanken – wie eigentlich die gesamte Mannschaft. Im ersten Heimspiel agierte Jon Dahl Tomasson im Sturm neben Mario Gomez, Hitzlsperger spielte linker Verteidiger, und der Schwede Alexander Farnerud kam über rechts – es stimmte noch nichts.

Veh experimentierte unbeirrt weiter, auch nach der ersten Heimpleite mit dem schmerzhaften 0:3 gegen den 1.FC Nürnberg, das der VfB-Präsident vor dem Radio in der Toskana verfolgte. Er weilte noch im Urlaub, ohne zum Bundesligaauftakt etwas Böses zu ahnen. Auf eine Reporterfrage, wie er sich dabei gefühlt habe, antwortete er später auf seine zuweilen lakonische Art: „Nicht ganz so gut." Er sei aber trotzdem absolut überzeugt gewesen, „daß dieser Trainer mit diesen Spielern etwas erreichen wird".

Daß Veh noch lange auf der Trainerbank sitzen würde, ist danach in der Öffentlichkeit dennoch sehr bezweifelt worden. Der VfB errang anschließend zwar einen hart erkämpften 3:2-Sieg bei Arminia Bielefeld. Die Mannschaft mußte von der 60. Minuten an nach zwei roten Karten mit neun Akteuren auf dem Feld auskommen – dabei schlug die Geburtsstunde eines alten, neuen Stürmerstars beim VfB, der eigentlich schon aussortiert werden sollte: Cacau. Der Brasilianer spielte glänzend auf und erzielte zwei Treffer. Das zweite Heimspiel gegen Borussia Dortmund, in dem sich erneut die Unsicherheit des Teams offenbarte, verlief ein wenig besser als gegen Nürnberg. Doch wollte das Ausgleichstor in der zweiten Halbzeit nicht fallen, statt dessen schossen die Gelb-Schwarzen aus dem Kohlenpott das 1:3.

Vehs Position wurde dadurch nicht gestärkt, von Erwin Staudt hatte er trotzdem die volle Rückendeckung. Dann ging es an die Weser nach Bremen, und der VfB bewies eine erstaunliche Moral. Allen voran Roberto Hilbert, der von Greuther Fürth gekommen war und der künftige Wirbelwind im Stuttgarter Angriff werden sollte. In der 4. Minute unterlief ihm ein Eigentor, noch vor dem Pausenpfiff gelang ihm dann der Anschlußtreffer, nachdem Bremen bereits mit 2:0 in Führung gegangen war. Auch Mario Gomez legte sich schwer ins Zeug und umkurvte in seiner ungestümen Art die Abwehrspieler der Werderaner. Dagegen aber war das Ende von Jon Dahl Tomasson beim VfB gekommen. Für ihn spielte Cacau, der allerdings mit Gomez noch nicht besonders gut harmonierte. Das Spiel nahm dennoch ein gutes Ende: In der 87. Minute gelang Gomez der viel umjubelte Siegtreffer zum 3:2.

Gegen den direkten Mitkonkurrenten Bremen war das ein ungeheuer wichtiger Sieg für das spätere Titelrennen – nur wußte das damals noch niemand. Gegen die Werderaner gab es dann in der Rückrunde ein weiteres Schlüsselspiel, in dem der VfB Selbstvertrauen tankte. Viele Beobachter waren sich im Nachhinein einig: Das Offensivspektakel war wohl die beste Partie, die der Deutsche Meister in der unvergeßlichen Saison bot. Der VfB fegte die Bremer in Stuttgart mit 4:1 regelrecht vom Platz. Timo Hildebrands Torwartleistung in diesem Spiel am 10. Februar 2007 wurde von vielen als Weltklasse eingestuft, das Sturmduo Gomez-Cacau agierte traumwandlerisch sicher, Hilbert zeigte prächtige Flankenläufe, Hitzlsperger hatte sich zum effektiven Spielgestalter entwickelt und die Abwehr mit Tasci, Meira, Delpierre und Magnin stand wie eine Eins.

Trotz des ziemlich durchwachsenen Starts in die Saison 2006/ 2007 war bereits am 23. September 2006 die Verlängerung von Armin Vehs Kontrakt bis zum 30. Juni 2007 bekannt gegeben worden. Dieses Vertrauensbeweises hatte es bedurft, die Mannschaft fand immer besser zusammen. Sie fertigte einen weiteren Titelfavoriten – Schalke 04 – zu Hause mit 3:0 ab und kämpfte auf dem Aachener Tivoli die Allemania mit 4:2 nieder.

Die Handschrift des Augsburger Fußballehrers, der ursprünglich von einigen Pessimisten als B-Lösung betrachtet worden war, zeigte immer deutlichere Konturen: Schnelles, kombinationsreiches Kurzpaßspiel mit einer sogenannten Raute von vier Spielern im Mittelfeld und zwei Akteuren im Sturm – je nach Stärke und Besetzung des Gegners.

Der Aufsichtsratsvorsitzende Dieter Hundt hatte sich vor einiger Zeit einen verbalen Ausrutscher geleistet, den er nun bereute. Er hatte Veh als Übergangstrainer bezeichnet. Anfang November 2006 wurde er dafür in der Mitgliederversammlung gerügt und erhielt einen Denkzettel, der zugleich ein Vertrauensbeweis für Armin Veh war. 211 der 1018 anwesenden Mitglieder versagten dem Aufsichtsrat mit Hundt an der Spitze die Entlastung und sprachen sich gegen ihn aus, 103 enthielten sich der Stimme. Vor einem Jahr hatten noch 99 statt nun 69 Prozent mit einem Ja für Hundt votiert.

Im tristen November bekamen dann auch die jungen Gipfelstürmer bei den Münchner Bayern einen Dämpfer verpaßt. Veh und Held sahen sich bestätigt. Man dürfe immer nur von Spiel zu Spiel denken und müsse sich in Bescheidenheit üben, predigten sie den Spielern. Die Bayern behaupteten abgebrüht ihren 2:1 Vorsprung bis zum Schlußpfiff, die Greenhorns aus Stuttgart fielen bei diesem Härtetest durch. Und zum Auftakt der Rückrunde kam es in Nürnberg knüppeldick. Beim 1:4 im Frankenstadion hatten sie nicht den Hauch einer Chance und waren völlig aus dem Tritt. Wer damals prognostiziert hätte, diese Mannschaft würde am Ende der Saison den Titel holen, den hätte man für total verrückt erklärt.

Als vierter in der Tabelle und mit sieben Punkte Rückstand auf Werder Bremen setzte der VfB im Februar 2007 dann aber zu einem fulminanten Angriff auf die Tabellenspitze an, siegte und siegte. Das Spiel auf Schalke war eher die Ausnahme und ging unglücklich mit 0:1 verloren, denn anschließend erteilten die Roten den Hamburgern in deren eigenem Stadion mit dem 4:2 eine Lehrstunde. Ähnlich bravourösen Angriffsfußball zeigte man vor heimischer Kulisse gegen den FC Bayern, die Treffer zum 2:0 erzielte der einmal mehr überragende Cacau. Das Spiel hätte auch 5:0 oder 6:0 für den VfB ausgehen können, die Münchener Startruppe wurde förmlich vorgeführt. Der FC Bayern rutschte fünf Punkte hinter den VfB, der mit 58 Punkten dritter und damit der Qualifikation für einen Champions-League-Platz sehr nahe war. Bremen rangierte mit 60 Punkten auf Rang zwei und Schalke mit 62 Punkten auf dem ersten Platz.

Vier Spieltage vor Saisonschluß nahm beim VfB noch immer niemand öffentlich das Wort Meisterschaft in den Mund. Auch Erwin Staudt hütete sich davor, Veh und Heldt übten sich nach wie vor in Bescheidenheit, und die Himmelsstürmer vom Wasen konzentrierten sich von einem Spiel auf das nächste, wie es ihnen ihre Chefs rieten.

Die Spannung stieg von Spieltag zu Spieltag, alle Beteiligten versuchten, einen kühlen Kopf zu bewahren. Jetzt war nur noch ein Sieg beim VfL Bochum am vorletzten Spieltag nötig, und der VfB würde tatsächlich vor der Deutschen Meisterschaft stehen – wenn Schalke 04 in Dortmund verlieren würde. Und so kam es dann. Die Schalker, nur einen einzigen Punkt vor dem VfB an der Tabellenspitze, vergeigten das Revierderby gegen die Borussen mit 0:2. Wenige Kilometer entfernt zwangen Gomez, Hitzlsperger, Delpierre & Co. ihre Gegner im Bochumer Ruhr-stadion in die Knie. Nach zweimaligem Rückstand siegte das Team von Armin Veh am Ende mit 3:2. Cacau hatte in der 73. Minute die Kugel flach in der äußersten Torecke untergebracht, Mario Gomez zuvor mit einem Kopfball für den Ausgleich gesorgt.

Das Spiel der Spiele im Gottlieb-Daimler-Stadion konnte also steigen. Dort, wo der VfB zum Saisonauftakt gegen Nürnberg noch geschmäht und ausgepfiffen wurde. Bei einigen der jungen Wilden von Armin Veh flatterten gegen Energie Cottbus zu Beginn die Nerven. Einem nicht: Thomas Hitzlsperger. Er hatte den Ball mit einem sehenswerten Direktschuß zum Ausgleich in das Cottbuser Netz gehämmert, später war Sami Khedira der Siegtreffer gelungen.

Die Saat von Veh, Heldt und Co. war aufgegangen, der Titel vom Präsidenten bis hin zur Empfangsdame in der Geschäftsstelle hoch verdient. Das Wunder vom Wasen war Wirklichkeit geworden. Die Mitbewerber in der Liga reagierten anerkennend. In dieser Situation zeigte sich, daß die Meistermacher nicht zum Überschwang neigten. Nicht nur Veh, auch sein jüngerer Managerpartner offenbarten sich als ausgeglichene Persönlichkeiten, die die emotionale Balance halten konnten.

Ein paar Stunden erst war der Meistertitel alt, da suchte Armin Veh am Abend des 19. Mai schon die Abgeschiedenheit. Während die Spieler im Anschluß an den Autokorso auf dem Stuttgarter Schloßplatz mit den Fans noch bis in die Nacht feierten, ging der Trainer mit seiner Frau Helena und den Söhnen André und Fabian im kleinen Kreis essen. Die Gattin chauffierte die Familie dann ins heimische Bonstetten nahe Augsburg. „Dieser Titel wird mich nicht einmal um drei Prozent verändern", erklärte Veh. Selbst in den Stunden des unerwarteten Triumphes blieb der Meistermacher ziemlich gelassen.

Ruhm ist vergänglich, und der Erfolg ist morgen Schnee von gestern: Das weiß Armin Veh nur zu gut. Deshalb möchte er seinen Vertrag beim VfB immer nur um ein Jahr verlängert haben. Eine langfristige Planung werde dadurch erschwert, sagen Kritiker. Der Vereinschef widerspricht, ein solcher Vertrag sei für beide Seiten die fairste Lösung: „Diese Einstellung akzeptieren wir. Trotzdem gehe ich fest davon aus, daß uns der

Trainer noch lange erhalten bleibt. Kontinuität ist unser Schlüssel zum Erfolg."

„Wir sind in die vergangene Runde ohne ein öffentlich formuliertes Ziel gegangen und damit sehr gut gefahren. Es gibt überhaupt keinen Grund, daran etwas zu ändern", stellte Manager Heldt fest. Vom Pokalsieg träumte man dennoch, auch nach dem Titelgewinn, und wollte das Double. Im DFB-Pokalfinale unterlag man aber dem 1. FC Nürnberg in einem dramatischen Spiel mit 3:2 nach Verlängerung. Der Dampf war raus, kritischen Beobachtern entging das nicht. Die Meisterschaft war genug gewesen.

Bevor es in die Sommerpause ging, mußte noch eine Personalie geklärt werden: Die Vertragsverlängerung von Horst Heldt. „Er macht einen ganz hervorragenden Job", bilanzierte der Aufsichtsratschef Hundt. Heldts Vertrag wurde vorzeitig bis zum Jahr 2012 verlängert.

Durch den Erfolg war natürlich auch das Anspruchsdenken im Umfeld gestiegen. Mit dem Ziel der Uefa-Cup-Qualifikation konnte der VfB nicht in die neue Saison starten. Zudem waren die Begehrlichkeiten der Konkurrenz, was die Spieler anging, gewachsen. Um so glücklicher war die VfB-Spitze über die Vertragsverlängerungen von Serdar Tasci und dem Youngster Andreas Beck sowie mit Mario Gomez – auch ein Verdienst des vorausschauenden Teammanagers Heldt.

Macht und Ohnmacht im Fußballgeschäft

Eigentlich wollte Erwin Staudt wie üblich im Sommer etwas länger im Urlaub bleiben. Doch Ehefrau Vilja zog es nach Hause. Der Medienrummel im August 2007 vor dem Auftaktspiel gegen Schalke 04 war enorm. Der Chef des Fußballmagazins „Kicker", Rainer Holzschuh, nutzte die Gelegenheit, sich in Stuttgart vor den Fernsehkameras zu zeigen, auch „der Kaiser",

Franz Beckenbauer, gab sich die Ehre. Bundestrainer Jogi Löw mitsamt Assistent Hansi Flick kamen, um die VfB- und Schalke Spieler zu beobachten – Aspiranten für die Nationalelf. Ob er den Sami auch studiere, wollte ein Gast von Löw wissen. „Wer ist das denn?" entgegnete der Teamchef der deutschen Nationalmannschaft schelmisch. In wenigen Wochen schon sollte er Khedira nominieren, der sich dann jedoch vor dem Länderspiel gegen England im Wembley-Stadion verletzte. Aber auch Sami Khedira stand nun im Notizbüchlein von Löw – nach Gomez, Hitzlsperger und Hilbert bereits der vierte aus dem Veh-Team, der für die deutsche Nationalmannschaft in Frage kam. Und noch einen weiteren VfB-Kicker befand Löw würdig, sich das Nationaltrikot überzustreifen: Serdar Tasci, den jungen Innenverteidiger des VfB.

Der Bundesligastart des Meisters und des Vizemeisters Schalke wurde von Fernsehanstalten in 94 Ländern übertragen. Erwin Staudt hätte auch kurz mit dem Flieger nach Stuttgart kommen können, um danach noch einmal für eine Woche in sein toskanisches Feriendomizil zurück zu düsen. Aber Ehefrau Vilja hatte abgelehnt. Sie wollte nach Hause, um eine Fotoausstellung vorzubereiten. Außerdem wartete der Garten. Das Unkraut hätte zu hoch werden können.

Eine Woche Toskana mußte also reichen. Dafür sah der VfB-Chef eine Partie „in der Pfeffer war", wie Franz Beckenbauer resümierte. Und Armin Veh freute sich, mit dem 2:2 an die Leistung der Meistersaison angeknüpft zu haben.

„Steht auf, wenn ihr Schwaben seid", hallte es vom A-Block aus der Cannstatter Kurve herüber, immer dann, wenn die elf Roten auf dem Rasen einzuknicken drohten. Das zweite Heimspiel der Saison 2007/2008 gegen den MSV Duisburg plätscherte über weite Strecken vor sich hin. Der Deutsche Meister mußte das Match für sich entscheiden, wollte er nicht den Bundesligastart total vermasseln. Erwin Staudt, sonst für sein optimistisches Lächeln bekannt, wirkte trotz seines braunen Teints angekratzt. Nach einer halben Stunde stand es noch 0:0. Nach fast fünfwöchiger Verletzungspause war der Fußballer des Jahres 2007, Mario Gomez, wieder mit von der Partie. Doch auch er hatte Ladehemmung.

Uli Hoeneß, der Bayern-Manager, hatte getönt, bald könne man seinen Club mit dem Feldstecher in der Tabelle suchen – nach den Einkäufen der Stars Frank Ribéry und Luca Toni wollten die Münchner zeigen, wo die Krachledernen ihr Weißbier holen. Und tatsächlich standen kurz nach dem Saisonbeginn die Bayern schon wieder auf Platz eins.

Im Gottlieb-Daimler-Stadion erhoben sich die unerschrockenen Schwaben von den Plätzen, klatschten reihum im Rhythmus und riefen „Vau Vau Vau Eff Beee". Auf der Haupttribüne übte man sich wie üblich in vornehmer Zurückhaltung. Nur Erwin Staudt sprang auf und verschaffte sich nach einem mißlungenen Torschuß von Mario Gomez Luft: „0h, Mann, das darf doch wohl nicht wahr sein!"

Wenige Minuten später sollte der Hoffnungsträger im Sturm – Super-Mario mit der Nummer 33 auf dem Rücken – das 1:0 machen. Auch danach verlieh der VfB-Präsident diesem Zittern um den ersten Heimsieg noch einige Male wortstark Ausdruck. „Der spinnt ja, der Sechser", konnte sich Erwin Staudt kaum halten, als der MSV-Verteidiger mit der Nummer sechs, der Brasilianer Fernando, zum wiederholten Mal einen VfB-Spieler weggrätschte. Im Promi-Bereich der Haupttribüne drehten sich sämtliche Köpfe um, die meisten schmunzelten und lachten. Der oberste Fan des VfB entschuldigte sich, und alle wußten: So ist er eben, im Herzen ein Dunkelroter.

Loge 209.2 in den Katakomben des Gottlieb-Daimler-Stadions. Nach dem Arbeitssieg des VfB in schwüler Atmosphäre haben sich die geladenen Gäste des Duisburger Vorstands an einen Nebentisch verzogen. Üblicherweise laden die Vereine den

Promi-Anhang des Gegners mitsamt Vereinsspitze nach der Begegnung auf dem Rasen zum Umtrunk ein. Doch nach dem knappen 1:0 des VfB und dem Platzverweis des zentralen MSV-Mittelfeldspielers Mihai Tarache wählen die Parteien am Abend lieber die Distanz. Nach dem Ellenbogencheck gegen Stuttgarts Antonio da Silva mußte der Mannschaftsarzt dem VfB-Akteur einen Kopfverband anlegen.

Mitten im V.I.P.-Raum des VfB sitzt der Netzwerker der Roten, Erwin Staudt, und hat Gönner und Sponsoren des Clubs um sich geschart. Bei einem Glas Weißwein lassen sich der Yoghurt-Hersteller Ehrmann und seine Ehefrau noch einmal berichten, was sich in der Nacht der Meisterschaftsfeier zugetragen hat. Gerne erzählt der Präsident zum xten Male die Geschichte mit dem Taxifahrer, der kaum seinen Augen glauben konnte, als am Sonntagmorgen gegen sechs Uhr jemand in seinen Wagen stieg und die Meisterschaftsschale auf seinen Rücksitz legte. Die Sonne lachte an jenem strahlenden Morgen schon über Stuttgart, als der Vereinschef von der internen Meisterschaftsfeier aus dem Restaurant „Amici" kommend nach Hause strebte. Der Fahrer sei aus Sicherheitsgründen – wegen der kostbaren Trophäe – meist Tempo 40 gefahren, obwohl es Erwin Staudt doch eilig hatte und noch wenigstens zwei Stunden Bettruhe vor dem Fernsehinterview des Deutschen Sportfernsehens haben wollte, das auf zehn Uhr in seinem Garten angesetzt war.

Im Hause Staudt herrschte an diesem Vormittag ein Kommen und Gehen. Ehegattin Vilja empfing Kinder aus der Verwandtschaft und der näheren Umgebung Leonbergs, lichtete die begeisterten Gäste insgesamt 641 Mal mit der Hauskatze Lea und der Schale ab und verschickte die digitalen Fotos per E-Mail. „Ein Traum ist für uns in Erfüllung gegangen", sagte der VfB-Chef in die Kameras. Konnten diese Worte überhaupt ausdrükken, was er empfand? Welche Gefühle die Fans des VfB bewegten?

Nach dem Duisburg-Spiel und den vier Punkten im September 2007 sind die Roten in der neuen Saison dort gelandet, wo sie eigentlich nicht hingehörten: Im Mittelfeld der Tabelle. Unter ferner liefen. Dort stand der VfB auch in der vergangenen Saison, als sich die Truppe von Armin Veh dann beharrlich in Richtung Tabellenspitze schob. Nach dem dritten Spieltag in der Vorrunde 2007/08 befinden sich Arminia Bielfeld, der VfL Bochum und Eintracht Frankfurt auf den Rängen zwei bis vier und sind die direkten Verfolger der Bayern, der VfB dümpelt auf Platz neun. Wieder so ein Auftakt, und den unterschätzten Schwabenclub hat wieder keiner auf der Rechnung? Dem VfB-Präsidenten kommt das nicht ungelegen, das gediegene Understatement ist in seiner Amtszeit zum Credo des VfB geworden.

Als Deutscher Meister zieht man automatisch die Aufmerksamkeit der Liga auf sich. Wenn es gegen Stuttgart ging, sollte dem Titelträger ein Bein gestellt werden. Die Akteure mit dem Brustring standen im Fokus. Nicht nur die Gegner auf dem grünen Rasen gingen härter zur Sache, auch die Vereinschefs der Konkurrenz hatten die VfB-Kicker im Visier. Trotz verbesserter Verträge für viele war klar: Wenn der Verein sie alle halten und die Mannschaft weiter verstärken wollte, mußte schon ein Platz unter den ersten fünf herausspringen, erläutert der VfB-Präsident auch dem älteren Herrn des schwäbischen Yoghurtimperiums in der V.I.P-Lounge des Daimlerstadions. Der persönliche Sponsorpartner von Armin Veh ist glücklich. Heute hat er den Trainer nach der Pressekonferenz erstmals persönlich kennengelernt. Und ihm sagen können, daß es sein Name sei, der an dessen Kragen prange.

Aber Armin Veh hat andere Sorgen. Die Liste der maladen Kicker wird während der Vorrunde 2007/08 lang und länger. Nach sechs Wochen Verletzungspause gibt wenigstens der Nationalspieler Thomas Hitzlsperger am elften Spieltag gegen

Bayer Leverkusen der Mannschaft wieder einen Halt. Ein Lichtblick in diesem Spiel ist auch der 20jährige Linksverteidiger Andreas Beck, dem vor 50 000 Getreuen im Daimlerstadion das vielumjubelte Siegtor zum 1:0 gelingt.

Parallel zur Bundesliga lief es auch in der Champions League nicht rund. Nach den Niederlagen gegen die Glasgow Rangers, den FC Barcelona und gegen Olympique Lyon erlebt der VfB den Herbstblues, die Stimmung ist im Keller und die Spieler jammerten, sie seien mit den Kräften am Ende. Der brasilianische Stürmer Cacau, selbst zu Saisonbeginn oft glücklos agierend, kommentierte im Lyon-Spiel Aktionen seines mexikanischen Mannschaftskollegen Ricardo Osorio mit abfälligen Handbewegungen. Die Mannschaft drohte nach der 0:2 Niederlage gegen die Franzosen vor heimischer Kulisse auseinander zu brechen. Im Rückspiel gegen die Glasgow Rangers zeigte die VfB-Truppe in Stuttgart Ende November 2007 dann endlich jene Leistung, die man sich in den vorausgehenden Begegnungen der Champions League erhofft hatte.

Bis dato hatte man in der europäischen Königsklasse keinen einzigen Punkt errungen, nun gelang immerhin ein 3:2 Erfolg. Doch zu diesem Zeitpunkt war der VfB bereits ausgeschieden aus dem internationalen Geschäft und stand auf dem letzten Platz der Gruppentabelle. Nicht einmal ein dritter Platz sprang schließlich heraus, der den VfB noch für die Spiele im UEFA-Cup qualifiziert hätte. Im letzten Match beim spanischen Meister FC-Barcelona ging es dann nur noch um die Ehre. Erwin Staudt machte am nächsten morgen einen zufriedenen Eindruck. Trotz der 1:3-Niederlage hatte sich der VfB wenigstens ganz gut verkauft. Das war wichtig für den Club und den imagebewußten Präsidenten: Das Ansehen war wieder einigermaßen hergestellt.

Schon 2003 war der VfB gegen die Rangers in der Champions League angetreten. Der damalige Präsident der Rangers war der frühere Werksleiter der IBM in Greenock im Westen Schottlands gewesen, wo das Unternehmen PCs herstellen ließ. Staudt hatte ihn kurz nach seinem Amtsantritt als VfB-Präsident getroffen. „Wir haben uns vorher schon nicht geliebt", erinnert sich der einstige IBM-Chef. Denn entweder hatte die Qualität der Schotten nicht gestimmt, oder die Geräte wurden auf der Insel zu teuer produziert. Eins ums andere Mal hatte es Differenzen gegeben in einer der europäischen IBM-Zentralen.

Nun war Erwin Staudt also wieder vor jenem John McLelland gestanden, doch die Vorzeichen hatten sich geändert. Beide begegneten sich jetzt als Fußballverrückte, eine andere, eine neue Übereinkunft war möglich. Das verbindende Element des Fußballs wirkte auch hier. Der Schotte führte den Schwaben in den Speisesaal des Glasgower Vereins, wo er ihn bat, vor den Sponsoren der Rangers zu sprechen. Erwin Staudt war der erste Gast in der Clubgeschichte überhaupt, dem eine solche Ehre zuteil wurde. Der Deutsche machte eine gute Figur, McLelland war angetan vom einstigen Betriebskollegen und geleitete ihn in einen weiteren Raum im Clubgebäude der Rangers, um ihn dort mit Sean Connery bekannt zu machen. Ein glamouröser Moment, wie ihn das Leonberger Kommunikationsgenie liebt: Smalltalk war angesagt. „Ich erkundigte mich beim James-Bond-Darsteller nach dessen Film-Partnerin", erinnert sich Erwin Staudt. Connery bedauerte. Leider habe er die hübsche Miss Moneypenny aus den Augen verloren.

Auch in Stuttgart begrüßten sich die beiden Clublenker und ehemaligen Berufskollegen auf das Herzlichste. Die Schotten seien sicher gewesen, daß sie in Stuttgart gewinnen würden, berichtete der VfB-Chef am morgen danach. Doch bewies das Team von Armin Veh diesmal eindrücklich, daß die Roten durchaus auf Augenhöhe mit europäischen Spitzenmannschaften agieren konnten.

Vor dem letzten Heimspiel in der Königsklasse gegen Glasgow genoß Erwin Staudt noch weitere bemerkenswerte Augenblicke in diesem Jahr 2007, als er in Lyon vor der letzten Begegnung mit den Franzosen im Gourmetlokal des Starkochs Paul Bocuse Hummer, Taube und regionale Delikatessen serviert bekam. Auf Einladung des französischen Meisters speiste die Führungsdelegation bei dem vom Gastronomieführer Gault & Millau zum „Koch des Jahrhunderts" ernannten Küchenchef. Bei dem Gedanken an das Essen lief Erwin Staudt noch Tage später das Wasser im Mund zusammen. Der Appetit wäre ihm aber wohl vergangen, wenn das Dinner nach dem Spiel stattgefunden hätte. Der VfB verlor auch dieses Match: Mit 2:4.

Dennoch war der VfB-Chef bis Ende 2007 ein gefragter Gast im Deutschen Sportfernsehen. Der Moderator der DFS-Sendung „Doppelpaß", Jörg Wontorra, lud ihn gleich dreimal ein. Wontorra, ein eingefleischter Bremer und Werderfan, staunte nicht schlecht, als ihm in seiner betulichen Runde mit Udo Lattek & Co. ein weltoffener Mann gegenüber saß, der die Strecke in die Fußballhauptstadt Deutschlands so ganz nebenbei hinter sich bringt. Wenn er zum „Doppelpaß" eingeladen ist, schwingt er sich am Silberberg, unweit der Autobahn, am Samstagabend gegen 22 Uhr in seinen Porsche und rauscht nach München, um am nächsten Vormittag die Dinge für den VfB zurecht zu rücken. Meist kommt er noch vor Mitternacht im Hotel Kempinski an, wo er sich an die Bar begibt und mit den TV-Gästen des Sportfernsehens ein wenig plaudert. In Wontorras Sendung wird gefachsimpelt und der FC Bayern meist in den Himmel gehoben.

Wenn es gegen die Münchner geht, ist das Stadion am Wasen bis auf den letzten Platz gefüllt. So auch am 10. November 2007. Auf einem der roten Ledersessel der VfB-Promitribüne nahm der Bayern-Vorstand Karl-Heinz Rummenigge im beigefarbenen Loden-Mantel Platz. Beim ersten Angriff des VfB gegen die Startruppe mit dem Neubayer Ribéry war im Stadion etwas Seltsames zu hören, ein Geräusch, das 50 000 Menschen erzeugen, wenn sie gleichzeitig Luft holen und dann wieder ausatmen. Eine ungeheure Spannung durchwehte den Innenraum der Daimler-Arena, bis Mario Gomez in der 10. Minute zum 1:0 traf. Der VfB spielt sich wieder in einen Rausch wie schon im Heimspiel vor einem halben Jahr, als der große FC Bayern deklassiert wurde.

Erwin Staudt saß wie immer genau auf der Höhe der Mittellinie auf seinem Sitz der Haupttribüne. In sicherem Abstand befand sich Karl-Heinz Rummenigge. Dessen Kopf nahm unversehens die Farbe seines roten Ledersessels an, als Yildiray Bastürk mit einem fulminanten Schuß Oliver Kahn im Gehäuse der Münchner keine Chance ließ und die Kugel zum 2:0 zwischen den Pfosten versenkte. Noch vor der Halbzeit gelang Gomez das dritte Tor. Rummenigge war restlos bedient. Was war los mit seiner Millionenelf? „Wenn ich das wüßte", raunte er beim Abstieg in die Katakomben des Stadions, um seinen Trainer beim Pausentee zur Schnecke zu machen.

Zwar kam der FC Bayern in der zweiten Halbzeit noch zum 3:1 Anschlußtreffer, fünf Minuten vor Schluß, das aber auch nur wegen eines ziemlich verunglückten Abschlags des Torwarts Raphael Schäfer, der den Ball zu kurz und in die Reihen der Bayern beförderte. Der VfB war über 90 Minuten die klar bessere und deshalb dominierende Mannschaft. Vieles hatte sich zum Besseren gewendet, aber noch lange nicht alles. Der Sturm blieb auch nach diesem denkwürdigen Tag ein Sorgenkind, Gomez verletzte sich erneut, wie auch kurze Zeit später Cacau, und die neuen VfB-Kicker Ewerthon, Marica und Bastürk ließen viele Wünsche offen.

Nach neuerlichen Rückschlägen zu Hause gegen Dortmund und im letzten Auswärtsspiel in Bielefeld beendete der VfB Mitte Dezember eine sehr durchwachsene Vorrunde 2007/08 mit einem achten Tabellenplatz und sieben Punkten Rückstand auf den erhofften Rang drei, der für die Relegation der Champions League qualifiziert. Dennoch habe Armin Veh nie zur Disposition gestanden, versicherte Erwin Staudt. Das sei in der Presse nur kolportiert worden. „Es rufen bei mir Journalisten an und fragen, was machen Sie, wenn sie noch zweimal verlieren? Haben sie einen Plan B?" Dann erwartet man von mir, daß ich sage, wir stehen hinter Armin Veh. Der Journalist kontere darauf für gewöhnlich und sage, so fange es immer an, wenn ein Trainer entlassen werden soll, dann komme zuerst die Loyalitätsbekundung und schließlich gehe es ganz schnell.

Armin Veh dagegen wurde ausdrücklich im Verein für seine ruhige Hand gelobt und für seine Beharrlichkeit, das Team trotz der vielen Ausfälle immer wieder neu zu motivieren und den Zusammenhalt zu sichern. In der Krise zeigte sich die wahre Meisterschaft, auch jetzt harmonierten Veh und Heldt. Sie hatten darüber hinaus weiterhin das Wohlwollen des Vorstandes, nichts konnte sie auseinander bringen.

Veh verfiel nicht in Hektik, watschte keinen Spieler in der Öffentlichkeit verbal ab. Als der VfB nur noch einen Punkt von einem Abstiegsplatz entfernt war, sicherte er zu: „Ich haue hier nicht auf den Tisch, ich mache konsequent weiter. Wenn die Spieler wieder fit sind, wird es aufwärts gehen."

In dieser Phase erwarb sich das Trio Veh, Heldt und Staudt viel Vertrauen im Verein. Eines Tages sollten es ihnen die Spieler lohnen, wenn sich bis zum Saisonende die erhofften Erfolge einstellten. Doch sah es danach im Februar 2008 nicht aus. Nach einem desolaten Auftritt der einstigen Meistertruppe und einem 1:3 im eigenen Stadion gegen Hertha BSC hatte sich die Stimmung arg getrübt und „Zauber-Veh" haderte mit seinen erschreckend schwach wirkenden Akteuren. Was war aus den einst jungen Wilden der zweiten Generation geworden? Den Torhüter Raphael Schäfer ließ Veh inzwischen auf der

Bank – der einzige Lichtblick des Spiels war neben dem Torschützen vom Dienst Mario Gomez, der junge Nachwuchstormann Sven Ulreich.

Die äußere Gelassenheit der Führungsriege war bis dato bemerkenswert. Dies erkannten auch jene, die sie vorher in der Öffentlichkeit hart kritisiert hatten. Armin Veh sei ausgeglichen, kein „HB-Männchen", anders als andere Verantwortliche, die am Spielfeldrand herumturnen und sich wie wild gebärden, wenn es nicht rund läuft. Der Präsident, der Finanzchef, Veh und Heldt, die so oft am kleinen runden Besprechungstisch des Präsidenten gesessen hatten, demonstrierten Geschlossenheit. Sie waren von den Worten Schillers begleitet worden, die auf dem Blatt Papier in der VfB-Geschäftsstelle hingen: „Mit den Geschickes Mächten ist kein ewger Bund zu flechten, und das Unglück schreitet schnell...".

Das Glocke-Gedicht hat Erwin Staudt kurz vor Weihnachten von seiner Bürotüre entfernt, weil zur Renovierung die Maler angerückt sind. Ob er das Blatt Papier in der Rückrunde 2008 aufs Neue an seine Tür heftete, ist nicht überliefert. Ein mögliches Unglück ereilte die Roten in jenen Tagen jedenfalls nicht: Am 11. Januar präsentierte der FC Bayern seinen neuen Trainer. Die Wahl war nicht auf Armin Veh gefallen. Die Münchener holten den ehemaligen Bundestrainer Jürgen Klinsmann aus den USA zu sich an die Isar.

Der VfB-Präsident und die Zukunft

Siege und Niederlagen

Sonntags tickt die Uhr von Erwin Staudt ein bißchen langsamer. Die Zukunft kann warten. Ausschlafen ist angesagt – je nach dem, ob es am Vorabend eine Siegesfeier gab oder nicht. Bei solchen Anlässen hält sich der VfB-Frontmann mit dem Alkoholgenuß zurück. Seinen Führerschein gefährden? Vorübergehend auf die Fahrt in seinem Porsche 911 verzichten? Es gibt für Erwin Staudt nur wenig, was noch schlimmer wäre und sein Stimmungsbarometer auf Null sinken läßt.

Zu diesen negativen Ereignissen zählen die Niederlagen seines Clubs. Ein Gewinnertyp wie der launige Leonberger kann solche Negativerlebnisse manchmal nur schwer verdauen. „Fußball ist ein Spiegelbild des Lebens. Die Ordnung, der Zusammenhalt, die Aufgabe bewältigen, mit dem Verlieren umgehen können, dazu brauchst du Charakter", hat Franz Beckenbauer, der einstige Teamchef der deutschen Nationalmannschaft und heutige Präsident des FC Bayern, einmal gesagt.

Wenn der VfB verloren hat, liest Erwin Staudt keine Zeitung, sieht Sonntagvormittags auch nicht die Sendung im DSF. Ist sein Club erfolgreich, stürzt er sich auf die Sportberichte. Zumeist liest er die erste Reportage über seinen Club in „Sonntag Aktuell", der siebten Ausgabe der „Stuttgarter Zeitung" und der „Stuttgarter Nachrichten". Wenn der VfB ein sehr gutes Spiel gemacht hat, kauft er sich auch noch die „Bild am Sonntag" und die „Welt am Sonntag". Danach schaltet er den Fernseher ein und verfolgt die Bundesligaberichte des Münchner Privatfernsehens. Auch die Spiele der Konkurrenz interessieren ihn, schließlich ist der VfB nach einem Sieg in der Zielrichtung nach oben in der Tabelle einzuordnen. Genüßlich verfolgt er dann noch die DSF-Sendung „Doppelpaß", und wartet darauf, daß der Moderator Jörg Wontorra ein paar anerkennende Worte über die Schwaben sagt.

Die Fans und der Stellenwert des Fußballs

Der Fußball, wie könnte es anders sein, bestimmt das Leben des Erwin Staudt. Hat der VfB eine schlechte Serie oder auch nur zwei Spiele verloren, häufen sich die E-Mails, Faxe und die Briefe, in denen der VfB-Präsident persönlich angegriffen wird. Hin und wieder muß er Schmähungen über sich ergehen lassen, er sei der falsche Mann an der Spitze. Manche schicken ihren Mitgliedausweis mit der Post zurück, in Einzelteile zerschnitten, mit dem höhnenden Kommentar, der Präsident dürfe selbst das Puzzle wieder zusammensetzen, um den Namen oder die Mitgliedsnummer herauszufinden. „So sind die Leute", kommentiert Staudt die Schattenseite seines sonst so privilegierten Präsidentenlebens und wirkt dabei ein wenig bitter. Einerseits kann der selbst emotionsgeladene Vereinschef die Enttäuschung der Fans gut verstehen. Andererseits wundert er sich auch noch nach den vielen Amtsjahren über diesen geballten Unmut, den die frustrierten Fans an ihm auslassen.

Als ob er der Schuldige sei für eine schlechte Partie des VfB. Diese Art von Gefühlsausbrüchen gibt es zum Glück nicht oft, die Clubanhänger, die besonders derb werden, seien eine kleine Minderheit. Aber auch ihre Mißfallensäußerungen nimmt sich Erwin Staudt zu Herzen. Schließlich leidet auch er, wenn es bei der Mannschaft nicht so läuft wie erwartet. „Wir haben zusammen die Meisterschaft gefeiert und werden nun gemeinsam durch das Tal der Tränen gehen", sagt er den Fans, die kurz vor Weihnachten 2007 nach der eben beendeten Vorrunde vor dem Fernseher sitzen und die Sonntagsausgabe von Sport im Südwest-Fernsehen schauen. Eine schöne Bescherung ist dieser achte Tabellenplatz nach dem deutschen Meistertitel. Erwin Staudt spricht davon, aus dieser „Schleife der Mißerfolge" werde man wieder herauskommen und „die Sonne wieder sehen". Er sollte recht behalten – der VfB erlebte bald eine neuen Frühling.

Der feinsinnige VfB-Präsident kann sehr einfühlsam auf die Befindlichkeiten seines Vereins eingehen, er kann aber auch sehr nüchtern werden, wenn es um den Stellenwert des Fußballs im Leben geht. „Es handelt sich doch nur um ein Spiel", stellt er dann trocken fest. Der Sport sei nicht alles im Leben. Auch Fußballfan Staudt hat eine gewisse Distanz gewonnen, die er vor allem nach Niederlagen hervorkehrt. Die Euphorie ist auch beim VfB-Chef dahin, jetzt ist Vernunft angesagt. Es gelte, die Grenzen zu erkennen, das faire Miteinander zu pflegen, auch von den Fans könne das verlangt werden, sagt der VfB-Chef. Zum Glück werden die deutschen Fußballstadien nicht so von Randalierern und Rowdys heimgesucht wie in anderen Ländern, etwa wie in Italien, wo die Gewaltbereitschaft nach dem Empfinden des VfB-Präsidenten bereits „teilweise faschistoide Züge" trägt. So weit dürfe es in Deutschland nicht kommen, daß sich Fußballanhänger bekriegen.

Der VfB hat deshalb zwei Vollzeitkräfte angestellt, die als Beauftragte den Kontakt zu den Fanclubs halten. Das ist gerade in schweren Zeiten wichtig, wenn Erfolge ausbleiben. Ihr Aufgabenspektrum ist breit gefächert: Sie organisieren Freizeitkikkerturniere, kümmern sich um Wohltätigkeitsaktionen zum Beispiel für straffällig gewordene Jugendliche und sorgen für die Betreuung der Fans bei den Auswärtsspielen. Der aktive VfB-Anhang, der sich in den Heimspielen im A-Block lautstark und mit Transparenten bemerkbar macht, gilt als einer der friedliebendsten in der Bundesliga. „Wenngleich ein Rest an Unsicherheit immer bleibt", sagt Staudt, auch der VfB ist vor gewaltbereiten Hooligans nicht auf immer gefeit.

Der FC Württemberg und die jungen Wilden

Geschichte wiederholt sich, auch im Fußball. Im Falle von Niederlagen ist diese Erkenntnis besonders schmerzhaft, ob sie heilsam ist, muß ernsthaft bezweifelt werden. Die Ohnmacht der Clubführung wird besonders bei großen Spielen deutlich. Wenn die elf Kicker auf dem Rasen nicht die Klasse des Gegners haben, wenn ihnen das berühmte Quentchen Glück fehlt. Oder wenn sie versagen, und, wie es im Fachjargon heißt, nicht die gewohnte Leistung abrufen. Wie etwa 2004 bei der Begegnung mit dem FC Chelsea in der Champions League, als die Roten im eigenen Stadion mit 0:1 verloren. Für die „Financial Times Deutschland" waren die „jungen Wilden" damals zu „jungen Müden" mutiert, die „Frankfurter Rundschau" überschrieb den Spielbericht mit „VfB Harmlos" und die „Süddeutsche Zeitung" höhnte: „Die Elite-Uni des deutschen Fußballs überdenkt ihren Lehrplan." Eigentlich spielte man denselben Fußball wie in der Saison zuvor, als sich der VfB völlig unerwartet für die Königsklasse des europäischen Fußballs qualifizierte. Nur jetzt, da man sich mit der Elite zu messen hatte, wurden die Defizite deutlich. Vier Jahre später, der Schauplatz war ebenfalls das Gottlieb-Daimler-Stadion. Der spanische Spitzenclub FC Barcelona gab ein Gastspiel, und zumindest in der ersten Halbzeit konnte die Mannschaft von Armin Veh gut mithalten. Am Ende stand es jedoch 0:2.

Und noch ein weiteres Mal verlor der VfB ein Kräftemessen der Eliteliga: Gegen die Elf von Olympique Lyon, die zu Hause gegen den großen spanischen Club immerhin ein 2:2 erzielte. Größer hätte die Ernüchterung für den VfB kaum sein können. Der Stürmerstar Mario Gomez bekannte: „Ich bin platt." Die Meistersaison, die neuerlichen Herausforderungen in der noch jungen Bundesligaspielzeit, die Berufungen in die Nationalmannschaft, die Begegnungen im DFB-Pokal und die Partien mit den europäischen Champions hatten auch die Kräfte des Stuttgarter Nachwuchsstürmers aufgezehrt. Die Kommentare in den Medien fielen ähnlich aus wie vor vier Jahren.

Die Folge fehlender Energie ist die Anfälligkeit für Blessuren, die Fouls der Gegenspieler hinterlassen eine schmerzhaftere Wirkung als sonst. Gomez zog sich Verletzungen zu und fiel über Wochen aus – wie andere Akteure der Meisterelf. Auch die jungen Wilden der zweiten Generation sind keine Übermenschen. Nichtsdestotrotz verlor Erwin Staudt das sportliche Ziel nicht aus den Augen und plante in der Rückrunde mit seinem Verein die Aufholjagd um einen Platz unter den ersten Fünf, um die Plätze, die die Eintrittskarten sind für die internationalen Wettbewerbe. Sein Club sollte sich auf Dauer in der Spitzengruppe der Bundesligamannschaften etablieren. Hätte er dafür nicht doch etwas mehr Geld ausgeben sollen zu Beginn der Saison 2007/2008, um die Mannschaft zu verstärken, die nun einen solchen Durchhänger hatte? Um die jungen Wilden vorübergehend aus der Pflicht zu nehmen? Hätte er bessere Akteure einkaufen müssen? Die Fragen stellten sich, jetzt, da klargeworden war, daß die neugeholten Spieler das Team von Armin Veh kaum weiter brachten.

Unverdrossen geht der VfB derweil seinen eigenen Weg weiter und übt die nachhaltige Integration von Jugendspielern. Für den Verein, der seit Jahren eine intensive Nachwuchsförderung betreibt, ist die Förderung von Jungtalenten der Garant sowohl für den sportlichen als auch den wirtschaftlichen Erfolg. In dieser Hinsicht ist der VfB ein Paradebeispiel in der Fußball-Bundesliga. Die meisten Stuttgarter Nachwuchsakteure werden in Auswahlmannschaften auf Landes- und auf Bundesebene berufen, meistens spielen drei oder vier von ihnen in deutschen Nationalteams. Damit dieser Jungbrunnen nie versiegt, sind die Jugendtrainer ständig im Ländle unterwegs, um nach neuen Kräften für ihre Teams Ausschau zu halten.

Das eigene Spielerreservoir soll die Zukunft des aufstrebenden Vereins für Bewegungsspiele sichern – nach dem Durchbruch mit den jungen Wilden um Kevin Kuranyi, Alexander Hleb, Andreas Hinkel und Timo Hildebrand, die alle Stuttgart verlassen haben, in anderen Vereinen ihr sportliches Glück suchen, dabei höhere Gehälter einstreichen und dem VfB unter dem Strich einiges Geld in die Kasse gespült haben. Und nach der Meisterschaft mit den Shootingstars Mario Gomez, Sami Khedira, Serdar Tasci und Roberto Hilbert, der im Alter von 21 Jahren von Greuther Fürth geholt wurde, soll die Spielerdecke in den nächsten Jahren weiter mit hoffnungsvollen Talenten aus den eigenen Reihen verstärkt werden. Nach dem Motto: In der Jugend liegt die Kraft – und die Kreativität.

Eine Schlüsselrolle dafür kommt dem Trainer der zweiten VfB-Mannschaft zu: Rainer Adrion. Zumeist werden sämtliche A-Jugendspieler von ihm übernommen und behutsam an den rauheren Wind bei den Erwachsenenkickern gewöhnt. Im Idealfall schaffen drei oder vier Spieler pro Jahrgang nach ein bis zwei Jahren in der Amateurmannschaft, wenn sie das Alter von 19 oder 20 Jahren erreicht haben, den Sprung zur Profi-Mannschaft. Je nach Veranlagung brauchen manche etwas länger, um sich bei der VfB-II-Truppe zu profilieren, und stoßen später zu den Profis. Jenen, die sich nicht durchsetzen und sich keinen Platz im VfB-Starensemble ergattern, steht es frei, den Verein zu wechseln. Auf diese Weise fließt mancher Betrag zusätzlich in die Vereinskasse.

Wenn jährlich diese Anzahl von versierten Nachwuchskikkern den Bundesligakader ergänzt, ist auf Dauer die Substanz gesichert. Diese strategische Planung geht einher mit dem Ausbau des Trainerstabs und war die Voraussetzung für die Geburtsstunde der jungen Wilden. Je besser der eigene Nachwuchs, desto günstiger stehen die Chancen, das Ansehen und die Identifikationsmöglichkeiten mit dem Verein zu steigern.

Zumal Bundestrainer Jogi Löw, im Sinne seines einstigen Chefs Jürgen Klinsmann, verheißungsvolle Nachwuchskräfte meist früh in den Kader der Nationalmannschaft beruft und sie auf internationales Parkett schickt.

Die Hoffnungsträger heißen Gomez, Khedira, Tasci, Ulreich, auch Roberto Hilbert, Andreas Beck und Manuel Fischer, der als Sturmtalent eines Tages vielleicht einmal in die Fußstapfen von Mario Gomez tritt. Irgendwann wird der Deutsch-Spanier aus dem Landkreis Biberach von einem ausländischen Verein ein Angebot erhalten, „und der Junge wird so elektrisiert sein, daß er einfach nicht Nein sagen kann", macht sich der rote Clubchef nichts vor. Man müsse über den Tag hinaus denken. Daß Juventus Turin 20 Millionen Euro geboten haben soll, glaubt er allerdings nicht. Er habe nichts Schriftliches in die Hand bekommen, weder ein Fax noch eine E-Mail, auf der das Schwarz auf Weiß gestanden habe. Das hätten nur die Zeitungen geschrieben. Wenn ein Spieler mit so viel Geld konfrontiert werde, sei er in Gedanken bereits bei dem neuen Verein. Dann könne man mit noch so vielen guten Worten kommen. Umstimmen würde man keinen mehr. Darauf muß der Verein vorbereitet sein. So wie nach Kuranyi Gomez kam, soll eines Tages für Gomez der nächste Topstürmer aus der eigenen Talentschmiede bereitstehen.

Die neue Fußballergeneration beim VfB ist ein Spiegelbild der modernen Gesellschaft. Die Spieler haben vielfach einen Migrationshintergrund, sind aber im „Ländle" geboren oder aufgewachsen. Erwin Staudt weist dabei auf einen wichtigen Punkt hin: „Die Identität mit dem Verein und der Stadt, die der Fußball bewirkt, wird in Zeiten der Globalisierung immer wichtiger, weil sie den Menschen Sicherheit und ein Zugehörigkeitsgefühl bietet." Der Vereinschef arbeitet deshalb weiterhin unverdrossen und mit Nachdruck am „FC Württemberg".

Der Netzwerker der Roten baut dabei auf die wirtschaftlich potentesten Unternehmen der Stadt, der Region und des Landes. „Wir sind eine der wirtschaftsstärksten Regionen der Welt, gespickt mit Weltmarktführern. Diese Firmen müssen sich jeden Tag mit ihren Konkurrenten auf Champions-League-Niveau messen." Daß diese Firmen auch Image- und Werbepartner brauchen, hat Erwin Staudt längst erkannt. Mit wem wollten Firmen wie Daimler sonst kooperieren als mit dem VfB? Dafür setzt sich der Chefstratege am Wasen ein: „Ich möchte, daß diese Region das Selbstbewußtsein abstrahlt, das sie Kraft ihrer Stärke verdient." Kultur schafft Identität, Fußball auch. Denn schließlich ist Fußballsport auch Kultur – und zwar mit einem hohen Unterhaltungswert. Fußball, das ist für Erwin Staudt „die Kunst der großen Emotionen und der Erlebnisse, die der Alltag nicht unbedingt bieten kann".

Das neue Fußballstadion

Für die nächsten Jahre nimmt sich Erwin Staudt vor allem zwei Dinge vor: „Wir wollen der ganzen Welt zeigen, daß wir sportlich nicht zufällig oben stehen. Und wir brauchen eine Spielstätte, die wettbewerbsfähig ist." In den nächsten Jahren soll das Gottlieb-Daimler-Stadions zu einer reinen Fußballarena ausgebaut werden. Am liebsten würde der VfB-Chef das Vorhaben bis zum Ende seiner zweiten Amtszeit 2011 verwirklichen. In Expertenkreisen gilt ein reines Fußballstadion heute als Voraussetzung, um im harten Geschäft zu bestehen. Nur mit einer solchen Arena könne man auf Augenhöhe mit anderen Spitzenteams agieren. Für Erwin Staudt geht es in erster Linie um wirtschaftliche Aspekte, die für einen Fußballtempel sprechen. Vergleichszahlen belegen: Das Zuschaueraufkommen in reinen Fußballstadien ist höher, der erwirtschaftete Umsatz pro Fan und Spiel steigt. Überdies verlangt offenbar auch der Zeitgeist nach einer Arena, die nur für den Fußball geschaffen ist, nach einem „Hexenkessel", in dem die Zuschauer ganz nahe am Spielfeldrand sitzen und die Mannschaften anfeuern. Beobachter der Szene mutmaßen, daß die Heimmannschaften von einem solchen reinen Fußballstadion erheblich profitieren. In einer Bundesligasaison sollen mehr Punkte herausspringen, wenn die Fans sozusagen auf Tuchfühlung mit ihren Lieblingen gehen und diese mehr als sonst zu Höchstleistungen anstacheln können.

Wo aber werden in Stuttgart künftig große Leichtathletikveranstaltungen stattfinden? Die Leichtathleten brauchen natürlich ein Stadion in passender Größe. Das sei auch relativ leicht umsetzbar, ob in der Nähe des Daimlerstadions oder etwa in Sindelfingen, sagt Erwin Staudt. Das Interesse an Leichtathletik sei jedoch am Sinken. Dies habe die relativ geringe Zuschauerresonanz beim Weltfinale der Leichtathleten im Daimler-Stadion in den Jahren 2006 und 2007 gezeigt.

Für den VfB gab es Signale, die ihn hoffen ließen. Der Stuttgarter Rathauschef Wolfgang Schuster kündigte jedoch vorsichtshalber an, daß die Stadt – der das Stadion gehört – auf einen fairen Preis pocht und die Arena auch dem VfB nicht kostenlos überlassen könne, ob er nun Deutscher Meister geworden sei oder nicht. Dafür zeigte Erwin Staudt zwar Verständnis, jedoch erwartete er schon etwas Entgegenkommen gegenüber dem wichtigsten Imageträger Stuttgarts. Der Umbau des Stadions würde rund 70 Millionen Euro kosten. Insider gehen davon aus, daß durch diese neue Arena jährlich einige Millionen Euro mehr eingenommen werden könnten, etwa auch durch zusätzliche Logen, den Kartenverkauf und neue gastronomische Angebote. Mit diesen Mehreinnahmen könnten die Investitionskosten Stück für Stück refinanziert werden.

Nun war es am Präsidenten und der Vereinsspitze, ein Betreibermodell zu finden mit einem Investor, der die Arena der

Zukunft ermöglichen sollte. Heiß diskutiert wurde auch eine gemeinsame Objektgesellschaft mit der Stadt und eine Beteiligung wiederum des VfB. Diese Option schloß mit ein, daß der VfB das Stadion nicht erwerben müßte. Auch für diesen Fall krempelte Erwin Staudt die Ärmel hoch – irgendwie mußte es doch machbar sein, eine Lösung in Sachen Fußballarena zu finden. Der Clubchef arbeitete daran, das Unternehmen Daimler als Sponsor ins Boot zu holen und das Stadion in Mercedes-Benz-Arena umzutaufen.

Eigentlich hätte die Stadion-Entscheidung bereits 2007 fallen sollen. Der VfB-Präsident blieb dennoch guter Dinge, engagierte sich beharrlich für das Projekt und betrieb ständig Lobbyarbeit auch bei den politischen Fraktionen des Stuttgarter Stadtparlaments, um dort seinen nicht unwesentlichen Einfluß bei der Industrie und Wirtschaft geltend zu machen.

Ins Staudtsche Konzept paßt die Erkenntnis der Stadt Stuttgart, daß am Cannstatter Wasen „ein Neckarpark mit außergewöhnlichen Sport-, Kultur- und Freizeitangeboten" entstanden ist, den es „als weltweite Marke" zu etablieren gelte. Das Kernstück soll künftig die Mercedes-Benz-Arena bilden mit dem Carl-Benz-Center, daneben bieten die Porsche-Arena und die Hanns-Martin-Schleyer-Halle ebenfalls attraktive Veranstaltungen. Darüber hinaus befinden sich im Neckarpark das neu erbaute Mercedes-Benz-Museum und östlich des VfB-Vereinsgeländes das Haus des Sports. Ein Areal, das in ganz Europa seinesgleichen sucht.

Ein Leben ohne Fußball?

Der schaffensfrohe Leonberger geht auch ohne den Stadionumbau heute schon in die Geschichte des Clubs ein wie kaum ein Präsident vor ihm. Seine Bilanz kann sich sehen lassen. Als der ehemalige IBM-Chef seinen Dienst beim VfB antrat, war es um die weitere finanzielle Konsolidierung des Vereins gegangen und darum, den VfB aus dem Dunstkreis Stuttgarts herauszuheben und in der Region zu verankern. Beides ist gelungen. Der VfB hat außerdem jetzt sämtliche Vermarktungsrechte selbst in der Hand, was inzwischen bei den Vereinen der Fußballbundesliga immer seltener der Fall ist. Die Zahl der Vereinsmitglieder hat sich in vier Jahren seit 2003 in etwa versechsfacht – bei steigender Tendenz. Erwin Staudt hat das Carl-Benz-Center in Betrieb genommen, die Trainingsanlagen sind modernisiert worden, der Marketingbereich meldete ein konstantes Wachstum und bis auf ein Jahr haben die Schwaben immer international gespielt. Was wollte man mehr?

Der VfB Stuttgart imponierte selbst der alternativen „Tageszeitung". Die Sportberichterstatter der „taz" erkannten „eine ökonomische Vernunft bei den Schwaben", ganz im Gegensatz zum Rest der Liga, deren Schulden sich 2007 auf insgesamt rund 600 Millionen Euro anhäuften. Der VfB sei auf dem Weg zu einer internationalen Topfirma und „ein vernünftiges und kalkulierbares Unternehmen". Keineswegs eine Traumfabrik mit wahnsinnigen Gagen für Ballkünstler und deren Agenten, schrieb die „taz". Staudt habe eine Politik der Vernunft durchgesetzt.

Aber auch Emotionen sind bei Erwin Staudt im Spiel, und zwar nicht zu knapp. Sein ganzer Stolz befand sich bis vor kurzem in einem schwarzen Metallkoffer, der in seinem Büro stand. Hin und wieder öffnete er die Sicherheitsschlösser: Wenn ein vertrauter Besucher nach der Meisterschale fragte. Der Clubchef hat den VfB längst umbenannt. Statt Verein für Bewegungsspiele heißt er nun Verein für Begeisterung. 250 000 Menschen haben am Abend des 19. Mai 2007 in Stuttgart den Meister gefeiert – doch bei allem Enthusiasmus – oder gerade deswegen – sieht Staudt in dem Geschäft auch etwas Irrationales.

In einigen Momenten in seinem Leben ist ihm das drastisch vor Augen geführt worden. Zum Beispiel in einem portugiesischen Hotel während der Fußball-Europameisterschaft, als er zu einer Delegation des Deutschen Fußballbundes gehörte. Im Hotel verfolgte er morgens beim Zähneputzen im Fernsehen einen Bericht über einen Bombenanschlag in Bagdad. 85 Menschen seien damals gestorben. Einige Minuten später wohnte er einer Pressekonferenz bei. Die Reporter hatten das Hotel gestürmt, im Raum versammelten sich weit über hundert Journalisten. Zahlreiche Kameramänner waren für ihre Fernsehanstalten aus aller Welt im Einsatz. Im Zentrum des Interesses stand der deutsche Mittelfeldregisseur Michael Ballack – und dessen eingewachsener Zehennagel. „Dabei wurde mir wieder einmal klar, wie relativ belanglos unsere Probleme im Fußball sind."

Der am Wasen so fürsorglich tätige Clubchef sieht sich deshalb auch jenseits des Fußballs in der sozialen Verantwortung. Seit Jahren kümmert sich der Verein um Kinder und Jugendliche der Nachsorgeklinik Tannheim im Schwarzwald, wo seit der Eröffnung im Jahr 1997 mehr als 5000 krebs-, herz- und mukoviszidosekranke junge Menschen behandelt worden sind. Mindestens eine halbe Million Euro braucht die Klinikstiftung im Jahr, damit die Einrichtung finanziell über die Runden kommt. Der VfB engagiert sich hier genauso wie vor Ort im Stuttgarter Kinderkrankenhaus Olgäle, wohin bisher nicht nur stattliche Summen geflossen sind. Wie in Tannheim besuchen die VfB Spieler auch hier regelmäßig die kranken Kinder, um sie aufzumuntern. Im Frühjahr 2007 versprach der Vereinschef bei einer Visite: „Wenn wir Deutscher Meister werden, machen wir bei Euch eine große Tafel mit Kaba und Kuchen." Selbstverständlich löste der Präsident sein Versprechen ein und brachte zu dem gemütlichen Nachmittag noch ein paar Spieler mit, die extra trainingsfrei bekamen.

Solche beschaulichen Augenblicke gibt es nicht oft, der Fußballzirkus, an dem die Medien einen großen Anteil haben, hält Erwin Staudt ständig in Atem. Das Vereinsleben bietet im Prinzip keine ruhigen Momente, der Ball rollt und rollt. Der Fußballalltag verläuft nach dem Motto des Alt-Nationaltrainers Sepp Herberger: Nach dem Spiel ist vor dem Spiel. So steht Erwin Staudt permanent unter Strom. Er hat wohl meistens einen beachtlichen Adrenalinpegel, der im Stadion während eines Spieles seiner Mannschaft kaum zu überbieten ist. Vor jedem Match des VfB raucht er deshalb mit Trainer Armin Veh noch eine Zigarette. Vor dem Anpfiff wollen die beiden eine Weile alleine sein. Was sie dabei reden, bleibt ihr Geheimnis.

Wer Erwin Staudt kennt, weiß, daß dieser Kick für ihn vor und während der Auftritte seines VfB so ziemlich das Höchste ist. Er liebt auch diesen Nervenkitzel, das Unberechenbare am Fußball, das Siegen und das Verlieren, das Auf und Ab, den Kampf, der wie im richtigen Leben in nur 90 Minuten alles zu bieten hat.

Der Mann, der im Herzen ein Roter ist, und es zeitlebens bleiben wird, hat auch erst die leidvolle Erfahrung machen müssen, daß der sportliche Erfolg nicht gesteuert werden kann. Geld, wenn man es denn hat, schießt keine Tore. Dem ehemaligen IBM-Chef Deutschland kann dieses aufreibende Geschäft auch einigen Verdruß bereiten, selbst wenn er es ungern zugibt. Weil nichts wirklich planbar ist. Manchmal sagt er über seinen Job, der VfB sei nicht alles. Doch kann der oberste Fan der Roten jemals ohne Fußball leben? Was kommt nach seiner Präsidentschaft?

Was den rastlosen Leonberger vor seinem Engagement am Wasen umtrieb, war seine Mission, über die er Bücher geschrieben und für die er fast jeden Abend irgendwo geworben hat: Deutschland dürfe, um international wettbewerbsfähig zu bleiben, den Anschluß an das Internetzeitalter nicht verpassen. Bei seinem Kreuzzug für die Informationstechnologie sprach Erwin

Staudt alle an, ob den einstigen Bundeskanzler Gerhard Schröder, Delegierte einer CDU-Mittelstandvereinigung, einen Rotary-Club oder einen SPD-Kreisverband. Immer war er von dem Ehrgeiz gepackt, etwas in diesem Staat zu verändern, in dem seiner Meinung nach viel zu viele verharrende Elemente das Fortkommen behindern.

Um dies zu verdeutlichen, scheut er vor kleinen verbalen Provokationen nicht zurück. Zum Beispiel zitiert er gerne Albert Einstein, der einmal gesagt hat, ein Abend, an dem sich alle einig sind, sei ein verlorener Abend. Erwin Staudt möchte weiterhin Diskussionen anregen, sein Wissen vor allem an junge Menschen weitergeben. Deshalb geht er oft in die Schulen, auch an das Albert-Schweitzer-Gymnasium in Leonberg, wo er einst die Reifeprüfung abgelegt hat, um über die Herausforderungen der Informationstechnologien zu referieren. Er referiert an Universitäten oder Fachhochschulen, wann immer es seine dicht gedrängten Termine zulassen.

Das Rentenalter, in das auch der Vereinslenker allmählich kommt, läßt ihn dabei kaum ruhiger werden. Bis jetzt jedenfalls müssen seine Mitarbeiter immer mit Überraschungen und mit seinem ungebrochenen Elan leben. Oftmals lautet die Frage nicht: „Was macht der Chef eigentlich?". Vielmehr ist zu hören: „Was macht er jetzt schon wieder?" Hanne Jahn, eine seiner früheren Chefsekretärinnen, kann ein Lied davon singen: „Er ist ein unruhiger Typ." Im Büro oder zu Hause sitzen, es langsam angehen lassen, einmal nichts tun, das könne er nicht.

„Er bewegt etwas, egal, wo er ist und was er macht", sagt sein treuer Freund aus IBM-Zeiten, der Berliner Günter Salb. Dabei kommen ihm seine rhetorischen Fähigkeiten zugute, seine Gabe, alles aus dem Kopf zu zitieren, und auch sein Humor, stets mit einem flotten Spruch für Stimmung zu sorgen. Erwin Staudt hat ein phänomenales Gedächtnis, eine weit überdurchschittliche Auffassungsgabe. Wenn man ihn fragt, was sich 1973 in seinem

Leben ereignete, erzählt er von den Bewerbungsgesprächen bei IBM, als ob sie gestern stattgefunden hätten.

Für den Siegertyp Staudt gelten drei schlichte Erfolgsfaktoren, die seine Karriere beförderten: Fleiß, Enthusiasmus und Kommunikationsfähigkeit. Kaum hat er sein Ziel erreicht, bricht er zu neuen Ufern auf. Das war bei IBM so, und das wird wohl auch in Zukunft so sein. Wird er eines Tages als Vortragsredner rund um den Globus jetten? Um weiterhin seine Botschaften zu vermitteln? Oder wird er Fußballbotschafter werden, ein international tätiger Fußballfunktionär?

Ein Lebensmotto von ihm, für viele eine Floskel, lautet: Ganz oder gar nicht. Erwin Staudt löst das ein. Wenn er sich für etwas entschieden hat, geht er bis zum Äußersten, um das Bestmögliche daraus zu machen. Übertragen auf seine Weggefährten bedeutet ganz oder gar nicht, daß er begonnene Freundschaften mit Hingabe pflegt. Dabei entwickelt er die positiven Eigenschaften eines Paten. Zum Beispiel eilt der VfB-Präsident zwischen einem Fernsehinterview und dem Mittagessen in der Stadt kurz bei einer alten Bekannten vorbei, die einen Laden in der Stuttgarter City betreibt und dort bald ausziehen muß, ohne bisher eine neue Bleibe gefunden zu haben. Er durchquert schnellen Schritts die Königstraße und erkundigt sich, wie es weitergehe mit ihr. Ob er etwas für sie tun könne. Mit der Familie der Ladenbesitzerin sind die Staudts schon seit Jahrzehnten befreundet. Ihm werde bald etwas einfallen, verspricht er. Er werde die passenden Leute nach einem neuen Laden fragen, irgend etwas werde sicher klappen. „Wenn es Freunden schlecht geht, entwickelt er eine Fürsorge, die ihresgleichen sucht", sagt Staudts enger Vertrauter Scharein.

Fußball ist für Erwin Staudt offenbar doch nicht das Wichtigste im Leben. Mindestens genauso wichtig sind ihm enge Beziehungen, die Geselligkeit, ein Abend mit Freunden oder Partnern, wenn über verschiedene gesellschaftliche Themen gesprochen wird, man Spaß miteinander hat und einen Lemberger oder einen Barolo trinkt. Dann ist er in seinem Element.

„Mit seiner entwaffnenden Offenheit kann er mit wenigen Worten alle für sich gewinnen", weiß Staudts Ex-Sekretärin Hanne Jahn. Sie kenne kaum noch einmal einen solchen spontanen Menschen, der so viele Dinge miteinander kombinieren könne.

Erwin Staudt hat aber auch noch eine andere Seite. Er kann verschlossen sein, vor allem, wenn es um ihn persönlich geht. Wenn ihn etwas belastet, redet er oft nicht darüber. Es kann lange dauern, bis er preis gibt, was ihn bewegt, ihn bedrückt. Nur besonders guten Freunden vertraut er sich dann manchmal an, wenn überhaupt. Und davon gibt es möglicherweise gar nicht so viele.

Und das Fußballpräsidentenamt? Trainer Armin Veh, sonst eher ein zurückhaltender Typ, schwärmt geradezu von Erwin Staudt: Er sei für ihn als Mensch eine Bereicherung. Der Vereinschef habe außerdem immer neue, sehr gute Ideen, die er umsetze. Nichts spricht für Veh dagegen, daß der Regent am Cannstatter Wasen auch über diese Amtsperiode hinaus die Geschicke des Vereins steuert. Umgekehrt kann sich der Präsident vorstellen, daß der Vater des Meistertitels – „Zauber-Veh" – ebenfalls noch länger bei den Roten bleibt.

Um diese Kontinuität beim VfB kämpft Erwin Staudt. Ganz gleich wie eine Saison verläuft, der VfB-Chef hält mit seinen IT-Kontrollprogrammen unbeirrt am Kurs fest. Trotz aller emotionalen Abhängigkeiten ist Staudt, wenn es ums Geld geht, ein kühler Rechner geblieben.

Und cool verhält er sich auch bei der Gretchenfrage: Ob er ohne Fußball leben kann? „Wohl schon", behauptet er. Ob er über die zweite Amtsperiode hinaus den Präsidentenjob noch macht, machen möchte, weiß er noch nicht mit aller Gewißheit. Denn die Sache ist sehr ambivalent, der Grat zwischen Erfolg und Mißerfolg ist schmal und der Weg im Alltag mit zu vielen Unwägbarkeiten gepflastert.

Es könne sein, daß er bald seiner zweiten Leidenschaft fröne, sein Köfferchen packe und einfach umherreise. Wer könnte ihm verdenken, daß auch er seinen ganz persönlichen Terminkalender anlegen und seine Tage selbst nach Belieben bestimmen möchte: Ob er nach Berlin fliegt oder auf eigene Faust die Stiefelspitze Italiens erkundet? Nach fast 40 Jahren Berufsleben? Er habe keine größeren Pläne, versucht er glaubhaft zu versichern. Wer Erwin Staudt aber kennt, weiß, daß er sich immer neuen Herausforderungen stellen wird. „Mal rauskommen, für sich sein" – er wünscht sich das. Ob er das jemals verwirklichen wird?

Auch der Berliner Weggefährte Scharein ist sich da nicht sicher. Zumal „Erwin ein Familienmensch ist, der nichts mehr braucht als die Harmonie im kleinen Kreis". Auch was die Treue zur Ehegattin Vilja anbelange, gebe es keinen Zweifel: „Wenn Erwin einmal Ja gesagt hat, heißt das immer Ja." Selbst wenn er seiner Partnerin oft enteilt ist. So wie er behenden Schritts die Stufen zur VfB-Geschäftsstelle nimmt, so rasch ist er bisher durchs Leben gegangen.

Auf seine Erfolge angesprochen, macht Erwin Staudt gerne auf Understatement. Klar: Mit der Deutschen Meisterschaft sei auch für ihn ein Traum in Erfüllung gegangen. Ein Traum, von dem er nie glaubte, daß er in seiner Amtszeit so bald in Erfüllung gehen würde. Man könne einen Verein sanieren, ein neues Fanzentrum bauen lassen, man könne ein Stadion auf Vordermann bringen oder eine Fußballarena errichten – an den Verantwortlichen an der Vereinsspitze werde sich in ein paar Jahren kaum jemand mehr erinnern. An einen Meistertitel schon. Das sei das einzige, was wirklich zähle: Der Erfolg. Er macht auch einen Clubpräsidenten unvergessen.

Vita Erwin Staudt

Geboren am 25. Februar 1948 in Leonberg als Sohn des Schneidermeisters Hermann Staudt und Hedwig Staudt, geborene
Ringwald
Seit 1960 Mitglied des TSV Eltingen
1967 Abitur am Albert-Schweitzer-Gymnasium in Leonberg
Wintersemester 1967 Beginn des Studiums der Wirtschaftswissenschaften an der Universität Stuttgart
1969 Wechsel an die Universität Freiburg
1971–1973 Mitglied im Kreistag Leonberg
1973 Diplom in Volkswirtschaft
1975–1986 Mitglied des Gemeinderats Leonberg
1975–1980 Stellvertretender SPD-Fraktionsvorsitzender
1980–1986 SPD-Fraktionsvorsitzender
1980 und 1984 jeweils Stimmenkönig bei der Gemeinderatswahl
1983–1986 Erster Vorsitzender des TSV 1894 Eltingen
1973 Eintritt in die IBM Deutschland als Trainee
1976 Vertriebsbeauftragter für Datenservice im Bankenbereich
1982 Erste Aufgabe als Führungskraft in der Stuttgarter Hauptverwaltung als Vertriebsleiter, zuständig für die baden-württembergischen Kunden in den Bereichen Finanzverwaltung,
Sozialversicherungen und Energieversorgung. Danach Leiter
von Marketingprojekten in der Hauptverwaltung, daran
anschließend Assistent beim Geschäftsführer Marketing
und Services
1986 – 1989 Leiter der Berliner IBM Geschäftsstelle
1989 Generalbevollmächtigter Leitet des Bereichs Kommunika-
tion/Öffentlichkeitsarbeit in der Stuttgarter Hauptverwaltung

1992/93 Generalbevollmächtigter für das PC-Geschäft in Deutschland

1994 Leiter des Vertriebs und Geschäftsführer der IBM Deutschland Informationssysteme GmbH

Oktober 1994 General Manager für Competitive Marketing in der IBM Europa Zentrale Paris

März 1995 Vice President Marketing in der europäischen Zentrale in Paris

Juli 1995 – Oktober 1998 weltweit verantwortlich für die Geschäftsbereiche Grundstoffindustrie und Petroleum.

Seit 1999 Mitglied des VfB Stuttgart

1999 Mitgründer der Initiative D 21, einem Verein aus Vertretern der Politik und Wirtschaft, der sich für die bessere Nutzung von Informationstechnologien engagiert. Seit 2004 Ehrenpräsident der Initiative. Zudem gehört Erwin Staudt der Wertekommission für Führungskräfte an.

1. November 1998 – 14. Januar 2003 Vorsitzender der Geschäftsführung der IBM Deutschland GmbH

Seit 1999 Vorsitzender der Karl-Hofer-Gesellschaft – seit vielen Jahren Synonym für mäzenatisches Engagement und private Kunstförderung in Berlin

Mai 2000 Ehrensenatorenwürde der Brandenburgischen Technische Universität Cottbus

Seit 2000 Präsident der Christian-Peter-Beuth-Gesellschaft, der Freunde und Förderer, der Technischen Fachhochschule Berlin e. V., die alle Lehrenden und Lernenden der Hochschule unterstützt

2001 Bundesverdienstkreuz, verliehen durch Ministerpräsident Erwin Teufel

1. September 2003 bis heute: Hauptamtlicher Präsident des VfB Stuttgart

Erwin Staudt ist Aufsichtsratsmitglied der Grenke Leasing AG in Baden-Baden; der PROFI Engineering System AG in

Darmstadt und der USU AG in Möglingen; Mitglied des Beirats bei der Deutschen Bank AG in Stuttgart, der Unternehmensberatung Russel Reynolds, der EnBW und der Kreissparkasse Böblingen. Ferner sitzt Erwin Staudt im Verwaltungsrat der Hahn Verwaltungs-GmbH in Fellbach und ist Kuratoriumsmitglied der Fritz-Thyssen-Stiftung.

Zu den wesentlichsten Publikationen von Erwin Staudt zählen: „Neustart – Wie Deutschland wieder aufholen kann". In dem beim Campus-Verlag im Herbst 2002 erschienenen Buch warnt er davor, den Anschluß an die weltweite Wissensgesellschaft nicht zu verpassen. Weiterhin das Buch „Deutschland online, Standortwettbewerb im Informationszeitalter", das er 2002 im Springer Verlag, mit einem Geleitwort von Ex-Bundeskanzler Gerhard Schröder sowie Beiträgen von Lothar Späth, Hubert Burda, Klaus Mangold und vielen anderen herausgab.

Erwin Staudt ist seit 1974 mit Vilja Staudt, geborene Hentschel, verheiratet und hat zwei Söhne und eine Tochter.

Dank

Viele haben geholfen, dieses Buch möglich zu machen. Danken möchte ich zuallererst Erwin Staudt selbst, der mich in jeder Hinsicht nach Kräften unterstützt hat und mir Einblick gewährte in sein ereignisreiches Leben. Der Moment, als wir uns vor einigen Jahren noch während seiner IBM-Zeit kennenlernten, war der Beginn einer vertrauensvollen Zusammenarbeit. Gattin Vilja Staudt ebnete schließlich den Weg zu diesem Buch und ermöglichte den Zugriff auf wertvolle Privatfotos. Ich danke zudem allen Freunden, Kollegen, Mitarbeitern und ehemaligen Chefs von Erwin Staudt, die mir für viele Gespräche ihre kostbare Zeit geschenkt und mir offen und großzügig ihre Erinnerungen und Eindrücke geschildert haben, die sie mit Erwin Staudt verbinden.

Auf der Suche nach Dokumenten haben mir die Böblinger Kreisarchivarin Dr. Helga Hager und Michael Lieb vom Archiv der Stuttgarter Zeitung selbstlos weitergeholfen – auch bei ihnen möchte ich mich herzlich bedanken. Ebenso bei meinen Kolleginnen und Kollegen von der Stuttgarter Zeitung, die mir den Rücken freigehalten und gestärkt haben.

Mein Dank gilt darüber hinaus Oliver Schraft, dem Direktor für Medien und Kommunikation beim VfB Stuttgart, sowie dem VfB-Vorstandsreferenten Alexander Wehrle, die mir beide mit Rat und Tat zur Seite standen, so wie zahlreiche andere Mitarbeiterinnen und Mitarbeiter des Vereins.

Die größte Anteilnahme habe ich jedoch im Kreis meiner Familie erfahren. Meine Frau Regine hat viele Stunden ihrer Zeit eingebracht, um mich als Lektorin und Kritikerin zu unterstützen. Meine Töchter Katharina und Valerie haben auf einige Zuwendung verzichten müssen, mich in Ruhe arbeiten lassen und das Buchvorhaben mitgetragen. Wie im übrigen auch meine

Eltern und Schwiegereltern. Ihnen gebührt mein ganz besonderer Dank.

Personenregister